让能量动起来·让热机冷下来

二十一世纪的工业革命

THE INDUSTRIAL REVOLUTION OF TWENTY–FIRST CENTURY

LET THE ENERGY FLOW

LET THE ENGINE COOL

仲 武◎著

◆**让能量动起来：**

将直接消耗能源物质换取热量的方式，改变为利用能量借用、搬运自然界其它物质中存在的热量来利用，让能源消耗量大幅度下降，实现各种高耗能环节的大比例节能；

◆**让热机冷下来：**

调整传统观念和思路，让所有内燃机、外燃机的工作温段降下来，实现让“低温”热量同样可以转化为动力输出，节能、减排、增效。

中国文史出版社

图书在版编目（CIP）数据

二十一世纪的工业革命 / 仲武著 . -- 北京 : 中国文史出版社 , 2015.5
ISBN 978-7-5034-6316-7

Ⅰ . ①二… Ⅱ . ①仲… Ⅲ . ①产业革命 – 研究 Ⅳ . ① F419

中国版本图书馆 CIP 数据核字（2015）第 081059 号

责任编辑：戴小璇
封面设计：陈欣欣

出版发行：中国文史出版社
网　　址：www.chinawenshi.net
社　　址：北京市西城区太平桥大街 23 号　邮编：100811
电　　话：010-66173572　66168268　66192736（发行部）
传　　真：010-66192703
印　　装：廊坊市海涛印刷有限公司
经　　销：全国新华书店
开　　本：1/16
印　　张：20.25
字　　数：147 千字
版　　次：2015 年 5 月北京第 1 版
印　　次：2015 年 5 月第 1 次印刷
定　　价：68.00 元

作者的话

这本书主要内容包括创新理论基础、创新实践示范、创新转化主体分析、创新条件资源整合、创新模式机制优化探讨等，是自己30多年在技术、经济、管理、金融等方面摸索、实践的经验积累、凝练所得。很多观点和主流观点不一样甚至相悖，这里再次声明需要读者批判地吸收！

在2014年5月编著《理念变革将带来能源动力新突破》一书的时候，我已经脱离技术研究工作多年了，书中的理念、观点几乎都是纯理论、纯哲学推导得到的，虽然有些可以通过一些实践得到“旁证”，但大部分都没有经过亲自实践，我甚至也都没有接触过液氮，对于超低温、超高压过程则和很多朋友一样抱有神秘感，甚至是恐惧感。也想委托专业机构研究。限于人脉、经费，更限于科研领域的习惯观念，很难得到专业机构、人士的认同和支持。

2014年9月，我不得不开始下决心建设自己的实验室，创造实验环境来亲自验证这些创意和理念，仅仅过了10多天，对内燃机的首次改造即获得一次开机成功！随着时间一天天推移，实验室的东西也越来越多，自身研发实践的能力也逐步恢复到了20多年前的状态。现在的互联网、电子商务环境也确实构成一个创客、研发人员的“天堂”，创新过程需要的器材、资料都几乎可以瞬间获得，只要你想到的，几乎没有买不到、做不出来的。而且全中国、全世界的人都有可能成为你的“团队”、“助手”。自己的研发速度、效率比起20年前又有了大幅度的提高。随着实践的一步步深入，对新理念的梳理、认识也进一步深入、升华，转化、实施的思路也进一步完善和系统，有必要再出一本书来记录、展示新的进展和成果。

二十一世纪的中国不是中世纪欧洲，我的运气比布鲁诺一定要好，不会因为提出一个理论而遭受迫害，即便有人有反对意见，我也没有什么光环、地位、金钱可以失去，上次我没有胆量和底气，只能说“变革”，今天，我放下一切顾虑，要把“革命”大声地喊出来了！

仲 武

2015 年 5 月于北京

作者的话

（2014版）

本书汇集了我近几年在节能、减排、动力等领域的有关理论创新的文章，还有一些创新技术转化过程中运营机制、转化资金落实等方面的研究、实践经验总结；对我自己申报的有代表性的专利进行了简要介绍，提供了几个转化项目的项目计划书供参考、交流。

2012年，我偶然间突破了自己数十年形成的惯性思维，发现虽然能量是守恒的，但是能量的获取显然不是只有能量转换一种模式，我们完全可以实现100%以上，甚至几十倍的能效，消耗一份能源，到得数倍乃至数十倍能源等值的热能。在这之前，我也是一个给能量守恒定律强加了自己的所谓简化理解和快速判断逻辑的人。回想2004年，当我第一次听人说水源热泵采暖制冷能节电，“消耗一度电能得到几度电的热能”，我就根本没打算再听对方的细节，内心只有一个声音就是“胡说八道”、“不懂科学”。回忆那个情节，历历在目，感慨颇深。这两年，遇到很多当年的“我”，看到他们的眼神、态度，我也不想说什么，也知道说什么也没有用，我真的理解！今天，我特别希望看这本书的朋友，别学当年的我，要倒空自己心里的那杯“水”，只有这样才能看进去、看明白本书想表达的思想，否则就请合上本书吧。

本书中大部分的技术描述都是基于中学物理知识，谈不上高技术，只要认真看，应该容易理解、容易应用。如果有些什么“新概念”以前未曾接触，网上一查便知。我在和朋友们交流的时候，只要对方能静下心交流，几乎没有遇到听不明白的人，有的朋友总结说：补了一堂中学物理课。曾有一位名人说过：农业时代接受小学教育，会使用农具、农药、化肥就能生存；工业化时代，有初中文化水平就够了，能看懂说明书，能操作机器就可以应付社会。实际上我们日常生产、生活的环境，绝大多数人只要能学好、用好中学的知识，就可以活得很好了，足够了！现在的社会上，一千个大学生中，几乎找不到一个在毕业后还能用上微积分、有限元的人。而一千个大学生中，估计能找出近百个不会换灯泡的人。

我意在通过本书内容，向读者介绍一种创新思考问题、解决问题的方式，从眼前做起、从普通技术、成熟技术入手，让我们的世界再多发生一些创新的变化，不要为中国制造害羞，而要为浸润了无数中国创新能手心血的中国制造骄傲，并继续努力！

如果说创新经历，那就是我曾经完成数十个创新科研项目，涉及军品、民品多个领域，几乎都没有走寻常路。比如，让单片机通过几个TTL芯片就直接驱动PC的显示卡；把电视机遥控发射接收器用于核弹坠落试验数据传输；根据报纸照片上点阵原理制作LED汉字显示屏；用几块钱的单片机控制汽车所有电路；用电风扇超声器件做采油计量仪液面非接触测量；故意将磁盘损坏制造不可复制“坏道”作为软件版权标记秘钥等等。我决定承接一个项目时，心里往往就已经有创新方案，甚至全部材料、零件如何买、如何做已经十拿九稳，而对于马上买不到材料、周围合作伙伴做不出、原理自己想不通的项目，一概不考虑。我做研发几乎不考虑别人是怎么做的，而只考虑的是最直接、最简单、最可行、最便宜、最快捷的研发方案。近30年科研工作中，完成数十项科研实践工作，“失手”的次数屈指可数。20世纪90年代曾经两次获得部级科级进步奖。经营企业20多年间，还亲自制作了数万分钟培训、管理教程，数十套应用软件系统，曾在全国某些行业领域大量使用、长期使用。

以前的我，就像是一个“狙击手”，有再好的射击本领，也几乎对战争的进程无关。枪法越好，潜伏的时间越长，训练越艰苦，越没有发展的机会，终究自己也会厌倦或被时间淘汰。没有人见到过狙击手当将军的吧？猎人就可以成为狙击手，但我好像不应该是个猎人。而且说到底，这样的一些技术创新，对社会贡献是有限的，“狙击手”总是要“退役”的。进入21世纪，我几乎彻底抛弃技术，开始学习研究社会、经济、金融，等到看到大的宏观需求以后，创新的习惯让我在新的层面再次有了发现，发现一个制作“原子弹”、“氢弹”的机会，这样的武器，必然能决定战争的进程，值得我再次投身其中，有可能让有限的生命，为社会进步创造出无限的价值，应该搏一搏！

本书部分内容将挑战很多“专家”、“学者”、“领导”的逻辑判断底线，好像“违背”了能量守恒定律、显然“违反”了热力学基本定律、似乎属于某类“永动机”翻版；书中有些关于科研、管理、团队、经营的理念和长期以来大家形成的“共识”背道而驰，也显得“另类”。同时，又因文字水平有限，临时起意，准备仓促，肯定存在许多缺点和错误疏漏之处，欢迎读者拍砖，更希望大家根据作者良好的出发点，看主流和内涵，包容、原谅书中可能出现的令人不快的内容，如果实践证明有的观点是错误的，那也是我能力所限，非我本意，我先真诚道歉！

如果有反对意见、改进建议，或者有需要交流的问题，请将信息发到下面的邮箱：gouzhw@vip.sina.com，我会尽力回复，谢谢！

仲　武

2014年5月于北京，第一版

目录 / CONTENTS

第三篇 投资创新篇 / 81

目录 / CONTENTS

目录 / CONTENTS

第一篇 创新理论篇

本篇收集了笔者这几年在能源、动力基础理论方面的几篇文章，部分内容可能有交叉和重复。“没有革命的理论，就没有革命的实践”，既然探讨“二十一世纪的工业革命”，那么必然要在理论上有所突破。理论的突破又来源于观念的变革、认识的深入，不一定非得是科学技术的突破。这个社会是人的社会，人的主观能动性发挥、提高的主要源泉还在于人自己，不在自然。

创造是从无到有，创造是科学发展的结果，是技术领域的概念，是技术进步，非市场推动；也是对未知世界的探索，不确定性大、风险大；创新是从有到用，创新是技术应用的结果，是经济领域的概念，是经济发展，由市场推动；是对成熟技术成果的举一反三应用实现，结果能预见，风险小。

创造讲求学术成果、理论进步，与现实生活结合不紧密，对未来意义可能更大；创新讲求经济效益和社会效益，与现实生活结合紧密，社会价值和经济效益立竿见影！

创新的手段不胜枚举，人们都早已习以为常、熟视无睹了，如：古为今用、洋为中用；它山之石可以攻玉；照猫画虎，依葫芦画瓢；改革开放以来，我们创新成绩比比皆是、随处可见、日新月异；创造的成绩则不及创新的九牛一毛。

虽然缺少中国创造，但是中国的创新到处都有，成绩斐然。没有中国创新，就没有改革开放30年的成绩，就没有中国的汽车、飞机、高铁、家用电器等等，没有我们现在的生活。

本篇大胆地提出新的观点，明确创新发展的着力点，呼吁重视技术创新，希望通过创新带来能源、动力领域的变革和发展，进而推动一次新的工业革命的展开。

第一节　二十一世纪的工业革命

（2015 年）

经过两次工业革命以后，科学技术又有了突飞猛进的发展。但是到了今天，实体经济发展却遇到瓶颈，能源危机已经迫在眉睫，人类须再来一场工业革命。但是革命是什么？革命从哪里开始？靠什么革命？有人说靠模式，有人说靠信息，笔者相信，能称之为革命的，一定是大动作，一定是让人们生产、生活发生巨大变化的东西，一定是在经济规模上占据主要地位的部分，是“基础硬件”，不是“应用软件”。能源、动力每个人都离不开，每个国家都高度重视，第三次工业革命，一定还是关乎人类生存、发展的基础产业：能源和动力。

过去 100 多年，人类经历了两次工业革命，但也经历了两场世界大战，虽然人们在自然科学领域也取得了很多进步，但是迫于政治、经济、社会条件的限制，也许还未能顾得上将新的成果进行最大限度地推广、应用。目前中国电力能源的约 70% 靠火电提供，但是火力发电的工作原理和 100 年前完全一样；汽车虽然外观、构造、舒适度、信息化装置已经千变万化，但是其发动机的工作原理则几乎没有变化。

产业的革命，首先是理论的革命，只有理论的革命性发展，才会带来产业的革命性变革。如果没有机会创造，我们也要看看还能不能创新。

一、能源观念创新

创造是从无到有，创新是从有到用。人类现在对地球资源已经基本上了解清楚，容易获得的资源已经开发殆尽，从创造、发现的角度，已经开始研究开发页岩气、可燃冰了，能不能回头看看，还有什么可以创新的地方？我们有没有忽略什么东西？

人类千百年来养成了一个思维惯性：只要需要能量、热量，就习惯用传统的煤、气、油、电、核材料等能源物质转换成热能。人们熟知的能量守恒定律，让许多人忽略了一种叫“热泵”技术的热能搬运“杠杆”。即消耗一份能量，带动其他介质中已有热量的再利用，在得到同样多的热能时，新消耗的高品位能源、石化燃料会大大减少，可实现大幅度节能减排。

热泵技术就是热量的搬运技术。凡是造成物质运动（包括电流、电磁波等）的过程中随着物质的空间变化，一定带有热量的转移。如果人们关注的是物质本身，那么就是水泵、气泵、油泵……但如果目的是为了物质所带有的热量，特别是采用某种方式增加过程中热量的携带量，热量的转移成为主要目的的时候，就成了“热泵”，比如半导体热泵、压缩式热泵、热管热泵、射流热泵等等很多种。空调、冰箱采用的是一种压缩式热泵系统，空调可以高效率地将室内外的热量来回搬运，夏天，把房间里的热量搬到室外；冬天把室外的热量搬到室内，能效比普遍在 3 倍以上，换句话说，比直接消耗能源物质获得热量的方法，节约能源三分之二以上！

人们使用空调、冰箱已超百年，这些年逐步推广开的水源热泵、地源热泵，也都是该原理的典型应用。遗憾的是，虽然能效比高，节能效果明显，但这些应用场合的设计温度太低，以输出温热水为主，主要用于空调、制冷、采暖、生活洗浴等，没有更高的工业利用价值，未能涉及工业领域的高耗能环节，难以产生更好的节能减排社会效益。

但是热泵技术本身从来没有“说过”自己不能超过 100℃，难道只能用在摄氏几十度上？经过我们的研究实践，用事实证明热泵输出可以很容易地突破 100℃，完全可以介入大多数工业领域的高耗能环节，实现能源消耗关键环节的大比例节能。例如蒸汽锅炉，以前热泵技术只能在水加热70℃以下时起作用，涉及的工作范围太小，所节约的热能最大只能占到全热的3%～8%，从系统复杂性、成本增加量等综合考虑，没有实用价值。当热泵介入“水－汽”沸腾高耗能环节，且保持较高能效比时，才是热泵技术得以获得应用上的突破的基础。

热泵有太多种类，驱动热泵工作的能量来源也包括电能、热能、势能、动能等，只要你的需求不要超过200℃，现有的设备、技术、工艺完全可以组合出你要的系统，实现大幅度节能的目的。

如果我们的锅炉能从现在努力追求100%的效率，变成起步就是200%～300%的效率或更高，节能50%以上，若我们家家户户的厨具节能60%以上，直接发热量就会成倍减少，厨房、车间就会变得凉爽，间接能源消耗也大幅度减少。采用热泵蒸发方法处理污水，一吨污水耗电仅十几度，还能生产纯水。我们的洗衣机、厨具、暖气、热水器就全都变了，这样是不是就有变革的感觉了？

进一步推广开来，将热泵技术在能源综合利用的场合充分利用，实现将空气中的、污水里的、土壤里的、回收其他热源得到的热量搬到生产、生活设备中循环利用，实现企业内冷热作业面的热能调度，系统新增的能量消耗仅是原有能耗的几分之一，必然会大大提高能源的利用效率，减少能源消耗和对环境的污染。改变目前能源供给日趋紧张的状况。能量守恒定律保证人类有了用不完的能源，地球也就没有日益变暖的危险了。

二、动力理论创新

近三百多年的动力机械发展史，让人们习惯于用“高温”来获得动能输出，不论是内燃机、外燃机、火箭发动机等等，无一例外。包括现在的核动力装置，也是设法依靠核反应产生的热量，让工作介质达到高温，介质内能增加膨胀来推动膨胀机（内燃机、外燃机等）输出动力。

传统的动力获取理念的形成有历史原因。要想彻底改变目前的能源利用现状，必须打破惯性思维，在坚持基本的能量守恒、质能守恒定律的基础上，找出一条获取动力、利用能量、再循环利用能量的新思路。

热和功的单位都是焦耳，而焦耳和温度无关，也就是说，高温的热、低温的热，理论上转换为功的潜在能力是一样的。功最后都变成热，而热必须借助某种介质和装置才可以部分变为功，但是物理学基本理论并没有限定什么温度下的热不能变成功，而且所谓“高温”、“低温”都是相对人的生物体感官的非科学的定义。

如果动力机械靠内部从“常温”到“高温”膨胀工作，所谓通常意义上的“高温”热能在自然界“常温”环境下不能稳定存在，一旦获得也很容易散失，必须实时消耗能源物质来获得、补充高温热量才能维持高温让机械工作。而只要不是绝对零度，物质都有热能，而且热能能自动从高温向低温物质转移。如果动力机械膨胀做功初始温度较低，那么相对温度较高的物质都有能力给它转移热量、补充热量，即可以用于将较低温度的热能转换为动力。

如果选择了液态空气这种接近 −200℃的超低温液体作为工质，自然界里“常温”的空气、河水、海水、土壤，都是相对“高温”的物质，都可能成为给它加热的“热源”和能量提供者，成为能源“物质”。只要将环境的热量传递给液态空气，它就能沸腾、膨胀、做功，不需要消耗其他石化燃料或生物质燃料来获取热量了。

我们提出一个用液态空气作为“工质”的系统方案：首先，制备液态空气的过程是热泵制冷输出热能的过程，可以用热泵技术得到高温热水或蒸汽输出利用，“副产品”就是因为所含热量被“搬走”，内能减少而“冷却”成液体的液态空气；使用这种液态空气时，将它通入换热器，从汽化开始，就从环境空气、水、土壤中吸热获取热量变成膨胀势能，形成高压、常温的气体，然后适时、适量地进入现有内燃机的气缸等膨胀做功环节，模拟实现原来靠燃烧释放热量、介质吸热膨胀得到的同等压力环境，后续输出动力的过程则完全一样。

以汽车为例，改造前，汽车是带着能源物质，吸入不需要付费的环境空气，燃烧后释放的热量让反应后的混合气体猛烈升温、膨胀，势能在发动机缸体内推动活塞转换为动能，带动车辆运动，做功后尚有余热的废气被排放到环境中；改造后，汽车是带着超低温的工作介质，通过换热器，吸收不需要付费的常温空气的热量，沸腾、汽化、气化，升温膨胀，得到的高压常温空气喷入气缸，缸内压力升高推动活塞，发动机运转带动车辆运动，膨胀释放内能后又大幅度降温的缸内余气（冷空气）则被重新排放到环境中。这个过程已经在实验中得到验证。初步估算，让发动机输出同样的动力消耗的“工作介质”体积是原来燃料消耗的 2 ~ 5 倍，而系统成本是使用燃料时的近十分之一！

创新使用液态空气作为工作介质，吸收环境热、发动机抛弃的余热、废热做功，会让飞机发动机不再喷火、火箭发动机没有尾焰，将以热量形式丢弃的能量降到最低，使能量利用率、环境热利用率达到新高。2014 年底英国空天飞机发动机研究工作取得较大进展，从中央电视台 13 频道 2014 年 12 月 17 日相关新闻消息中看到的发动机工作动画和同时公布的三种燃料成分，已经明确说明液氮是除了液氢、液氧之外的第三种“燃料”介质成分，明确说明空天飞机发动机用它确保发动机内部工作在较低温度，同时发动机仍然保持较高效率。

更有意思的是，如果汽车发动机的工作温度是从常温到低温，塑料就可以成为发动机的原材料，重量、成本会发生怎样的变化？原来不符合排放标准的旧车，把火花塞换为喷气塞，马上变成“零排放”，超欧 N 标准；如果飞机发动机内部工作温度下降，我们国家在耐高温材料、高温散热系统设计加工方面的短板就不复存在，发达国家的那部分优势也就体现不出来了，我们的大飞机发动机就可以来一次“弯道超车”，至少可以通过“抄近路”大大缩小差距。还有，如果火箭增加液态空气“辅料”，将“火舌”带走扔掉的热量，变成膨胀势能，全部喷射常温气流。根据能量守恒定律，热没有扔掉，只能转化为动能，推力是否增加、成本是否下降、环境污染是否减少先放一边，没有了红外、紫外特征，战略导弹防御体系就变成了“睁眼瞎”。

我们需要重新认识一下膨胀做功，不要把工作起点、工作温段限制在常温到高温，而从超低温到常温、超低温到超高温膨胀也完全符合基本的热力学定律。不能因为瓦特那个时候只有水能可用，没有见过液态空气，我们今天就也对液态空气视而不见。使用液态空气，就是另类的蒸气（汽）机，虽然谈不上创造，但肯定是创新！

三、多学科应用创新

创新不是创造，应该是看得见、摸得到、听得懂、做得出，没有门槛、没有壁垒的东西。100 多年来，空气动力学、计算机科学、材料科学、深冷技术等等，无数的领域、行业都有了长足的发展甚至是实现了飞跃。我们现在还需要冷静一下，来一次跨学科的交流、融合，让学科之间互相补充、互相促进，实现应用上的协同创新。

例如，流体力学的"附壁效应"产生了"空气放大器"这个产品，它可以用一份高压气体，推动、带动 5 ～ 100 倍的气体和它一起运动。其最早从航空总体研究推广到民用是因为能节省压缩空气，直到 2010 年前后才有了利用该原理的"无叶片风扇"。为什么不能用同一个原理取代飞机发动机前面的压气机的风扇叶片呢？为什么不能用它来替代火电厂的乏汽凝结再加热系统呢？为什么不行？用过没有？没有用为什么不试试？

又例如，有个产品叫"涡流管"，从侧壁通入高压气流在其内部形成涡流，涡流中心因为离心作用气体变得稀薄、压力下降、内能减少、迅速降温；涡流外圈则气体压力增加、变得稠密、内能增加、温度陡升。只要将涡流中心和外圈的气体分别引出，就能让输入涡流管的气体变成高温和低温两种状态，温度差可以达到 70℃。现在都是用它来做制冷，比如用压缩空气给生产线工人的制冷背心提供冷源。难道不能用它对空调换热器输出的蒸汽进一步升温？如果可以，换热器的换热环节就可以输出比热源温度还高很多的结果，可以让家家户户挂在外墙、企业放在楼顶的热交换设备的性能大幅度提高。试过没有？为什么不行？为什么不试？

二战时候德国在导弹上使用一种“脉冲喷气发动机”，这个发动机几乎就是一个空管子，非常简单、廉价、便宜，缺点就是噪音大、气流是脉动的。但是作为一种喷气发动机，它能高效率提供强大的气流！山东有个发明家利用这个简单、落后淘汰的技术，将这个发动机用到喷雾器上，发明了一个“脉冲式弥雾机”，喷雾颗粒细、距离远、效率高！这两年已经风靡全国。

这些只是冰山一角，类似的潜在的应用空间，可利用的技术实在太多，无法一一列举。需要的就是打破常规、打破行业限制、忘记前人、老师的“教诲”，返璞归真，重新看待每一个成熟理论、技术，研究它们在其他领域的应用价值，做好针对市场需求、生产需求和生活需求的应用创新。

看看周围，100年左右一成不变的东西太多了，别说工业领域，小到生活中常见的空调、冰箱、灶具，大到锅炉、汽车、轮船、飞机、火箭等等，除了少数产品在细节上有些进步以外，关键环节、高耗能环节几乎没有变化。或许因为不知道怎么变，或许因为不想变，或许因为不敢变，今天都该变变了！我们发展的机会、空间还少吗？

本文满篇没有什么创造，只有一些朴素简单的思考。提出两个观点：1、让能量动起来！即改变能量利用的习惯，让能量从直接利用变为尽可能发挥杠杆作用，撬动环境中已有能量再利用，让能量流动起来；2、让热机冷下来！即不再限定热机工作温段，让所谓“低温”的热能也能转化为动力，满足人们生产、生活中的机械动力需求。

第一次工业革命是因机械诞生而起，第二次工业革命是因电而起，这两次革命都带来人类社会的巨大进步！革命的基础地位难以撼动，无以匹敌。但也要看到基于当时的社会综合条件，革命进行得很初级、原始，不可能彻底。机械刚刚诞生时，机器设备非常原始，人类哪里顾得上考虑效率，也没有能力制造所谓“热泵”等机器，但今天不同了！各种发动机刚刚诞生的时候，制冷技术、逆卡诺循环还停留在理论阶段，降低发动机、膨胀机的工作起点温度是不容易，甚至不可能，只能从常温向高温发展，但今天也不同了！二十一世纪的工业革命，很有可能是基于第一次、第二次工业革命，结合人类近百年的技术进步，实现一次综合性革命、深化革命！是第一次工业革命、第二次工业革命的再革命、继续革命、彻底革命！

现在，新工业革命的政治经济条件非常成熟，社会需求也已经极其迫切，只是需要我们大家一起行动起来，投身并努力实现之。

第二节 即将来临的一场动力机械变革

（2014年）

世界机械史的发展历程与人类文明发展是紧密联系的，每一个时期的动力机械都有各自的特点，都曾给人类社会带来进步和发展，但也给人类社会带来能源危机、环境污染、地球变暖等一系列问题。本文提出一个新的观点和技术路线，对现代机械，特别是动力机械的能量来源、用能方式、工作介质进行调整，相信这种变革的时机已经成熟，也一定能为彻底解决人类目前面临的这一系列问题带来希望！

一、动力机械发展和能源利用历史

世界机械的发展与人类的文明紧密相连，根据人类文明的发展，世界机械的发展史可分为三个阶段：从公元前7000年城市文明的出现到公元十七世纪末为机械的起源和古机械发展阶段，从十八世纪到二十世纪初为近代机械发展阶段，由二十世纪初到现在，为现代机械发展阶段。每一个阶段的机械都有各自的特点，都曾使得人类社会发展进入新的阶段。

1. 动力机械起源和古机械发展阶段

据世界考古学家发现，公元前7000年，在巴勒斯坦地区犹太人建立杰里科域，城市文明首次出现在地球上，最早的机械——车轮是人类重要的发明之一，正是由于车轮的诞生，才使车成为人类重要的交通工具。

15 ~ 16 世纪以前，机械工程发展缓慢。但在以千年计的实践中，在机械发展方面还是积累了相当多的经验和技术知识，成为后来机械工程发展的重要潜力。动力是发展生产的重要因素。17 世纪后期，随着各种机械的改进和发展，随着煤和金属矿石的需要量的逐年增加，人们感到依靠人力和畜力已经不能将生产提高到一个新的阶段。

2. 近代动力机械发展阶段

1776 年，瓦特制造出第一台有使用价值的蒸汽机，以后又经过一系列重大改进，使之成为“万能的原动机”，在工业上得到广泛应用，人类进入了“蒸汽时代”。自此机械的原动力以煤炭为主，强大的动力带来了一系列需要大推动力机械的诞生：汽车、割麦机、铁船等。蒸汽机的发明和发展，促进矿业和工业生产、铁路和搬运机械动力化，几乎成为 19 世纪唯一的动力源。

1834 年，第一台实用电动机诞生，电动机进入了实用化阶段，人类进入“电力时代”。1838 年，俄国的雅克比用蓄电池给直流电动机供电以驱动快艇，这是首次使用电力传动装置。1860 年，法国的额努瓦制成第一台实用的煤气机。1862 年和 1865 年先后造出中国第一台蒸汽机和第一台木质蒸汽机船。

从这个时期开始，人类开始利用各种直接能源物质（如煤炭、石油）和转换获得的间接能源载体（如电力），开始消耗地球千百年来积累的自然资源，也开始一点点地破坏环境，排放各类污染物。

3. 现代动力机械发展阶段

19 世纪末，电力供应系统和电动机开始发展和推广。20 世纪初，电动机已在工业生产中取代了蒸汽机，成为驱动各种工作机械的基本动力。发电站初期应用蒸汽机为原动机；20 世纪初，出现了高效率、高转速、大功率的汽轮机，也出现了适应各种水力资源的大、小功率的水轮机。19 世纪后期发明的内燃机经过逐年改进，成为轻而小、效率高、易于操纵并可随时启动的原动机。内燃机最初用于驱动没有电力供应的陆上工作机械，以后又用于汽车、移动机械（如拖拉机、挖掘机械等）和轮船，20 世纪中期开始用于铁路机车。内燃机和以后发明的燃气轮机和喷气发动机，还是飞机、航天器等成功发展的基础技术因素之一。

在动力机械飞速发展之下，大量动力机械应用严重地破坏了自然环境，热能排放、温室气体排放、烟尘颗粒物排放等环境污染，带来地球变暖、海平面上升、气候变坏等问题，严重危害人类自身以及其他生物的生存，而数百、上千万年积累的各种化石能源物质资源也消耗殆尽。

人类社会高速发展的背后是一个如此“污染”的世界，但人类又离不开动力机械，动力机械已经成为人类社会不可或缺的一部分。人类希望动力机械的发展会越来越好，但同时必须减少对环境的影响，实现资源循环利用、再生利用，才能为人类社会的发展做出更大的贡献。

二、动力机械能源现状成因分析

人类使用能源物质的基本理论是设法利用热能转换为动能。热能的本质是物体内部所有分子动能（包括分子的平动能和转动能）之和，内能通常是指物体内部分子无规则运动的动能与分子间势能的总和。包括物体内部所有分子的动能之外，还包括分子间势能的总和。现代的质能守恒定律在能量守恒定律基础上又前进一步，使得人类可以利用原子能。

由于技术理论、工业基础等综合因素限制，一开始人们只能利用分子、原子间势能的变化来获得热能，采用氧化反应和其他化学反应得到的热能让水蒸气、空气等工作介质受热膨胀，输出动力。

近三百多年的动力机械发展史，让人们习惯于用“高温”来获得动能输出，不论是内燃机、外燃机、火箭发动机等等，几乎无一例外。包括现在的核动力装置，也就是设法依靠核反应产生的热量，让工作介质达到高温、膨胀来输出动力。

三、动力机械变革的出路

形成传统的动力获取的基本理念有历史原因。要想彻底改变目前的能源利用现状，必须打破惯性思维，在坚持基本的能量守恒、质能守恒定律的基础上，找出一条获取能量、利用能量、再循环利用能量的新思路。

1. 膨胀工作温段调整

热和功的单位都是焦耳，而焦耳和温度无关，也就是说，高温的热、低温的热，理论上转换为功的潜在能力是一样的！功最后都变成热，而热必须借助某种介质和装置就可以部分变为功，物理学基本理论也没有限定什么温度下的热不能变成功！

卡诺定理阐明了热机效率的限制，指出了提高热机效率的方向，可以简要理解为提高高温温度、降低低温温度、减少其他机械摩擦和热损耗。卡诺定理也并没有限定低温必须高于多少？高温必须是什么范围？而且根据卡诺定理同等温差情况下，工作温段越靠近绝对零度，介质比热变化不大，热机热量消耗一样，但是理论效率越高！是后人在应用的时候，自己习惯于根据前人的“经验”得出：“降低温度不容易实现”、“温度越高效率越高”的想当然结论。

根据物理学基本理论可以知道，物质的体积由分子、原子之间的距离决定，温度越高，距离越大；如果都是膨胀 10 倍，我们是把分子距离从 1 拉开到 10 容易？还是从 10 拉开到 100 容易呢？绝大多数物质都可以实现固、液、汽、气变化过程，吸收同样热量，不同状态、温度段落的膨胀变化显然大不相同。变化最剧烈的是液－汽－气阶段，而绝对不是从较低温度气体到更高温度的气体！这个结论和卡诺定理的结论是一致的。

我们必须继续大量应用介质受热膨胀做功输出动力的原理，但是将工作的温段不要僵化在摄氏高温几百、上千度或更高的范围。摄氏温标是为了方便人们生活，以水作为参照物标定；热力学则应用开氏温标来研究问题，只要不是绝对零度，物质就都有热能可供利用。只要有一定温差来实现介质升温，高低温热能都一样变为势能，势能转换出来的动力也是一样的。降低工作温段，直接能带来热－功转换效率提高，还能带来另外的变化。

2. 改变热量来源

如果动力机械内部从常温到高温膨胀工作，高温的热能很容易散失，在自然界很难存在，必须实时消耗能源物质来获得高温热能才能工作。而只要不是绝对零度，物质都有热能，而且热能能自动从高温向低温物质转移。如果我们的动力机械温度设计的膨胀做功初始温度较低，那么相对较高的物质都有能力给它转移热量，也可以用于转换为动力。

卡诺定理还有一句：在相同的高温热源和相同的低温热源之间工作的一切可逆热机的效率都相等，与工作物质无关！这也就是说，我们用水、用低温空气、高温空气或其他工作介质（如氨、氟利昂等），均不影响理论上热机的效率，也就不存在影响输出动力大小的问题。

如果选择了液态空气这种－196℃的无色液体作为工质，自然界常温的空气、河水、海水，都是相对“高温”的物质，都可能成为给它加热的“热源”、能量的提供者，成为能源物质了！只要将环境的热量传递给液态空气，它就能沸腾、膨胀、做功，不需要再消耗其他石化燃料或生物质燃料来获取热量了。

本来液态空气作为工作介质和作为能源的汽油没有直接的理论可比性，动力输出的大小，只取决于传递给液态空气的热量多少、液态空气的消耗量多少，也就是同等工质和温差有关；同等温差和工质比热差有关。

基于上述两点，分别工作在不同温度段落使用液态空气和空气的卡诺热机，工质都是空气，比热容一样；根据卡诺定理的公式可以得出，理论上：从 −200℃吸收环境热膨胀到 20℃的空气，热机效率理论值约是 75%；从 20℃依靠燃料燃烧热升温到 1300℃的空气，热机效率理论值也是 75%；假设摩擦损失一样，从超低温升温到常温的膨胀过程，几乎没有热损失，甚至还会边膨胀边吸热，因为所有接触的零部件都有可能比工质温度高，整体热损失少或许还有增加；而升温到 1300℃的工作过程中其工质温度远远高于环境，必然会产生热量损失。这两个过程，前者温差只有 220℃、后者温差 1280℃，前者的能量可以免费获得，后者的能量必须用燃料消耗获取。后续通过对一些细节进行设计，提高前者的最高温度，适当增加工质的数量，热效率、热容量进一步提高，完全有可能让两个工作过程输出的动力的物质消耗量由理论值相差 5 倍以上缩小到 2 倍或更小。至少可以确定，前者的动力获取是完全绿色的、免费的。

3. 多学科技术成果交叉应用

充分挖掘这 100 多年来科技进步的成果，打破传统思维，把材料科学、空气动力学、热力学、信息科学等多学科的成熟技术成果，应用到动力机械的创新中，应该能让古老的动力机械来一次涅槃重生、脱胎换骨。

四、动力机械变革已有的进展

近年来，人们已经感觉到可以采用某些方式实现自然界空气、水、土壤等物质中已有热能的再利用。比如空气源、地源、水源、污水源热泵等等，只是没有进一步应用到动力机械、能源输出领域。

把自然界热量和系统自身浪费掉的热量充分利用的技术实践也不是没有人去探索，只是因为没有大胆的变革和系统的思考，所以取得的进展并不大。我们举几个例子：

1. 飞机喷气发动机用喷水的方式实现加力

这方面的一个经典就是美国的越战空中主攻手 F105 攻击机，它专门在尾部设有一个 200 来升的水箱对发动机喷水以获取短时最大加力推力。这种喷水加力的作用就是提高发动机喷气质量（M），进而提高发动机的推力。与此类似，原苏联的米格 25 也采用对发动机喷射酒精来提高发动机的推力。网上资料显示，在 20 世纪 80 年代以前发展的客机如波音 707、波音 727、波音 747-100、波音 747-200、三叉戟、DC-8、安 -24 等，均采用了喷水加力，用于飞机在炎热地区或高原机场上起飞时，使飞机全载起飞。这种喷水加力的效能有限，大约能提高百分之十的推力。

中学物理知识告诉我们，喷气发动机的推力和喷气质量、喷气速度有关，和最终喷出气体温度无关。喷水，可以让喷出的火焰瞬间把水加热到气态，体积急剧膨胀，会以更高的速度和原有的喷气一起喷射出去。尾焰温度下降，热效率提高，从而获取额外动力。

进一步分析，喷水的方案，因为水的汽化热太高，热消耗太多，不是好方案；喷酒精，汽化热约是水的一半，也不低，但是有可能和发动机喷气中剩余氧气反应燃烧再产生热，继续膨胀。

用本文的理论，则应该喷液态空气，原因是其汽化热是水的近八分之一；成本低廉（制备时 0.3KwH/kg）约合每公斤不到 2 角钱。它能充分利用尾喷管热量物理气化膨胀，输出更大推力的同时，还使得飞机红外特性大大降低。应该成为喷气发动机的辅助“燃料”使用。

2. 压缩空气动力发动机

十多年来，国内外有不少人研究用压缩空气作为动力推动各种发动机输出动力。这项工作的初衷不是节能减排，是储能再利用、清洁动力。国内目前已经有近十多个企业在研究压缩空气动力车的产业化。有多个国内厂家已经有原理样车甚至小批量投入试验运行。

因为出发点不同，这些应用方案就仅仅局限于压缩、膨胀、储能、放能过程的探究，没有系统考虑能量综合利用，以及如何提高压缩膨胀全过程的能量利用效率。压缩空气动力车提出的方案也五花八门，说不清哪一种方案能有绝对优势、为什么有绝对优势。有人批评这种方案综合能量利用率，因为综合考虑发电、压缩充气、气动发动机做功，综合燃料能效不到 6%，自然不经济，再加之储能密度不高、续航能力也不足，不值得研究和推广。

3. 乳化加水柴油

前些年加水的乳化柴油项目起起落落，一直没有得到很好地推广应用。究其原因，也是没有研究透彻加水的机理和目的。简单描述，好像就是打算实现“水变油”。其实现在分析就容易得出结论，柴油机压缩比大，工作温度高，排放余热也较高，浪费的热量可以让乳化柴油中混入的少量水汽化，物理膨胀，体积放大几百倍增加压力、减少热量直接排放损耗，提高效率。

原理清楚以后，应该进一步考虑采用不会引起腐蚀、汽化热较低、成本合理、容易燃料混合、不影响燃烧过程的物质达到同样的目的，改善发动机的性能，提高目前的柴油机效率。再引申一下，很多应用场合，都是把燃料汽化以后再燃烧膨胀做功，燃料气化过程的“膨胀”势能没有充分利用，比如液体火箭、非缸内直喷的内燃机等等，这样也更容易解释为什么采用液态燃料缸内直喷的动力输出会大幅度提高、为什么采用涡轮增压以后排气温度下降而动力输出会大幅度提高。

4. 无叶片风扇

空气动力学里面有个科恩达效应，即采用某种结构后用一份高压气流可以带动几倍、甚至上百倍气体一起运动。这个概念诞生很久了，但是好像只有到了 2011 年才有人用这个理论报了“无叶片风扇”专利，现在市面上才有无叶片风扇，就是一个完全没有旋转的叶片的空心框框，就能吹出大流量的风！市场也逐渐风靡起来。工业领域这几年也出现一个空气放大器，可以节约 90% 以上的压缩空气，但也仅仅用于吹尘、吸尘工况。创新一下，这个空气放大器是不是可以用在抽油烟机、家用吸尘器、道路清扫、除雪机械，代替汽车涡轮增压、代替飞机发动机的压气机等等，前途真的无可限量！

五、动力机械能源利用未来展望

针对目前的现状，未来动力机械改进首先涉及的就是动力的能源利用问题，预计将会实现以下几个应用变化：

1. 能源充分利用

让原有的内燃机、外燃机、火箭发动机等各种动力机械，把它们原来浪费的和输出动力无关的热能尽可能设法利用起来，让某些介质吸热膨胀继续做功；

比如采用液态空气 - 燃料混合动力发动机，利用一般内燃机的浪费的大量热能，加热液态空气使之物理膨胀做功，将一般发动机的燃料热能利用率大幅度提高，环境热排放大幅度降低，从而减少人类在同等动力需求情况下对石化燃料等能源物质的消耗。

2. 能量循环利用

对于自然界已有的环境热能，通过调整工作介质、工作温度段落、换热方式等手段实现循环再利用，环境热能成为动力机械的能量、热量来源，动力最终还是转化为热能回到自然界，让地球的能源取之不尽用之不竭。

只要对目前各种内燃机、喷气机等膨胀机稍加改动，直接使用液态空气作为膨胀介质，就可以利用人类自然界各种物质具有的热能，比如空气热能、环境水热能、太阳能、土壤热能、工业废热等，实现在较低温度就可以进行“膨胀做功”，输出动力。

这种变革从原来我们内燃机工作的介质空气免费获得，能源物质汽油需要生产制备、购买、消耗，改变为能源来自于空气、土壤、水、废热，几乎没有成本，而工作介质液态空气需要制作、购买。这样的改变，从消耗有限的石化燃料变为循环利用取之不尽的自然环境热能。买能源变为买介质，发生角色交换！能源物质的价格成本和工作介质的制造价格本也大不相同，实际使用过程中也必然使得综合成本大幅降低。

以改造后的内燃机为例，4 缸发动机，全部采用液态空气膨胀的压缩空气推动，保持和使用燃料时一样的巡航动力输出，要求气缸压力达到 1.5MPa 以上，用气缸里再充入 0.5 倍质量气体的方式简单计算，以 1500 转 / 分钟，巡航 1 小时，行驶 100 公里，发动机排量 1.0 升，四冲程发动机每 2 转完成一个做功循环，每小时需要的工作介质数量是：

60(分钟) × 1500(转 / 分钟) / 2 × 1.0 × 0.5 = 22.5（立方米）

22.5（立方米） / 22.4(摩尔体积) × 30（公斤 / 摩尔） =30（公斤）

在液态空气膨胀时利用射流引流器、气体放大器可以再利用 70% 的压缩空气，实际消耗的估算约二分之一（有希望更小）。

30（公斤）/ 2 × 0.2(元 / 公斤) = 3（元）

较乐观的估算结果是 100 公里巡航状态下，液态空气介质的消耗量约 15 公斤，成本约 3 元。

用能量守恒方法估算，每小时使用 15 公斤 −196℃液态空气，通过射流引流设备带动的气体总量约 30 公斤，升温到 20℃，再与气缸内压缩冲程结束时的 200℃气体混合到 130℃左右。液态空气汽化热约 80Kcal/kg，空气的比热约 1.4，整个工作过程虽然有摩擦损失，但是有更多的吸热过程，整体热效率较高，可按照 50% 单次循环效率计算。

15 × 2 × （80 + （196 +130） × 1.4） = 16092(Kcal)

16092 × 50% / 860 (Kcal/Kwh) = 9.35 （Kwh） = 12.5(马力)

按照内燃机效率 25% 计算，约相当于一个约 37 千瓦的汽车(微型面包车)动力。

3. 热能综合利用

这些使用液态空气的新型动力机械，使用过程中热能实现综合利用、完全利用，系统达到尽可能高的能效比，实现尽可能低的综合环境化学物质、热能的排放，几乎没有化学变化，只有物理“相变”，做到真正的“0”排放。

制作液态空气这个“新的”工作介质是一个制冷过程，使用的是“热泵”，生产过程能把“泵取”的热能，转移到水或其他介质，实现“锅炉”的作用，输出等值的热能供人类使用，失去热量的空气变成液态。这个过程已经可以实现近乎 90% 的能效比；后续液态空气吸收自然界其他没有成本的热量所做的功，都是“额外”的收获，相对人们投入的一次能源来计算综合能效比会大于 100%！

根据前面的计算结果，15kg 液态空气输出有效动力约 9Kwh，制备时消耗电能：

15（kg） × 0.28（kwh/kg） = 4.2 （Kwh）

生产液态空气的液化系统的冷却水还能输出相当于 4.2 千瓦时的热能用于再利用制备热水、蒸汽。实际能效比大约 200%。通俗点说，消耗环境热实际产生的电能，可以大于生产介质的时候实际消耗的电能。虽然是比较乐观的分析数据，也总会比其他任何一种现有的用电、用油、用压缩空气、用燃料电池的模式经济、环保。

4. 储能再利用率提高

人类目前对于电网在用电低谷的“垃圾电”采用的所有方式都只是简单的“储能再释放”，存储和释放的能效比不可能大于 100%，有些甚至效率极低。而采用液态空气作为储能介质，储能（制备液态空气）的过程会集中产生热量，可以利用；吸收环境空气热能、环境水资源热能、工业各种废热后沸腾气化膨胀，释放能量发电的时候，发出的电能则几乎是从自然界回收“新增”的能量，从消耗石化燃料的角度考虑能效比则有可能远远大于 100%，同时还具有全过程环境零污染的特点，具有储能效率高、介质可以移动、规模大小灵活、制冷、制热、发电同时供应、安全性高、成本低等优点，几乎“十全十美”，是储能系统的终极、最佳解决方案！

5. 热能再生利用

利用热泵技术，高效率将低品位能量搬运到高品位温段，实现低温到高温的“热转移”，进而做功。热泵技术已经成熟使用近百年了，但是一直没有引起人类的真正重视，现在我们应该发起一场用能理念的革命，需要能源不要只考虑消耗能源物质转化，可以优先采用热泵设备从自然环境中搬运、借用获得，消耗的“搬运费”能耗只有几分之一甚至几十分之一，然后当数量、质量不足的部分再通过消耗能源物质补充，就能大大降低直接能源消耗，在各行各业实现高耗能环节的大比例节能！

这项技术已经突破所谓温升的“瓶颈”，即使全部采用市场成熟的压缩机、冷媒，保持较高能效比的情况下，输出温度已经达到150℃或更高，跨越了液态水变蒸汽100℃的门槛，完全能满足一般工业领域的各种基本热量消耗需求，前景广阔！也会帮助动力机械进一步实现能源、热量的完全利用和高效“放大”利用！

六、动力机械产业变革展望

利用本文的理念，我们提出一个用液态空气作为“工质”的系统方案。首先制备液态空气的过程是热泵制冷输出热能的过程，可以用热泵技术得到高温热水或蒸汽输出利用，“副产品”就是被“冷却”成液体的液态空气；使用中从液态空气汽化开始，就从环境空气中吸热获取能量，再用四冲程内燃机原理，在“吸”、“压”冲程吸收环境空气、缸体的热能，在预先汽化、气化后的低温高压空气喷入后能达到较高温度、更高压力，实现高压膨胀做功。做功过程降温、减压，以较低温度、压力排放到环境中。世界多国也有类似研究和阶段成果。常常因为液态空气没有市场，只是一种工厂的内部原料，通常市面流行的试验方案都是使用从液态空气提纯、分离的液氮，成本是液态空气的数倍。

液态空气吸收环境热产生的高压空气推动发动机和用机械能生产压缩空气作动力，貌似一样，实际上存在本质的不同了！1、能耗不同。生产液态空气是消耗能量并获取热量的过程，液态空气可以是某种意义“副产品”；压缩空气则是消耗动力，低效率方式增加空气的势能，约 80% 能量浪费；2、储存密度不同，液态方式只要保温，常压存储，液体密度大；压缩空气根据存储压力不同，同等重量下体积是液态气体的几倍到几十倍，体积庞大；3、能量来源不同。液态空气使用时，临时吸收热量沸腾膨胀升压后立即使用，撬动环境热能、第三方热能参与；压缩空气则是依靠自身携带的势能转化为动力；4、安全性不同。液态空气的超低温表示是几乎没有热量的物质了，即便泄漏，如果没有瞬间大量能量供应，它不可能“爆炸”，相对各种能源物质、载体（如电池）都要安全；压缩空气存储在高压气瓶，一旦有机会集中释放，就是“爆炸”，相对非常危险。

采用液态空气介质的发动机只有制备液态空气的时候确实消耗了能源（比如电能），但是也输出了部分热水、蒸汽；做功过程的能量全部来自环境空气热能（轮船则可以来自于水），整体针对“燃料”消耗计算能效会大于 100%！而且整个过程是空气的物理状态气体 – 液体 – 气体变化，没有污染排放、没有热排放，甚至可以吸收中和城市热岛中其他燃料汽车排放的热能再利用，完全不用消耗石化燃料，把节能减排、环境热循环利用可以做到极致！

如果用“液态空气”工质吸收的热能和燃料燃烧产生的热能作为混合动力热能来源，可以利用内燃机排放的热能解决寒冷地区工作的问题，同时充分发挥燃料燃烧产生的热能，也让发动机实现零热排放，能效提高，环保指标提高，大幅度节省燃料，一举多得！

采用液态空气做工作介质，是结合空气动力学等多学科成果产生的新动力，还是膨胀机老原理实现机械动力输出，现有的各种汽车、飞机、火箭的动力原理、动力系统几乎不变或者只需要简化，和以前的所有通过追求“高温膨胀”做功的机械相比，由于工作温度大大降低，甚至维持在常温下工作，材料耐高温要求、抗热疲劳、散热系统复杂性等要求大幅降低，当然会引起汽车发动机、飞机发动机、轮船发动机、火箭发动机等机械动力装置从材料、加工、使用维护等各个方面革命性的变化，比如用塑料等有机材料做发动机。而且一旦绕开材料、工艺、加工能力的掣肘，就能使得我们和发达国家的某些重大科技差距化为乌有，实现我国动力机械的跨越式发展！

同时，制作工艺、制造装备、制作技术都没有大的改变，甚至标准要求下降，原有产能、原有体系均可以马上转变适应，大量的现有动力机械也可以改造利用，现有的机器、设备、厂房、装备都无须改变，在实现节能减排、低碳经济的角度看，也是对人类资源的节约利用，同时也有利于节能动力机械迅速普及开来，实现大幅度节能减排的目标！

使用液态空气这个新介质以后，坦克、飞机、导弹、舰艇的发热量大大减少，原来靠热成像工作的红外寻的导弹、各种红外瞄准成像系统、现有的战略导弹防御系统都会大受影响甚至完全失效，必然会推动军事装备在设计、制作、功能调整、后勤保障资源等方面发生调整、变革。

本文认为，采用创新理念的新型动力机械比较电池动力、油电混合动力机械具有明显的环保优势、成本优势、效率优势、产业延续发展优势；它使用的能源来自于环境空气、土壤、河流、生产生活排放的废热，具有取之不尽、能量密度大、供应稳定、随处可用、环境友好、成本低廉等多项优势，一定会得到全社会的重视，在不久的将来得到广泛的推广应用，给动力机械产业带来新生和永生！

第三节　应用理念创新带来节能新突破

（2012年）

节能减排领域一直被一个问题困扰，就是没有大比例节能技术，现有的节能技术不能用于生产的主要环节和高耗能应用场合，节能减排工作通常是投入大、回报小，在企业、社会上“叫好不叫座”，最多也是节能但不节钱。现在，我们建议转变人们千百年形成的惯性思维，发动一次能源应用理念的变革，进一步开发、利用成熟的热泵技术，实现30%～90%以上的节能率，将热泵技术广泛应用在各行业生产过程的高耗能环节。大比例节能技术用于高耗能生产环节，才能产生明显的经济效益和社会效益！也将带来节能减排领域的一次新突破！

一、技术原理和最新进展

人类千百年来养成一个惯性思维：需要热量，就习惯用传统的煤、气、油、电等能源转换成热能来利用。现在我们提出一个新的概念：需要热能时，首先看看周围的介质中，有哪些现成的资源可以再利用，尽可能通过一种高效率的能量搬运装置－热泵，实现对自然界已有热能的回收、再利用，减少新增能源消耗，既循环利用、又节能减排，当然有助于解决能源危机、有助于解决地球变暖，大大减少温室气体排放，改善环境污染情况。

人们熟知的能量守恒定律，让我们许多人忽略了“热泵”技术的热能搬运 “杠杆”作用。即消耗一份能量，带动其他介质中已有热量的再利用，目标得到同样热能，但新消耗的高品位能源、石化燃料大大减少，实现节能减排。

热泵技术有很多种，空调、制冷系统内部核心机械系统采用的是一种压缩式热泵系统，就是利用机械压缩机强制实现某种媒介物质的物理状态“气——液”转换实现的“热泵”效果，可以高效率“搬运”热量，如空调压缩机，可以高效率将室内外的热量来回搬运，夏天，把房间的热量搬到室外；冬天把室外的热量搬到室内。其实这个原理也可以用于类似的食品加工、烘干、速冻环节，只要将工作区域之外的能量搬运到工作区域，使之处于高温，工作区域之外因热量减少、温度降低，整体没有大量产生新增热量，一定区域之内是能量冷热近乎中和平衡，对大环境基本上不排出热量，显然属于节能、减排。

空调这个设备，人们已经使用超过半个多世纪了！买空调的时候，当然要选择“能效比”高的产品，空调用一份电能消耗，可以把3～4倍以上的热能从室内搬到室外或从室外搬到室内。各种热泵搬运能量方法比能量转换方法，同等能源消耗，目标获得热量的效率高很多，最高可以达到几十倍，也就是得到同样热量的“搬运”设备新消耗能量，理论上是原来消耗能源物质的几十分之一，明显节能！

这些年逐步推广开的水源热泵、地源热泵，也都是该原理的典型应用。遗憾的是，虽然能效比高，节能效果明显，但这些应用场合的设计温度太低，以输出温热水为主，主要用于空调、制冷、采暖、生活洗浴等，没有更高的工业利用价值，推广应用有局限性，同样难以产生更好的节能减排社会效益。

这主要由于人们一开始习惯于用热泵制冷，很少涉及高温，好像高温段有个不可逾越的“门槛”，再一次被人类自己的思维限制了自己的发展！现在理论、实践都已经证明，使用目前工业领域成熟的设备、冷媒，完全可以在保持较高效率的情况下，实现150℃以上高温输出，使得这个大比例节能技术完全可以、马上应用到众多的高耗能领域，实现能量（热量）的回收循环、高效再利用！

热泵输出超过100℃，使得热泵的应用价值得到倍增。首先可以介入大多数工业领域的高耗能环节，更重要的是可以实现能源消耗关键环节的大比例节能。例如蒸汽锅炉，以前如果热泵技术只能在水加热70℃以下起作用，那么水变成蒸汽的汽化热和水升温到70℃的能耗相比，热泵涉及的工作范围太小，能节约的热能最大只能占到全热的3% ~ 8%，从系统复杂性、成本增加量等综合考虑，几乎没有实用价值！热泵介入“水 -- 汽”沸腾高耗能环节，而且保持较高能效比，才是热泵技术应用得以突破的基础！

二、热泵节能产品应用

目前，在加热的过程中，通常都是消耗燃料燃烧、电能转化新产生热量，不是借用、利用其他系统的热能。而且能量转化利用的效率，最多也就是100%，有些如采用燃煤、燃气的情况，如常见天然气厨具，能源热利用效率也就不到50%。

在多年的工作实践中，常常遇到一些需要大量制热、且温度不是特别高的场合，比如食品加工、物品烘干、衣物熨烫烘干、高温消毒、海水淡化、污水处理。这些生产加工的车间和周边环境通常温度很高，改善环境的办法通常是通风、制冷。通风，则将所有产生的能量带到空气中直接浪费掉；如果用空调制冷，则空调系统本身消耗能量的同时，又必然会向大气排放热量。这些能量没有回收利用，造成热排放，也属于能造成地球变暖的因素之一。

例如，餐饮的厨房里面，大量的发热锅灶，产生的热量只有通风排出和散布到厨房空气中，使得厨房整体能耗很大、对环境排热量也很大，厨房内的工作温度也很高！如果采用“热泵”原理制作的蒸、煮、熬、炖、保温、制冷的灶具，可以高效率地从厨房空气、回收余热的热水中吸收热量供“热泵”灶具利用，灶具最后排出的热量又和周围变冷的空气中和，使之温度基本平衡，显然实现了节能、减排的目的。通过理论计算可以知道，这种应用情况下，能量消耗可以下降到原来的三分之一以下，对环境热排放则减少到四分之一或更低，同时实现人类几百年来梦寐以求的“冷厨房”概念，是全世界厨具行业的一次变革！

再例如，锅炉行业是工业领域现有技术的蒸汽锅炉通过电、油、天然气的燃烧能转换为热能。最多等值于燃烧放出的能量或电能提供的能量。能效比基本在85%以上，低于100%；即便将燃料燃烧产生的水汽冷凝，回收其中的汽化热以后，烟气排放温度降低到40℃～50℃，系统效率也只有105%。用热泵技术作为唯一热量来源设计的锅炉，热泵从其他介质中“搬运来”热能加热锅炉里的水，利用其他介质中的“免费”能量，特别是自然界已经存在于空气、土壤、水系的热量，以及人类生产生活中产生的排风、污水、废水里的热量，还可以是免费获得的温度较低的太阳能热水中的热能等，在输出温水、开水、蒸汽的时候，能效比理论值可以分别达到600%、300%、200%以上，远大于其他锅炉，实现大比例节能！作为一个常用设备大范围推广应用，可以获得较大的节能、减排、增效的社会效果。

三、热泵热能回收应用

仅以信息产业为例，2011年我国数据中心总耗电量达到700亿千瓦时，占全社会用电量的1.5%，相当于2011年天津市全年用电量。截至目前我国各类数据中心、云计算中心总量约40多万个，可容纳服务器约800万台。其中经营性数据中心（大型）机房上千个，未来5年，我国对数据中心流量处理能力的需求将增长7～10倍，机房面积再翻一番才能满足需求。

这些数据中心规模稍稍大一点的，耗电都在上万千瓦，大型的数据中心一个就相当于一个火电站的耗电量。遗憾的就是，所有全世界的数据中心，都只考虑如何用“便宜”的方法，把计算机系统消耗电能产生的热从机房里“扔”出去，所以都想建在山顶上、电厂边、海边等利于自然散热、低成本散热的地方，没有人考虑把大量的热回收再利用的问题！

“大象小的时候用一个小木桩拴住，它慢慢长大成一头巨象，主人还是可以用一个小木桩拴住它！”数据中心的能源利用现状，也是几十年前第一个数据中心出现的时候，技术条件限制，“拴住”了我们的思想，让人们形成了同样的惯性思维，是时候必须打破了！

一个1万千瓦的数据中心，热量回收用于采暖，可以供12万平方米住宅，所用的技术是成熟使用20年的“水源热泵”技术，仅仅需要思路打开，把原来通往冷却塔的热水，改通往水源热泵机组而已。这层“窗户纸”一旦捅破，全社会仅大型数据中心约合5000万千瓦，它的热能可以满足6亿平方米住宅供暖，每年仅供暖节约标准煤可以达到1800万吨以上！相当于数十个大中型煤矿的产能！类似的变革还会在很多行业里面发生！

推广开来，将热泵技术在能源综合利用的场合充分利用，实现将空气中的、污水里的、土壤里的、回收其他热源里的热量搬到生产、生活设备中循环利用，实现企业里面冷热作业面的热能调度，系统新增消耗的能量是原有能耗的几分之一，同样会大大提高能源的利用效率，减少对环境的综合热量排放！

国外已经利用海水的热能来淡化海水，消耗的电能是常规方法能耗的近十分之一，生产过程还可以输出生活用热水，为海岛和长期海上航行的轮船提供了很大的便利。

当热泵技术在能源挖掘、能源再生利用领域充分开发应用，结合不断发展的低温发电技术、低温动力技术，就能从变暖的地球空气中、水中、地热中、太阳能中获取取之不尽用之不竭的能量了，改变目前的能源日趋紧张的状况，让能量守恒定律保证人类有了用不完的能源和动力！地球也没有日益变暖的危险了。

四、设想不远的将来

轮船利用海水所含的热能作为动力，海水从船首吸入，从船尾排出，海水所含的热能，部分被热泵型发动机抽取，经过品质提高，用来给轮船提供蒸汽动力、提供淡水、提供生产生活用制冷、制热源，消耗的直接能源物质很少，几乎不消耗燃料！

火力发电厂、核电厂也利用热泵技术，将所有原来浪费的热能高效反复回收利用，经过汽轮机多次转换，几乎实现100%的热电转换效率，发电成本大大降低、对环境热排放几乎为零，用于冷却散热的水资源需求也近乎零！

节能减排产业远没有到“江郎才尽”的阶段，呼吁大家不要老盯着那些LED、太阳能光伏、风能等投入产出比小、应用规模小、对高耗能工业环节几乎没有帮助的节能减排技术不放了！本文提出的能源应用理念的变革如果能得到重视和推广应用，钢铁厂、食品厂、奶粉厂、水泥厂、洗衣房、制药厂、污水处理厂、化工厂、轮胎厂、造纸厂等等，几乎每一个高耗能生产企业都有条件实现高效率、大幅度的热能回收利用！早已成熟的热泵热回收应用技术如能尽早推广实施，地球温室效应将会迅速改善，社会大幅减少石化燃料消耗，人类能源危机的情况一定会得到彻底改善！

注：这篇文章写于2012年。当年我们即利用所有市面现成的机器、设备、冷媒，找几个热泵行业的外行人，制作出了热泵煮面炉原理样机，温度可以持续维持接近100℃；后期又制作了采用导热油换热的达到150℃输出的热泵烘干炉。同时也开始推广宣传。遗憾的是行业阻力很大，很多有技术话语权的人不信、不听、不看、不用。到目前为止，虽然热泵热水器全国遍地开花，但是输出温度全是在50℃左右，少有超过70℃，更别提有100℃输出的产品。因此在某种意义上说，打破观念比技术进步更能推动社会发展，而且观念进步才能更好地推动技术发展和进步！

第四节　一种新的蒸汽动力循环

（2014年）

本文提出一种新的蒸汽动力循环方式，以期利用蒸汽工质的流体力学特性，实现动力循环全过程热效率的提高。

一、朗肯循环

朗肯循环（英语：Rankine Cycle）也被称为兰金循环，是一种将热能转化为功的热力学循环。郎肯循环从外界吸收热量，将其闭环的工质（通常使用水）加热，实现热能转化做功。朗肯循环理论虽然诞生于19世纪中期，但即便到了今天，郎肯循环仍产生世界上90%的电力，包括几乎所有的太阳能热能、生物质能、煤炭与核能的电站。郎肯循环是支持蒸汽机的基本热力学原理。

因为郎肯循环诞生的年代也有必然的历史局限性，那个时代研究热力学的机械条件、流体力学理论和现在差距很大，难免存在一些缺陷和不足。

1. 热量浪费巨大

朗肯循环实现工质水的闭环循环，大大减少水资源的消耗，但是为了实现闭环，也为了充分利用蒸汽的余压，必须将水蒸气冷凝为水，然后再把几乎不能被压缩的液态工质加压，才能使之进入下一个压力循环。热量只能参与一次做功循环，不能转换为功的热量必须被抛弃，因此，应用朗肯循环的工业系统热效率难以提高！

实现蒸汽直接利用的常用方法是机械再压缩，由于工作过程中需要消耗机械能，通过直观的能量守恒定律分析费效比较低，实际应用中均没有采用这种技术来实现蒸汽再循环。对于不可压缩流体的压缩过程效率很高，所以整个循环中水泵的作用至关重要，而能耗往往可以忽略不计。

在当时的历史条件、技术条件下，不考虑、也没有能力考虑热回收，凝汽环节产生的大量热量必须以低温形态散失。另外，水的凝结热几乎是常见工质中最大的，工作温段也偏高，但是综合考虑当时的条件，从成本、安全性、环保等综合因素考虑，直到现在，也似乎只有水是最理想的工质！

2. 理论应用现状

目前传统朗肯循环理论应用中多用回热、再热等改进循环方式提高效率，还采用增加蒸汽温度、压力的临界、超临界工作模式来提高效率。这些方法根本的思路都是尽可能提高有效功在全部消耗热能中的比例。

另外还有采用有机工质（非水蒸气）来实现朗肯循环，即有机朗肯循环，它改变了温度较低情况下的循环效率，还是存在凝结热浪费的问题，同时带来大量使用的有机工质一旦泄漏后带来环境灾难的问题。

还有一种方法主要的出发点则是设法采用消耗少量热能、机械能的方式，直接、间接对排放的低温废热进行再利用，用于工业热水制备、生活采暖等环节，实现余热利用来提高有效功和热在全部消耗热能中的比例。

上述几种方法在系统成本、安全性、费效比、可行性等方面都受到诸多限制，很难实现热能利用效率的大幅度提高，特别是难以实现热电转换效率的大幅度提高！

二、流体力学相关原理

流体力学里面有些基本原理，实际应用时具有一定的“特殊”功能，在流体流动过程中，作为流体的物质属性本身，也会附带实现热传导交换、物质传输、物质压缩等效果。其特点，就是几乎都是在不需要机械装置运动的情况下，仅仅在空间、速度发生变化，热能传递、流动过程就能实现。

1. 射流真空泵

基于流体力学文丘里管原理的射流真空泵是一种具有抽真空、冷凝、排水等三种效能的常用机械装置。射流真空泵是利用一定压力的水流通过对称均布成一定形状和倾斜度的喷嘴喷出。由于喷射水流速度很高，于是周围形成负压使器室内产生真空，将外界气（液）体抽吸进来，共同进入混合管，混合管内的水（气）流互相摩擦，撞击、混合与挤压，通过扩压管排出，使器室内形成更高的真空。结构如下图：

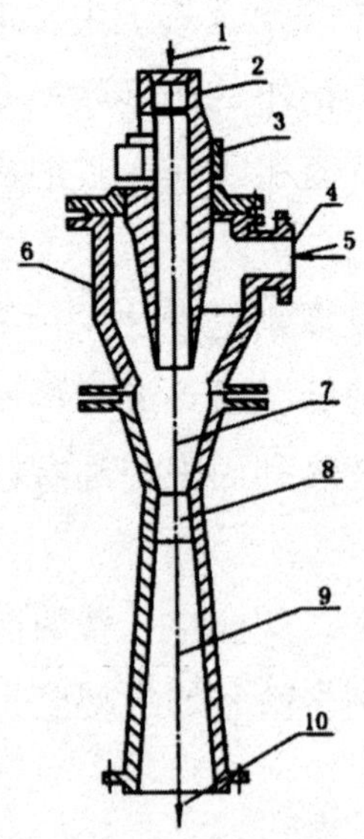

说明：1、高压水进口；2、喷嘴；3、螺母；4、喷嘴板；5、气体进口；6、泵体；7、混合室；8、喉部；9、扩压管；10、混合气液出口

但如果使用的射流是水，吸入的是低温、低压水蒸气，则蒸汽与喷射水流直接接触，进行热交换，绝大部分的蒸汽必将冷凝成水与原水流混合，体积大大缩小；小量未被凝的蒸汽与不凝结的气体亦与高速喷射水流一起从喷口喷出，流体具有动压。查阅部分射流泵参数（如石油行业普遍使用的产品），射流抽取的目标介质可以达到自身质量的 80% 以上，压力损失约 10% 左右。有资料报道国内有单位做了这样的应用，产品名称叫“射流凝汽器”，但没有大量推广应用，其节能减排效果也没有得到行业的重视。

下图是一种利用喷雾或射流的混合式凝汽器：

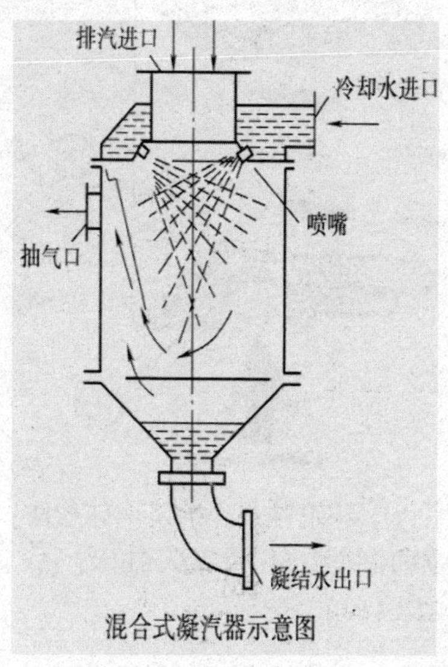

混合式凝汽器示意图

这种装置确实利用的冷却水射流、雾化吸热的效果，但是没有利用射流的动能，而且蒸汽热量巨大，冷却吸热能力有限，造成冷却水用量增加，最后冷却效果好了，但是还不能解决热量回收利用的问题。

2. 气体放大器

进入 20 世纪 70 年代以后，世界各国都在进一步研究有关射流引流、射流真空理论，通过对一些细节的研究，如喷口形状、喷射方式、脉动规律、压力损失等因素的研究实践，取得了一定的成果。比如和人类生活密切相关的无叶片风扇，以及工业化应用的气体放大器。

气体放大器原理如下图：当高压气体通过气体放大器 0.05 ~ 0.1 毫米的环形窄缝 (3) 后，向左侧喷出，通过科恩达效应原理及气体放大器特殊的几何形状，右侧最大 10 ~ 100 倍的低压气体可被吸入，并与原始高压气体一起从气体放大器左侧吹出。近两年来气体放大器（空气放大器）应用领域迅速扩展，常用大比例节约压缩空气，并且利用压缩空气实现吹尘、吸尘、物料运送等工业应用。技术成熟稳定。

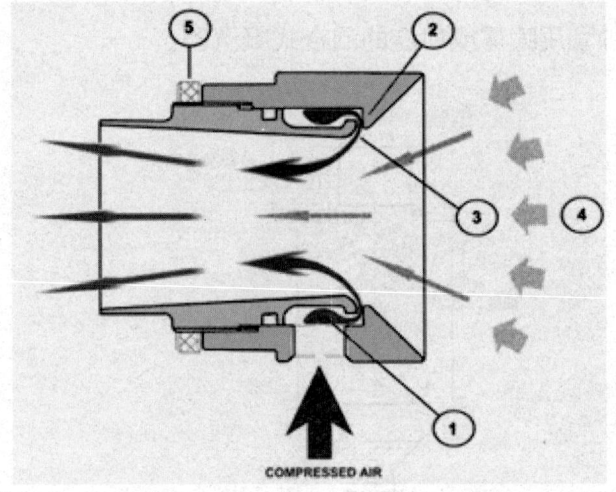

结构说明：(1) 环形腔； (2) 可调环形槽；(3) 发生科恩达效应的剖面；(4) 待吸入气体；(5) 固定环（可调气体放大器有）。

如果被吸入的气体是低温、低压蒸汽，驱动气流是高温、高压过热蒸汽，在高温蒸汽从环形喷口喷出时，会膨胀、降温、降压，同时与低温、低压蒸汽混合，达到热量、动量平衡，最终气流是中温、中压混合蒸汽，从左侧排出，混合蒸汽具有了一定动压。

气体放大器的原理有很多种，有利用旋流带动气流的、有利于小孔射流带动气流的、有环形斜喷口射流等多种方式。效果最好的仍属利用附壁效应的装置。其他形式的装置，在某些特殊场合下虽然效率较低，但是射流势能转化为气体动压的能力能满足一些如物料输送、级联增压等特殊要求。

3. 压力温度关系

在蒸汽流动速度不大的时候，以下定律都适用：

波义耳定律：温度恒定时，一定量气体的压力和它的体积的乘积为恒量。数学表达式为：pV = 恒量（n、T 恒定）或 p1V1 = p2V2（n1 = n2、T1 = T2）。

查理 - 盖吕萨克气体定律：压力恒定时，一定量气体的体积（V）与其温度（T）成正比。

根据上述两条定律，分析朗肯循环中没有提及蒸汽传输过程中的气体气动、热力学问题，仅仅把蒸汽按照理想状态去研究，存在一定的局限性。

可压缩流体流速加快，压力降低，必然引起体积膨胀，从而使密度减小；反之，在流速减慢、压力升高的同时受压缩，体积缩小，因此，密度必然增大。气体体积的膨胀，还会使温度降低。当打开自行车气门芯放气，高压气体从气门芯喷出来时，气门芯的温度显著下降，甚至使表面结霜。这并不是自行车胎里面装着很“冷”的气体的缘故，而是高压空气从喷口喷出时体积膨胀引起降温导致气体中所含有的水蒸气冷凝所致。同样，当空气受压缩时，温度会升高。譬如，用打气筒打气，气筒壁会发烫。这并非皮碗与筒壁摩擦的结果，而主要是筒内空气被压缩，导致温度升高。

一个对高低温、高低压变化非常敏感的蒸汽动力循环系统，应该充分考虑体积、空间、流速、压力、温度等混合因素，充分利用这些因素之间的关系，实现高效率的热动力循环。

三、新的蒸汽动力循环

通过对朗肯循环特点分析，需要提出一种新的循环，首先利用非机械动力的方式实现对完成做功后的乏蒸汽进行增压、再利用，其次充分利用气体体积、温度、压力、流速的关系，设法直接回收再利用冷凝热，未能通过汽轮机一次转化为功的热量有机会参与下一次做功循环，经过多次转化做功，系统理论效率趋向于100%，在理论上实现蒸汽动力循环整体热效率的大幅度提高。

1. 一种新的循环

新的循环采用气体放大器实现对乏汽的增压、升温、引流；通过对凝汽器内外部乏汽分流、管路空间截面积重新设计，使得蒸汽乏汽传输过程中一分为二，两股乏汽产生温差、压差，让低温、低压蒸汽吸收较高温度、较高压力蒸汽的热量，使得较高温蒸汽冷凝，较低温蒸汽吸热、升压并直接进入蒸汽再循环，数量减少了的冷凝水则通过高压锅炉再生为高压过热蒸汽，携带新补充的热能进入下一个蒸汽工作循环。

具体系统结构图如下：

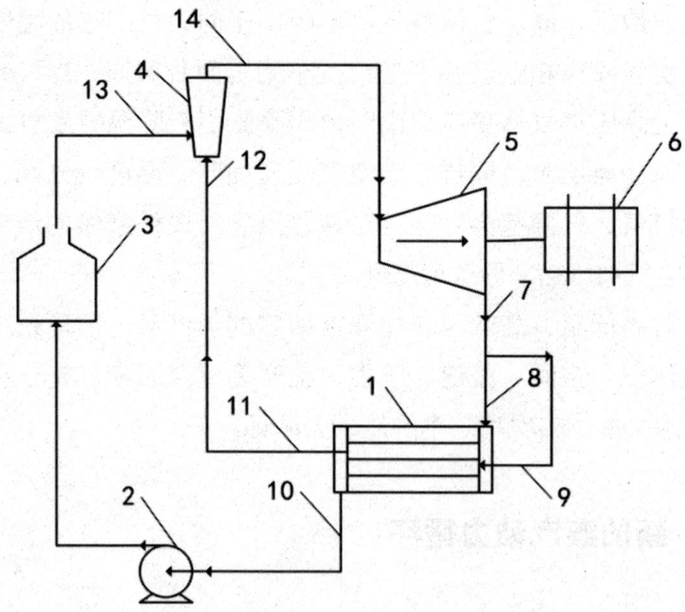

结构说明：1、凝汽器；2、高压水泵；3、高压锅炉；4、气体放大器；5、汽轮机；6、发电机；7、乏汽总管路；8、待凝结乏汽入口；9、待降压乏汽入口；10、冷凝水管路；11、吸热升温乏汽出口；12、待吸入蒸汽入口；13、驱动高压高温蒸汽入口；14、再生混合工作蒸汽出口。

2. 新循环的特点：

首先，和朗肯循环相比，新系统设计上就没有大量对系统外介质散热的环节，整体热效率会大幅度提高；

其次，朗肯循环实际应用中，近年来都是主要依靠提高系统的压力来提高热电转换效率，从水泵开始全部工作过程都处于临界、超临界压力之下，系统的制造技术难度增加、成本增加、安全风险增加。该新循环方式虽然锅炉的压力也是需要大幅度提高，但是锅炉的蒸汽发生量大幅度下降，高压蒸汽涉及的范围减少，高压蒸汽涉及的过程几乎没有机械运动、需要较多维护的机械部件，临界、超临界发电系统中技术难度加大、成本大幅增高、系统安全性下降的问题得以解决。

从过程上看出，该循环可以适用于各种汽轮机机组压力，单次循环热－功转换效率变化不会影响系统整体效率，对安全生产有利，可以用于现有中低压蒸汽发电系统的技术改造。

3. 新循环命名

新的循环是在朗肯循环 Rankine Cycle 基础上改进，采用了气体放大器（Amplifier）作为核心部件，建议采用安朗循环（Amp-Rankine Cycle）。

四、能量守恒法分析

安朗循环的动力、热力学分析相对复杂，我们完全可以首先应用热力学第一定律（能量守恒定律）对它进行初步分析。

目前应用朗肯循环的热电厂能效图如下：

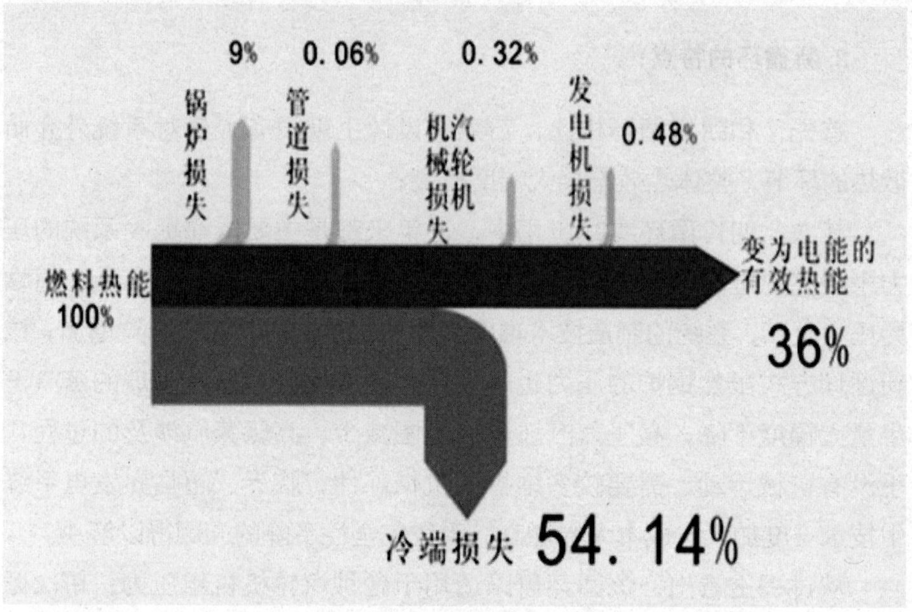

行业已知的数据表明锅炉、水泵、汽轮机、发电机整体效率损失合计约 10%；冷端损失，即凝汽器冷却水带走的热量要占到 50% 以上，新的循环改进了凝汽器，采用了气体放大器，下面逐个简单分析这两个部件的能量变化、流动情况。

1. 凝气器分析

该循环所用凝汽器结构与传统凝汽器相似，所不同的是吸热管路内部空间和凝汽空间的比例，前者应为后者空间、流管截面的数倍以上。假设乏汽通过两条相同截面积的管路分别接入这两个大小不同的空间，根据波义耳定律，蒸汽的压力就会发生差异，进入吸热管路的蒸汽膨胀比例较大，温度下降较多，加之受到空气放大器产生的抽真空作用，压力、温度进一步下降，因此温度相对较低；进入凝气空间的蒸汽膨胀比例较小，温度下降较少，相对较高，吸热管路内外蒸汽存在温差，进行热交换；凝气空间的蒸汽放热冷凝，吸热管路内部蒸汽吸热升温，压力回升。

全过程没有对第三方做功，属于绝热过程，能量损失少。

2. 气体放大器分析

接入空气放大器的压力远超百倍于乏汽的高温、高压、过热蒸汽从环形喷口高速喷出，膨胀、扩散，同时基于流体的黏滞作用、气体分子的混合、碰撞作用，依据科恩达效应，带动大量乏汽一起运动，两种蒸汽的动量、热量混合、交换，达到平衡。最后形成中温、中压混合汽流。

全过程也没有对第三方做功，属于绝热过程，能量损失少。

五、进一步应用改进

针对不同应用条件变化，安朗循环可以进行适应性调整，进一步满足工程应用的具体要求。

1. 乏汽直接利用

该应用改进增加一个乏汽歧路、乏汽直供阀，实现对凝结乏汽的调整，必要时可以通过气体放大器直接再利用部分尚未膨胀、降温的乏汽。具体系统图如下：

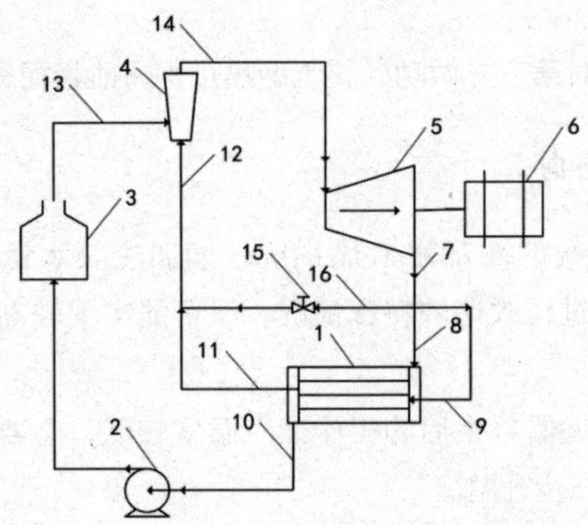

新增加的设备和管路有：15、乏汽直供阀；16、乏汽歧管。
该过程没有对第三方做功，属于绝热过程，能量损失少。

2. 射流泵辅助凝汽

该应用改进通过使用射流凝汽泵，可以直接吸收再利用部分乏汽，由于射流压力较高，吸入的乏汽在混入高压冷凝水流后凝结，放出热量，使得冷凝水升温预热，同时也具有抽真空的作用。具体系统图如下：

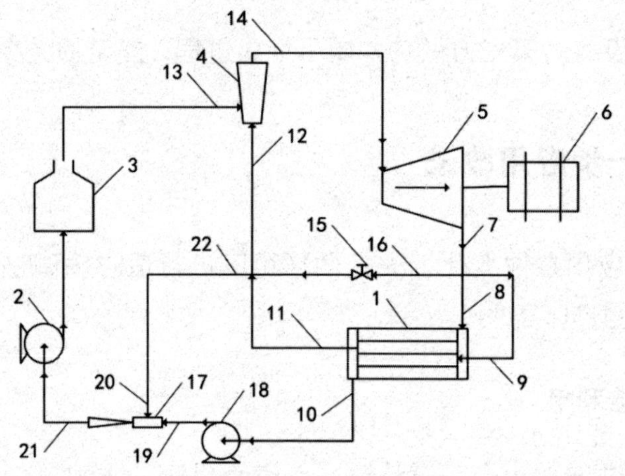

新增加的设备和管路有：17、射流凝汽泵；18、中压冷凝水泵；19、射流输入口；20、待凝结蒸汽吸入口；21、射流输出口；22、凝汽器乏汽歧路。

该过程没有对第三方做功，属于绝热过程，能量损失少。

3. 其他改进方向

可以增加传统的冷却水散热系统，增加冷凝水量，以适应现有热电厂蒸汽循环过程改造的特殊情况，尽可能实现较高的投入产出效益。

经过气体放大器再生后的工作蒸汽温度较低，必要时可以利用再热、过热系统进一步升温。

还可以改变凝汽器汽路，让全部蒸汽均进入凝汽空间后，再进入吸热管路，可以调整凝气量和再生乏汽温度。系统如下图：

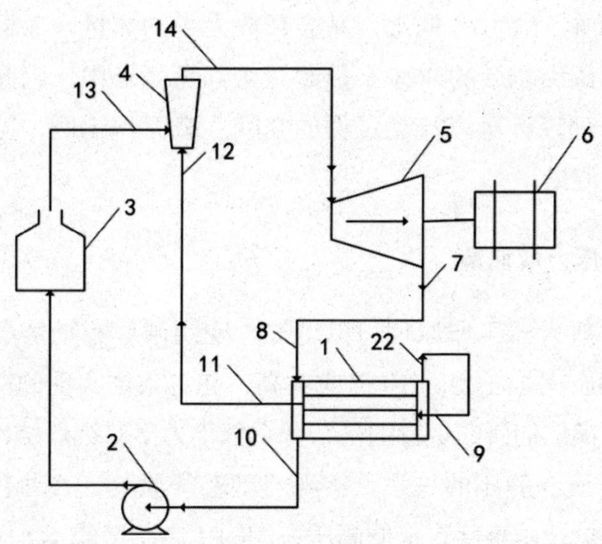

在实际应用时，新增的管路、气路和现有的郎肯循环的系统在某种意义是兼容的。如果撇开热力学、空气动力学的理论，按照静态压力进行分析，新循环和郎肯循环可以化简、合并，并无矛盾。一旦汽流动起来，就会发生变化！这种变化，是当年的郎肯认识不到、无法体会和设计的。

六、需进一步研究的关键问题

本文只是提出一个新的循环过程，并基于热力学第一定律进行了定性分析，如果该循环得到学术界初步认可，那么后续还有许多问题留待学术界讨论、研究，主要可能有以下几点：

1. 凝气与再生蒸汽比例

安朗循环采用部分凝气通过高压锅炉蒸发产生高温、高压过热蒸汽来驱动低温低压蒸汽，以蒸汽循环一个周期热电效率 30% 估算，需要补充约 40% 的热能。如果不采用蒸汽再热、过热系统，所有这些热能大部分由再蒸发的冷凝水承载。

如果假设气体放大器可以再生利用 90% 的蒸汽，必须冷凝的蒸汽量将约占 10%。这 10% 的水，又会释放大量的热量，如果不用冷却水散热，则应该由剩余的 90% 余热蒸汽带回再循环中。因此需要进一步研究如何合理设计蒸汽流动过程的空间、截面积比例，控制好各个环节的压力、流量。

2. 锅炉压力增加量

从气体放大器工作原理可以得知，安朗循环驱动蒸汽压力应该是朗肯循环相应锅炉压力的 10 倍或更高，在有条件实现的情况下，越高越好！高压锅炉的研究，特别是结合空气动力学对锅炉结构进行改进，充分考虑动压、静压的关系，实现“动态升温”、“动态升压”，控制好高压锅炉技术难度，降低高压锅炉的生产制造成本。

本文提出一个新的蒸汽动力循环方式，并做了简单的分析和论证，希望能引起同行的关注，利用郎肯循环诞生后人类取得的新的科技成果对其中的热力学、流体力学过程进行进一步研究分析，共同利用现有的跨行业、多学科的先进成果技术，对传统基础理论进行再认识、再发展。

第五节　从对卡诺循环再认识谈应用创新

（2014年）

一、卡诺循环是什么

卡诺循环是1824年N.L.S.卡诺在对热机的最大可能效率问题作理论研究时提出的。卡诺进一步证明了下述卡诺定理：①在相同的高温热源和相同的低温热源之间工作的一切可逆热机的效率都相等，与工作物质无关，其中T1、T2分别是高温和低温热源的绝对温度。②在相同的高温热源和相同的低温热源之间工作的一切不可逆热机的效率不可能大于可逆卡诺热机的效率。可逆和不可逆热机分别经历可逆和不可逆的循环过程。

卡诺定理阐明了热机效率的限制，指出了提高热机效率的方向（提高T1、降低T2、减少散热、漏气、摩擦等不可逆损耗，使循环尽量接近卡诺循环），成为热机研究的理论依据、热机效率的限制、实际热力学过程的不可逆性及其间联系的研究，导致热力学第二定律的建立。

二、对卡诺循环的再认识

卡诺定理阐明了热机效率的限制，指出了提高热机效率的方向，可以简要理解为提高高温温度、降低低温温度、减少其他机械摩擦和热损耗。

卡诺定理并没有限定低温必须高于多少？高温必须是什么范围？但是不可否认，卡诺定理诞生的时候，就和“火”紧密相连，也就潜意识告诉人们“火”和“动力”、似乎密不可分。再经过 100 多年的应用，人们已经太熟悉它了，几乎很少再去仔细推敲它的每一个字句，更多的人则是习惯于从前人那里吸收“成熟”的理论和实践经验，继续应用。

老师在给学生传授有关卡诺定理知识的时候，常常忘不了额外补充几句，比如：“实际上、低温热源温度 T2 降低很难实现，人们大都考虑如何提高高温热源温度 T1，来提高效率”、“显然，高温热源温度 T1 越高，效率越高”、“卡诺循环决定了热机的最高理想效率，任何系统的效率都不可能超过这一结果”，等等。这几句话表面上看好像没有问题，但是再仔细推敲一下，就有些问题了。

1. 低温热源温度难以降低

在 19 世纪，甚至到 20 世纪初，确实，热机工作的低温热源通常是周围自然环境温度，降低环境的温度难度大、成本高，是不足取的办法。但是现在，已经今非昔比，很多条件、目标、要求都发生了很大的变化，到了该否定这个习惯观点的时候了。

首先，制冷技术已经很成熟，用热泵技术移走热量、获取热量，实现制冷的效率已经很高，实现逆卡诺循环的实际效率可以达到理论值的 60% 以上。人们在维持低温热源 T2 温度的时候，还可以将热量转移到高温热源来进入再次循环，即便可能不经济，但是减少热排放、环保的空间、时间差异作用可能变为主要目的。因此，如果必要，降低低温热源温度 T2，既可行，也相对高效，继续研究下去，甚至有办法达到既经济又高效的结果。

2. 温度越高效率越高

如果低温热源温度 T2 不能降低，那么确实高温热源 T1 温度越高，理论效率越高。但是也就意味着产生热源能源物质的品质需要越高。环境的温差加大以后材料性能、系统散热问题越来越突出，综合成本也大幅度提高，整体经济性不一定就高！

从下面的卡诺定理的效率公式 $\eta c=1-T2/T1$ 可以看出这个效率还有更有意思的情况，想达到同样的理论效率，如果 T2 越大，必须温差线性增大，T1 急剧升高。

T2=−200℃，T1=20℃，热机效率理论值约是 75%；T2=20℃，T1=1300℃，热机效率理论值也是 75%；分析实际效率，假设摩擦损失一样，从超低温到常温的热机工作过程，几乎不会有热损失，甚至还会边膨胀做功、边吸受环境热，因为所有接触的热机零部件都有可能比工质温度高，整体热损失少或许还有增加；而在常温到 1300℃高温之间工作的热机，其工质温度远远高于环境，必然会产生热量损失。显然在自然环境下，低温段工作的热机实际效率一定高于在高温段工作的热机；按能量热量总量条件分析，这两个过程，前者温差只有 220℃、后者温差达 1280℃，前者的能量可以从免费资源中获得，后者的能量必须用燃料消耗获取。前者少量热能参与工作就有可能获得高效率，后者必须满足较高、较集中的热能供应条件才能追求高效率。如果考虑热机工作过程的材料、工艺、能源成本，追求高温的热机显然综合指标会大大低于低温段的热机。

如果温差一样，两组热机工作在不同温段，工作介质比热变化不大，热机热量消耗一样，但根据卡诺定理，工作温段越靠近绝对零度，低温热源温度 T2 小的理论效率高！高温段、低温段工作的热机效率理论值差异明显，高温段工作的热机几乎没有任何优点。

因此，这句话现在应该改为，工作温段越低，热机越容易获得高效。

3. 过程热功转化效率等于系统热效率

其实卡诺循环本身没有这样说，后人们多这样理解和想当然。100 多年前，维持低温热源恒温就依靠自然降温，还不到考虑效率的时候；维持高温热源恒温，就是燃料加热，也没有什么第二选择。

准确地说，卡诺定理是说明了一次热能循环过程中，热量转换为功的理论效率，未考虑没有转换为功的其余部分热。如果再利用的时候，不是做功，而是直接热的利用，那么系统的热效率实际是系统做功部分和不做功部分。做功部分有效率上限限制，而热量直接利用部分也许效率更高。热量传导过程几乎不耗能，系统可以理论上实现100% 能量利用，也符合热力学第一定律。

或者换个思路，如果那部分没有转化为功利用的热，以某种方式被带回高温热源，进入下一次热机做功循环，那么按照比例，又会有部分热量转换为功；多次循环，最原始那一部分热转化为功的效率应该是趋向于 100%。所以，不应该把某个过程的热功效率，默认等同于系统针对某个热源、某部分热能的整体热利用效率。

4. 维持热源的方法

卡诺循环假设条件之一就是有一个高温热源和一个低温热源，它只研究热量从高温热源传递到低温热源之间时热机的效率，而并没有提及如何维持高温热源、维持低温热源、未转换为功的热量去向问题。早期人类没有能力高效率的实现热量、带有热量的工质从低温热源转移到高温热源，而现在有多种方法可以实现高效率热量转移，有的需要消耗功，有的仅需要热量就能实现热“搬运”，也到了研究较少热量散失、较少机械功付出，回收再利用“余热”，大幅度提高系统热功转换效率的时候了。

目前已经可以有多种手段和方法在不消耗机械能的情况下实现将低温热源热量“搬回”、“带回”高温热源，减少低温热源对环境的热散失。如吸收式制冷机就是用高温热能驱动，回收再利用低温热能，输出中温热量，几乎不消耗机械能；高压锅炉在几乎不消耗机械功的情况下，产生的高温高压蒸汽利用射流抽真空原理吸收低温低压蒸汽，混合形成中温中压蒸汽，将低温低压蒸汽所含的热量，不需要冷凝、散失，直接“带回”下一次做功循环等。这两种方式都能实现给高温热源补充热量，同时搬走了低温热源的热量维持了低温热源温度恒定。

三、一种改进的卡诺循环

通过对卡诺循环的局限性分析，我们重新提出一种新的热力学循环，它由一个卡诺循环和一个逆卡诺循环组成，系统流程图如下：

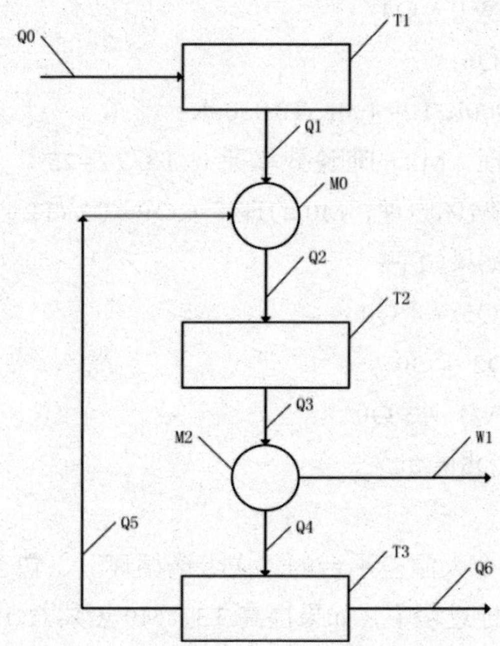

图中标注说明：

Q0、高温热量输入；Q1、高温全热；Q2、高低温混合热能；Q3、中温全热；Q4、中低温做功后余热；Q5、再利用低温热量；Q6、低温散热； T1、高温热源；T2、中温热源；T3、低温热源；W1、中低温输出有效功；M0、高温驱动热泵； M2、中低温热机；

假设忽略摩擦、散热等热损耗，进行循环热力学说明：热量从 Q0 输入，用以维持高温热源T 1， T 1输出Q 1经过M 0热泵吸收、混合低温热量 Q5 输出中温热量 Q2 传递给中温热源，用于维持中温热源；中温热源用于做功的中温全热 Q3 经 M2 热机做功后输出中低温有效功 W1，同时余热 Q4 传递给低温热源 T3；

系统从外界获取热量的来源是 Q0；

系统对外输出是有效功 W1；

系统对外散热是 Q6；

根据能量守恒进行推算：

Q0 = Q1 = W1 + Q6

Q2 = Q1 + Q5

Q3 = Q2 = W1 + Q4

Q4 = Q5 + Q6

假设，T1=900K,T2=400K,T3=300K：

根据卡诺定理，M2 的理论效率是 1−T3/T2=25%

根据逆卡诺循环原理，M0 的理论 COP=T2/(T2−T3)=4，则上述关系表达式推导结果如下：

Q2 = Q1 + Q5 = 4 Q0

W1 = 25% Q2 = Q0

Q4 = Q2 − W1 = 3 Q0

Q6 = Q4 − Q5 = 0

该循环用一个大温差平台的“逆卡诺循环”、包含了一个“卡诺循环”。上述推导过程中，如果提高 T3，M0 热泵 COP 效率提高，最后的结果 Q6 将是负输出，其含义在于需要补充热量，也就是说需要另一个较高温度热源输出热量，给低温热源供热；如果降低 T3，或者其他原因造成 M0 热泵的 COP 降低，Q6 结果将非零，是正数，开始需要散热来维持低温热源恒温。

该循环的组成是一个卡诺循环将热部分转化为功、一个逆卡诺循环回收余热；中温热源是卡诺循环的热源、高温热源是逆卡诺循环的驱动热源；当两个热源温度相同，则变成一个热源，逆卡诺循环作用消失，成为单一卡诺循环；如果中温和低温热源相同，无法输出功，就成为一个单一的逆卡诺循环。

再分析，Q6=0 的时候系统理论上没有热排放，属于“第二类永动机”了！但是符合热力学第一定律。这个循环，系统外部看上去可以成为“单一热源输入”，也可以双向变化，内部第二热源、第三热源每一个都可以是相对外界需要输入或输出热量，当然有可能零输出。所有过程符合卡诺循环、逆卡诺循环、能量守恒定律。

总之，两个利用卡诺、逆卡诺循环组成的“系统”对外表述可能会吸收热、做功、放热；或者吸收热、做功；或者吸收热、消耗其他能量、做功、放热、消耗热、不做功、放出热。这些显然更符合热力学第一定律。

在实际已有的应用中，T1 取决于直接、间接借助合适的工质影响 M0 这个环节的 COP 值。例如采用吸收式制冷机，温度越高，效率越高，越接近理论值；如果采用流体驱动的射流真空泵、气体放大器方式实现热泵，T1 越高，工质的温度越高、压力越大、抽真空混合能力越强。

上述推导过程还可以看出，T2、T3 越近，内部 M2 效率越低，系统越容易实现。这在工程上的意义可以降低热机的工作压力、安全风险、制造成本、热量散失等。当然，效率太低以后，难以抵消过程中系统的整体能量损耗，就没有实际意义了。

四、理论的应用创新

针对卡诺循环相应理论，我们在实际工作中还应该大胆地进行应用创新。前面已经经简单推导，得出了“工作温段越低，热机越容易获得高效”的结论。卡诺定理也还有一句：在相同的高温热源和相同的低温热源之间工作的一切可逆热机的效率都相等，与工作物质无关！这也就是说，我们用水、用低温空气、高温空气或其他工作介质（如氨、氟利昂等），均不影响理论上热机的效率，也就不存在影响输出动力大小的问题。

另外，有了上述新的理解和结论，如果我们不能降低热机的首次工作温段，就让他启动第二、第三个串行、并行卡诺循环，将高温段低效率工作的卡诺循环缩短，再进行一个温段较低、很低的新循环来充分利用热量，提高热机整体效率。这样我们就可以更好的系统解释乳化加水柴油节油减排、飞机发动机起飞时喷水加力、英国最新空天发动机在液氢、液氧燃料的基础上增加“液氮”的原因了。我们也应该很容易用现有的逆卡诺装置（热泵）、卡诺热机（膨胀机）进行组合，在能量守恒的基础上，实现热量、能量、功的低效率、中等效率、高效率、全效率组合输出和相互转换。

人们对自然规律的认识也不断深入，以前绝对零度不可接近，现在用深冷技术很容易就达到 1 ~ 2K，多数情况下差别已经不大了；以前几万度高温不易获得，现在用激光器、小型核聚变也容易实现；在太空里，绝对温度几十度随处可得，甚至更低，在那个环境下已经和原来人们认识的热机工作的环境大不相同了。即便是热量传导，以前蒸汽锅炉的效率只有 30% ~ 40%，现在普遍水平在 85% 以上，某些燃气锅炉所谓燃料燃烧热效率甚至超过 100%。

我们需要对以前的定理、定律进行再认识，还它们本来面目，让理论返璞归真，回到原点重新再来。既要坚持真理，又要摆脱传统习惯思维，与时俱进；要坚守，更要创新！

马戏团里表演的大象，都是从小就开始训练的。小象很调皮，故常把小象拴在木桩上。由于小象力量小，经过很多次试验，它都无法将木桩拖出来，时间久了，只要把小象拴在木桩上，它就知道自己无法挣脱，也就会很安分了。小象长成了大象，力大无穷，可以轻松拔起一棵大树，但却能很老实地被绳子拴在木桩上。因为从小的经验告诉它们，木桩的力量比自己大，是唯一可以拴住自己的东西。

《国际歌》有一句歌词唱得好：“要冲破思想的牢笼”。而一旦冲破思想的牢笼，走出思维定式，甩掉那根“木桩”，我们的潜力将会得到极大释放，将会创造各种奇迹。

注：这篇文章的诞生，确实是被逼出来的。2014 年初，在一次和专家交流的时候，对方直接表示你不是学这个专业的，不懂就不要

搞了。确实，笔者没有学过热力学，但是实践经验不少，遇到这样的情况，没有人愿意合作，只能回头恶补，自力更生。从不愿意再碰技术理论，打算请专家进行合作研究，调整到下功夫把大学那点专业课二三十个小时的功夫补回来，这点时间还是值得的。所谓专业不专业，不就差了那几堂课、几次考试而已。在此之后，照章办理，凡是技术问题，还是坚持自己的固有习惯，用中学、学中用，相信事实、相信知识、相信逻辑，独立研究，认真学习并实践，自己给自己当专家。

第六节　对热力学第二定律的再认识

百度百科：热力学第二定律是建立在对实验结果的观测和总结的基础上的定律。虽然在过去的一百多年间未发现与第二定律相悖的实验现象，但始终无法从理论上严谨地证明第二定律的正确性。自 1993 年以来，Denis J.Evans 等学者在理论上对热力学第二定律产生了质疑，从统计热力学的角度发表了一些关于“熵的涨落”的理论，比如其中比较重要的 FT 理论。而后 G.M.Wang 等人于 2002 在 Physical Review Letters 上发表了题为《小系统短时间内有悖热力学第二定律的实验证明》。从实验观测的角度证明了在一定条件下热，孤立系统的自发熵减反应是有可能发生的。

本文也将针对热力学第二定律的内容，逐条进行再认识，结合现代科技发展的新进展，提出一些观点和看法。

一、热量传递的单方向性

原译文是：热力学基本定律之一内容为不可能把热从低温物体传到高温物体而不产生其他影响。

对于一个微观系统，简单系统，确实热量只能从温度高的物体传到高温物体。但是对一个系统，比如空调这样的热泵，明显地实现了将低温物质中的热能搬运到了高温物质中，只是“不产生其他影响”如何界定？事实上，空调实现热的“逆”转移，除了消耗了电能之外，电能转为热量进入高温输出端以后，也没有显然发现有什么“其他影响”。

如果说消耗电能做功不允许，那么吸收式制冷机，消耗热能来驱动系统工作，产生的结果是，高温的热量把低温物质的热量搬运到了中温的物质中，其他的结果就是高温的热量也到了中温物质中。这是完全的热的运动，也没有显然发现有什么“其他影响”。

这句定义显然已经不全面，或者不通俗了，应用有难度，不应普遍应用！

二、热不可能全部转换为功

原译文是：不可能从单一热源取热使之完全转换为有用的功而不产生其他影响。

确实很难想象一个简单过程如何将分子、原子无序的运动“热”，转化为有序的同方向运动的机械“功”，但我们一个复杂系统热机，则可以将两个高低温热源之间的高温物质向低温热源热量转移的一部分转变为功，另一部分传递到低温热源，要么导致低温热源升温，要么低温热源必须散热维持恒温。

如果我们利用“热泵”，将低温热源要散掉的热量，搬回高温热源，搬运消耗的功或热也作为补充热量一并赋予高温热源，开始又一次循环，那么经过几次循环，原来那一份热量，几乎全部将转换为功。

如果效率足够，每次将低温热源要散失的热“全部”搬运到高温热源，每次付出的“搬运费”刚好是每一个循环中转换为功输出，减少了的那部分热。周而复始，这个系统相对外界就变成一个“单纯从热源获取热量、全部转换为功输出”的系统了！看不出还有什么“其他影响”。

根据卡诺循环和相应的逆卡诺循环，理论上，卡诺循环热转换为功的部分，刚好等于逆卡诺循环搬运热需要付出的功，这完全符合能量守恒定律。只要有理论值，所要研究的只能是能否全部转换为功的问题，而不能是能不能转换的问题！

事实上，热泵还可以不需要消耗功，只要消耗热就可以实现热搬运，而且符合逆卡诺循环和能量守恒定律，这样，我们在从热源补充热的时候，多补充一些热量，用于抵消摩擦等不可逆散失的热量，不仅仅理论上可行，工程上也具有价值了。

这句话应该修改为，从微观上，热转换为功，必须在高温热源到低温热源之间热转移的过程中实现，且不能一次全部转换为功。

这样的修改也解决了热力学第二定律违背热力学第一定律的问题。

三、熵增定律

原译文是：在自然过程中，一个孤立系统的总混乱度（即“熵”）不会减小。

关于熵的概念比较难以理解，其应用面也很广，按照我们的理解，提出以下几个例证，看看理论和实际的差异和差异的原因是什么？

对于人类社会，很多古文明衰落了、灭亡了，起初他们这个独立系统的复杂程度、文明程度、智力程度在不断增加，社会关系、人际关系日益复杂，但是到了某一天，因为内部矛盾、疾病、基因突变、近亲遗传病等，慢慢没落、灭亡，这个是熵增？还是熵减？

对于某些混合液、乳浊液，我们都知道，静置一段时间，油水就会分离，即便在太空失重状态下，也会慢慢同类物质互相吸附形成大的液团，这和热量、重力无关，应该是系统内部的问题。我们就是简单加热，也不一定能让它回复混乱，这个是熵增？还是熵减？

对于一个核反应堆自身，如果封闭它自己，它在符合链式反应条件的情况下，不需要外部介入，自己就会越来越热、越来越复杂、反应越来越快，但是最后达到核爆炸的结果，几乎什么都没有了，慢慢都会冷却下来、静止下来，这个是熵增？还是熵减？

如果热的单方向问题不存在，恐怕熵增定律也应该加一定条件了。

四、克劳修斯表述

原译文是：对于任意之循环运转装置，在不输入功的情形下而自发性的产生使热由冷体传向热体之效应是不可能的，此为冷机之观点。即不可能把热从低温物体传到高温物体而不产生其他影响。

想象一个实验：一个物体 A，不断吸收热量以后，温度不断升高，假设到达 1000℃，最后，吸收的热量都变成各种频率的光，辐射出去了；虽不断吸收热，但由于发光带走了能量，假设最后稳定在 1000℃，持续发光；这时候，我们用一个光学装置（它是不会做功的），把该 A 物体发出来的光尽可能多的汇聚起来，聚焦到一个点（这个点的温度已经可以是？），再把一个 1001℃的物体 B，放置那个汇聚点上，大家觉得这个温度高的物质 B 是吸收能量多呢？还是通过可逆光路还给物体 A 能量多呢？如果物体 B 吸收能量多于反向辐射的热量多，是不是实现了在不做功的情况下，低温物体把热量传递给了高温物体呢？

微观上、具体简单过程中，作为“冷机”理论，克劳修斯表述是正确的，但广义上、系统性观察，这个理论应用的条件约束太多，没有实际意义了。因为不需要功，仅仅需要热，就能实现低温物体到高温物体的热量转移，甚至直接可以将“热辐射”到另一个更高温度物体上。当然，也存在对原文的翻译和理解的差异问题。

五、开尔文表述

原译文是：对任意之循环运转装置，在只与单一热库交换热量之情形下，而产生对外作功之效应是不可能的。此为热机之观点，即热无法百分之百转为功。开尔文表述还可以表述成：第二类永动机不可能实现。

这个表述反驳起来就比较简单了，因为它的“任意之循环装置”

可以包括输出功的卡诺热机和热驱动的逆卡诺循环装置，前面我们已经论述过，现在一个组合的系统，可以实现类似功能。

对开尔文表述的否定，也许能反证“第二类永动机”的可能。

六、第二类永动机

在热力学第一定律问世后，人们认识到能量是不能被凭空制造出来的，于是有人提出，设计一类装置，从海洋、大气乃至宇宙中吸取热能，并将这些热能作为驱动永动机转动和功输出的源头，这就是第二类永动机。它并不违反热力学第一定律，但却违反热力学第二定律。

历史上首个成型的尝试第二类永动机装置是1881年美国人约翰·嘎姆吉为美国海军设计的零发动机，这一装置利用海水的热量将液氨汽化，推动机械运转。但是这一装置无法持续运转，因为汽化后的液氨在没有低温热源存在的条件下无法重新液化，因而不能完成循环。

而现在，130年后的今天，氨的液化技术非常成熟，而且还不是一个耗能过程，是一个“抽取”氨里面热量的逆卡诺循环过程，如果是从20℃降温到-80℃，在这个过程中能效比COP=（372-80）/（20+80）=1.9，大于1。形象一点说，如果我们消耗能量从“氨气”里面抽热来“烧”开水，得到开水饮用的同时，副产品可能就是不用花钱就能将氨气变成的液氨。液氨又能利用海水热量发电，这个电就是“白”来的。

上述“永动机”当时不能实现，不等于现在不能实现；不能高效率实现，也不代表不能低效率实现；热不能全部转换为功，不代表不能部分有条件转换为功。

现在继续对“第二类永动机”的研究，除了有可能高效率利用环境热能，还在储能再释放，绿色动力等方面存在巨大的价值。

通常，自然科学的很多理论、定理，互相矛盾的几乎没有，热力学第一、第二定律是个很少的例外！再对比一下，如果没有功，苹果只能往地上落，绝对不会自己飞上天；水往低处流，没有水泵做功，不会自己流到高处；电流发热可以发光，没有光电器件，光自己不能变成电。很多能量表现形式，如电流、场、波、热都不能直接实现反向转换，某种意义上也都是单向的，其中大多数通过某种装置就实现了逆向转换，比如线圈切割磁力线、光电效应、热电偶等等，热量可以通过压缩式热泵消耗功、吸收式热泵消耗热、半导体热泵消耗电实现从低温到高温的“逆向”传导，为什么还是可以享受单向性结论？为什么只有热量－功的转换可以不符合能量守恒定律？

热力学第二定律是否应该完善或如何调整，未来学术界也许会有结论。

第二篇 / 创客理念篇

如果要实现一场新的革命，那必须是大众参与，特别是大众中有创新冲动、创新能力的创客群体的积极参与。

笔者自身的经历刚好对机构科研、个人创新、政府管理、企业合作等方面都有一些具体实践、体验，按现在的说法是一个不折不扣的老创客。结合自己30年的创客经历，本篇就一些与创客有关的问题进行探讨，并提出自己的观点。

第一节　创客的概念

近两年“创客经济”的成长速度非常快。如果把一些私人设计工作室、个体套件商、小型发明创业团队的活动划入创客的范畴，可以得到超过 200% 的年增长率，2013 年的经济规模估计在 10 亿元人民币数量级。虽然总量不大，但引起的舆论关注却超过任何传统经济活动。创客经济的崛起既刺激着投资家的神经，也让具有创业理想的“创客”们痴迷其中，加上知识分子们摇旗呐喊，人们感到新工业革命似乎马上就要降临。

起初，政府是以较为传统的投资发展，创业就业甚至募集创意方案等观点考量有关问题的。后来美国政府在创客运动中推出积极政策，对我国政府在创客问题上的积极态度起到了促进作用。各地创客空间如雨后春笋般崛起，各种创业队伍和创作团体纷纷挂出创客的牌子，互联网上也风起云涌，蔚为壮观。

一般认为“创客”是对英文单词“Makers”的巧妙中译。正如其英文旧意，在创客概念传入中国的早期，被许多人认为是 DIY 爱好者的时尚称号。创客一词的诞生与近年来“某客”、“某族”、“某友”在汉语中的流行有关，比如“geek”被译为“极客”。显然，“Maker”译为“创客”是再好不过的，虽然看起来“creator”（创造者）更适合这个中译。作为一个特例，“hackerspace”本应该译为黑客空间，但是在英语中却指创客空间。创客在中文界流行开之后，就很难说它应该对应什么英文了，中国文化已经赋予了它更为本土的涵义。在西方国家，Makers 的意义也同样因为这场“运动”而有了极大的扩展。

从字面看，创客倾向于实际动手。尽管许多理论家以及创客个人提出了数不清的定义，但是很难用传统语言把这些定义统一起来，因为创客精神之一恰恰是“没有定义”。每个人都可以称自己为创客，也可以指出某些别的人不是创客或者是伪创客。几乎每家创客空间、每个创客相关的网站，都试图用一句简短的话阐释他们认定的创客灵魂。

西部地区，“专职”创客数量稀少，技术层次也比较初级，而在我国沿海经济中心，数量要多得多，聚集的高水平人才也多，发展模式自然和西部不同。总的来说，众筹、开源社区和开源产品、制造外包、投资发展等，是创客经济现阶段的主要内容，而热门项目主要集中在容易在短时间内迅速膨胀的基于信息技术的新应用方面。接近创造或称为智力成果的部分，在模式上更领先一些；接近于产品或工业成果的部分，在模式上传统一些。

上面这些文字来源于网络，之所以节选采用，是因为笔者也基本认同，但是网络上关于创客的进一步的理论，出现什么创客主义、创客运动、创客文明等过分渲染的用语，对于一个老创客而言，就很难苟同。三十年的创客经历，那自己不成了先驱？搞不好就成了先烈，真不敢当。

创客译为“Maker”是合理和科学的，但是总某种意义上细分，又分为创造客和创新客。创造客以满足自己奇思妙想为目的，不考虑经济利益。创新客则是灵感来源于现实需求的推动，以解决生产生活技术问题、获取经济和社会利益为目的。前者是为了彰显自我、满足私欲，对社会没有什么影响，也没有什么大的动力，可干可不干；后者是服务于社会，有社会责任感做压力，有希望技术转化、经济获利的驱动力，是目前大众公认的、与大众利益关系密切的真正意义的“创客”。

还有一类所谓“民间科学家”，由于他们的理论往往挑战传统基础公知理论，不容于学术界而本身又极度固执己见，因而有人认为“民间科学家”称为“科学妄想家”更合适。专业的科学工作者多对民科持否定态度。不过也有人指出不能将鼓励民间技术发明和鼓励民间科学研究混为一谈，笔者认可这个观点。鼓励民间技术发明，更准确应该是鼓励民间技术应用创新。那些做民间科研的民科们因为脱离现有科学基础理论，脱离具体实践，脱离市场需求，肯定不是“创新客”。

本书中也只讨论“创新客”，还是简称“创客”。

第二节　创客的来源

创新源于实践，服务于实践。创新创客的来源必然是和生产、生活实践紧密相连的环节。主要有三个来源：

1、社会

源于社会的创客是创客群体的主体。他们接触社会，有实践经验；有自主支配时间；有财务能力；容易获得场地设备；有明确的创新目的；有创新的压力或动力。

这类创客受教育程度参差不齐，虽然数量众多，水平普遍偏低。年龄因素造成接受再教育的可能性很低，创新水平难以提高。在笔者接触的此类创新群体中，项目理论存在问题的占大多数。比如涉及能源、动力的所谓创新，几乎都与永动机有关，也某种意义损害了创客在职业科研人才、专家眼中的形象。但也对社会没有什么危害，失败了也就是自己的经济损失、时间损失。

这类创客还有一个普遍问题就是目前没有办法得到政府、社会、机构的资金支持，每到发明大会、科技博览会、创新成果交易会，都有大量游走在会场内外，拿着自己的发明、创造做宣传的创客。有时候我们戏称、自嘲自己是科技丐帮、创新丐帮。

创客往往都是有些过人、特殊的地方，就像艺术家往往都有些怪癖的习惯。有些在发明、创新上有特长的人，还在心理上存在一些不足，有些甚至有些偏执、疯狂。这也是不得不接受的现实。

2、学生

大学里面的部分学生，甚至包括个别中学生构成了创客的第二个主体。他们有着强烈的好奇心；没有条条框框限制；初生牛犊不怕虎，天不怕、地不怕；也能获得学校、社会或家长的经济支持，有充裕的时间，有些还有创业导师辅导。

这类创客的技术基础较好，项目的成功概率较高。但由于社会实践经验少，创新多来源于互联网、软件、设计领域。也因此被产业界所忽视，认为“华而不实”、“难成大器”。不过对于学生，创新的过程也是一种学习和实践，对未来走上工作岗位大有益处。

同时因为“胆大妄为”，也有可能对自己和周围的人造成危害，有个著名的中学生“创客”自己多次受伤，危及生命。观看其火箭试验视频可以看到没有安全意识，一群人围着自制的试车架，一旦发生意外，后果不堪设想。

3、科研机构

部分科研机构的科技工作者业余时间也客串创客的角色（不是研究单位的项目），他们是创客群体的补充。他们相对最为专业，但最为保守；软硬件资源也最为充沛。

这类创客创新成功率最高，但是创新思路有限，社会影响更小，实是“非主流”。

总体上来说，目前的所谓创客群体软创新多、硬创新少；设备创新多、系统创新少；小产品多，大项目少。

创客群体也不同程度存在以下问题：基础理论欠缺、没有系统思维、动手能力不足、幻想多于行动、没有过程方法、缺少安全意识、法律意识淡薄、没有社会地位、没有经济基础。

第三节　创客与团队

创客是什么？创客产生的是创意、创新的点子！不是开动机器、操作 3D 打印机的工人，更不是生产、制造、销售产品的作坊和工厂。是典型的脑力劳动!

脑力劳动就是依靠个人的思想活动产生的软件输出。比如画家、作家、软件设计师、装饰设计师，包括创客。如果只会写字，就算会写 8000 多个汉字，那么也只是写手、抄书匠；软件工程师如果没有创意、思路，那就是编码工人。脑力劳动能集体合作吗？几个一流画家合起来绘一幅画，能成为精品吗？几个中国一流作家合起来写一部小说，能成为名著、名作吗？答案是显然是否定的。

现在不同媒体上谈到创客的时候，总是不断提及团队。那是不懂创客，不懂得脑力劳动是什么的人道听途说，随口杜撰的。也许他的文章、思想确实是大家“集体智慧”的产物。

创客和团队没有关系，创客是否有创新能力，只取决于他自己的能力，其他人帮不上忙。爱迪生、布鲁诺、卡诺等科学家，莫言、张大千、曹雪芹等艺术家作家都是“独行侠”，不胜枚举，无一例外。如果有团队，也是帮他做饭、洗衣服、买材料、开机床等等非创造性辅助工作，这样的团队随时能组建，而且不一定非要紧密合作，完全可以外包合作。

这种团队意识的形成不是一朝一夕，渗透到政府、机关、企业、专家各个层面，某种意义上阻碍了创新活动的开展。民间也有对付这个理念的办法，就是临时借用团队。通常需要团队成员资料，那就在文件、资料中随便粘贴引用；在上级部门需要检验团队的时候，召集亲朋、好友、同行凑份子，一批人集中起来充门面，满足检查者的期望。唯一的麻烦就是办公场地如果不能临时租赁，长此以往，代价相当高！

第四节　创客的素质

创客到底要拥有什么样的素质才是合格的创客、优秀的创客？这个很难有一个固定的标准来衡量。一般来说，创客创新的源泉主要有：理论基础扎实、能独立思考、知识面广博、对细节敏感、执行力强。因此，如果一个创客拥有以下一些素质，对开展创新工作是有很大益处的。

1、创客的知识面要广

创客创新的主要手段是基于成熟技术解决问题，如果对各个学科的技术没有足够的了解和实践，他的创新手段就有限，技术运用没有底气，创新能力将大打折扣。也往往只有跨学科、多学科的技术成果交叉应用，才能超越原来单学科研究者的成绩。

如果创客有一技之长更好！一技之长表示创客在某一个方面有超越一般人的造诣，可以帮助创客用自己的特长迂回解决一些其他学科问题。

2、创客动手能力要全面

创客的动手能力也要超强。很难想象一个创客在有了一个思路、创意之后，把机械、模拟电路、数字电路、计算机硬件、计算机软件、材料、自控等多行业专家请到一起，帮他设计零件、设计电路、设计硬件、设计软件、选择材料、确定控制方法。他将凭什么调动这么多资源？怎样才能凑齐？多长时间凑齐？创新变成一个不可完成的任务了。

如果他不懂电子电路，他如何敢想去实现自动控制，甚至无法提出合理的控制要求，提出的要求无人、无条件实现；如果他不懂机械、不懂工艺，设计的零件难以加工或无法加工，就算加工出来，也强度上不去、重量下不了、疲劳耐不住；如果不懂软件，他怎么敢提出程序要求？代码长度、代码效率、代码可靠性等任何一个问题，就能挡住他前进的路。很多东西，必须亲自动手，通过实验才有体会，未来才会懂得如何应用。重点是体会和懂得，目的是应用而不是实操。

3、创客要异常勤奋

创客要有超人的精力，超乎寻常的勤奋，极强的执行力、行动力。俗话说：一分耕耘、一分收获。一个人没有长期超常付出，怎么会有广博的知识面、超强的动手能力？在别人眼里，创客肯定是个工作狂！他自己也必须是个工作狂，还应该喜欢做一个工作狂，并乐在其中，得到身心愉悦。

4、创客要有法律意识

创客要有法律意识。小到获取材料，大到确定创新方向，都需要有起码的法律素质。曾经发生创客所做的创新实验由于涉爆、涉危险品，最后被没收全部材料、器材。还有一个案例因为涉枪且完成样机，在网络曝光后被依法判处 1 年半徒刑。

5、创客安全意识要高

创客也要有安全意识，安全习惯。比如随时整理工具，养成戴手套工作的习惯，高压装置易损件永远不对着人，处理危险品一定要远离易燃易爆品，有可能燃烧的情况下必须准备灭火器。

我们的创客朋友中就有不止一位在做涡喷试验时，被发动机把手吸入，造成手指永久性损伤。教训惨痛！发生这样一两次事故，必然是身心同时受伤，甚至退出创客行列。

6、创客要会学习

创客超常能力不会是天生的，也是来自于超常的学习能力。创客处处表现出对细节敏感，所谓“外行看热闹、内行看门道”，即便是和朋友聊天、看电视新闻，也能获取新的知识，也能从信息中对自己的知识进行验证或否定，得到新的灵感和创意。创客必须对社会实践保留高度的热情，即便是闷头车库、实验室，也必须天天通过电视、互联网关注瞬息即逝时事新闻。这样才能更新自己的知识库，获取最新的处理问题、解决问题的灵感和思路。

有一个新闻报道，说美国有一种新的火箭发动机，画面一闪即过。不过马上有网友发问，好像没有喷火啊？这是什么情况？这是典型的“创客”素质，一个新闻会刺激他马上反思同行做了什么？同行为什么做？我该做什么？我能做什么？怎么做什么？

创客知识面广，是个“杂家”，不可能每个学科样样精通！有些学科和技术他只能知道皮毛和原则。但是当遇到一个创新项目，某个学科的某些技术成了关键点的时候，那也就到了“以用统学、以用定学”的时候，他必须有有信心、有能力，马上行动起来，拿出几十个小时，恶补一下，实现“以用验学”，达到“学以致用”，并很快因为实践和探索的深入，成为那个学科的当之无愧的新专家！

7、创客要会寻找需求

创客也要有经济头脑，知道生产、生活的现实需要，通过对生产实践的仔细观察，依靠个人能力，迅速找到创新的关键、问题的要点，甚至马上从自己的知识库找出解决问题的具体方案和办法。创客提出的创新方案、办法均应来源于已有技术手段，都是力所能及，可行性很高，风险较低。

8、创客要有系统思维

创客作为创新专家，也必须是一个彻头彻尾的唯物论者，某种意义上讲也是一个哲学家。作为一个“独行侠”，必须依靠自己拿出系统的解决方案；为了提高系统的可行性、操作性，解决方案还必须全面、细致。这必须在自身有高度自觉性的条件下，经过长期的锻炼、培养，才能养成超常、超强的系统工作方法。

9、创客要有超人的身心素质

创客作为一个全才，常常需要干几个人的工作，付出超乎常人数倍的努力，强健的身体素质，包括心理和生理都必须一流！没有一个健康的心理状态，比如容易急躁、孤僻自恋、不能承受失败、贪图物质虚荣，是不可能全心全意投入研究和实践。如果没有一个超乎普通人的身体素质，他也经不起没有规律的生活，经不起天天加班、熬夜，早就拖垮、拖死了。

人的心理活动实际上是大脑这个“神经元计算机”的运转结果。这么复杂的、由上百亿神经元细胞组成的系统，难免会有一些瑕疵，这也是有人说心理上近乎正常的人，不到10%，也许更少。但是有一个好消息是这个“神经元计算机”除了具有自学习等功能之外，还有自修复能力，它能用另一些神经元的活动替代、抑制，当然也可能激发另外一些神经元的功能和作用。“勿以善小而不为、勿以恶小而为之”有他的神经元理论道理。一个人从小、一贯严格要求自己，那么他大脑中不正确、有缺陷的部分越来也少、影响力越来越低，他在外人看来会越来越完美和理性；如果他总是放纵自己或者被放纵，他的不良习惯、缺点和错误思想也会逐步放大、不可收拾。这种自我完善过程要持续他一生，才能让人拥有一流的心理素质，这实在是有点“修炼成佛”的难度啊。

身体素质的培养要从小开始，利用自己还是幼儿、青少年的时候，自我加压、积极锻炼，打下坚实的基础，摸索出一套适合自己的“养生”、“锻炼”的实用方法，这样才能在后续的大强度劳动、高度紧张的心理活动中坚持下来，完成创新！这也从另一个方面说明创客这样的“千里马”后天很难培养，错过时机就没有机会了。

第五节　创客与互联网

现在提到创客，好像离不开互联网。确实，互联网有很多创新机会，互联网可以低成本实现宣传、低成本募资所需资源，如资金和客户。但是互联网只是代表虚拟社会那一部分世界，现实社会的东西，虚拟社会是不能完全替代的。

为什么互联网创新好像成为主流，或许有一个原因是进入门槛低，展示起来花里胡哨，容易吸引人的眼球，进而容易被背后打算利用创客概念赚投资人钱、政府扶持资金的人所利用。

互联网本来就是一个信息传播的交互空间和手段，发展到今天形成了一个和现实社会几乎一一对应的虚拟社会。比如，网站相当于一个建筑，网页相当于一个广告牌。网购相当于到商店购买；淘宝就是一个跳蚤市场；京东就是一个大百货卖场。有差异吗？难倒淘宝的货品是虚拟社会造出来的？有本事你下一个订单，接上网线，你的肚子就获得比萨饼了？！

但是互联网也能给创客极大的帮助，至少笔者认为几乎到了创客的天堂！以前我们有个创意，需要考虑如何具体实现的时候，找材料、找零件、找加工，没有电话、没有网络，只有一本黄页，为找个零件，出几次差都不一定解决，时间、金钱花费巨大。现在有了互联网、有了搜索引擎、有了百度文库、有了淘宝网店，你只需要多输入几次关键词、变换几种不同的叫法，你所需要的资料、产品几乎都能马上找到！如果还不放心，打通电话、加上 QQ，不懂的东西很快就一清二楚了。我们加入网络创客群，马上有了几乎成千上万的同行、同道。如果你有需求、想法，发出去一呼百应，虽然五花八门的反应都有，但是总能从中得到一些信息、资料。这才是互联网对创客最大的作用。

第六节　创客的培育

一个人有没有创新能力，应该是由他所受的教育、成长的过程，还有一定善于发现和创造的特殊基因决定的。瓦特、爱迪生不是可以定向培养的。而且还有一句话：千里马常有，而伯乐不常有。即便有了基本条件，如果没有机遇，也难以成为伟大的创客。

如果想大规模的培养创客，倒不如说应该设法挖掘创客。不光是创客，即便是普通人才，也是通过“选人、育人、用人”这个流程实现。下面我们从三个方面探讨一下：

1、宣传挖掘

在社会上、校园里对创客文化进行宣传，特别是让人们学会了解、认识自我，大致明白自己的现在、未来职业生涯方向。自己的创新理念也从幼稚到成熟，知道自己是不是适合走创客的道路，有没有创客的天赋，有没有创新的机遇，有没有创新所需的知识基础，有没有创新所需一流动手实操的能力。

经过这样的普及、宣传，在海量的潜在人群中也许会出现一些具有强烈的创新欲望、创新自信的创客苗子。希望更多的人能认清自己，选择更适合自己的道路，把有限的资源、条件让给更适合做创新的人，并能积极配合创客创新。

以前海尔工厂有个女工，在调试电视机的时候，总是转来转去看电视机的两面，最后她灵机一动，在电视机前面放一面镜子，跑来跑去变成低头抬头，工作效率大大提高！还有个经典的MBA案例，说到一个临时工根据空肥皂盒比较轻、风扇可以吹动小的东西这个简单道理，只用一个电风扇，就彻底解决生产线上空肥皂盒的难题。这些都是创客创新的典型。如果没有实践体验、没有仔细观察、用心琢磨，怎么会知道需求？怎么会找出最实际直接的方法？生产线上那么多工人，为什么只有她想到了镜子？虽然不是什么高技术，但是必须知道镜子能照出影子、风扇有一定推力这些基本道理和知识，还要有改变现状的积极性和行动力。

2、培育锻炼

找到这些苗子，可以根据他们所处的环境、个人的素质，进行一定的培训。培训的内容不可能教授给他具体方法，只能是通过一些案例帮助他们打开思路，明确方向。

可以培养他们养成系统思考问题的方法，指导他们选择创新的方向，帮助他们学会判断自己创新的价值，提醒他们养成守法规、重安全的工作习惯。慢慢培养出创客应具有的基本素质，开始系统的、经常性的创新。

3、导师作用

创新的高手总体上不外乎来自两类渠道，一类是自学成才、一类是导师培养。导师培养的这种模式实际上也是绝大多数创客的成长道路。其实就是人们常见的师徒成长模式。

师父像是伯乐，偶然间发现一个培养的苗子，而这个苗子也有成长的渴望，双方一拍即合。师父后期花费心血，因材施教，选定一个个项目，循序渐进，从简到难，指导徒弟进行创新实践。通过这些项目，徒弟的能力得到锻炼、培养，独立思考问题、解决问题的能力不断提高，直到出师成材，未来也许会“青出于蓝而胜于蓝”。这样的顶尖人才当然是小概率事件，可遇而不可求。

人和人是有差异的，不是说人人都能跨越自我、定向改造自我。每个人都有自己的喜好和特长，必须有自知之明，并学会扬长避短。创新能力可以激发，可以由“伯乐”去挖掘、选择，某种意义上不可培养，或者说来不及培养。现在社会需要创客，更需要发现创客苗子的“伯乐”，需要无私奉献，培养创客的“名师”。

4、职称体系

创新既然这么重要，对社会进步发展的贡献巨大，为什么不能建立一套社会评价体系、职称体系、研究体系？是不是应该给不同贡献、不同能力的创客一定的社会地位、社会荣誉、社会名分？

我们的社会应该成立一个和中科院、工程院平起平坐的创新研究院，建立一个类似的从院士到助工、院士到学士的创客职称体系，不以学历、资历、受教育程度、学术水平高低为依据，只以对社会创新贡献、经济贡献为唯一硬指标进行考评，给创客授衔，让全社会都能尊重创新、鼓励创新，促进创客的成长，推动创新发展！

第七节 创客与工场

现在一个创客的创新环境好坏都是通过考察有多少 3D 打印机、5 轴数控机床、高性能图形工作站来表现，一提到支持创客创新就是要增加 3D 打印机。这些硬件和创客有关吗？

会驱动、操作 3D 打印机只能是说学会了用三维设计和实施，设计什么？为什么设计？打印的东西市场价值多少？谁需求？有没有创新性？提供 3D 打印，只能是建立了一个 3D 打印实验室、模型制造车间，让学生做做通过电脑的手工实验而已，和陶艺工作室没有区别。没有用过 3D 打印机、5 轴数控机床就不是创客？创客的劳动到底是脑力劳动还是体力劳动？哪个比例更大？哪个价值是主流？

不要把培养创客和培养技工混为一谈；不要把创客工场当成是创客工厂。一般的创客空间、创客实验室、创客作坊的装备不代表创客的能力。不应该把精力、财力放在用于表现的硬件上，应该花时间精力在创客思想、素质、方法的软件培养方面，引导他们接触社会实践、社会需求，从了解社会需求，解决实际问题的过程中成长、成熟。

第八节　创客的方法

创新本无招，能解决问题的就是高招！不过可以反方向总结一下常用的创新基本规则和手段：

创客创新多用成熟技术，针对的是生产、生活的真实需求，拿出的是具体可行的解决方案。否则不是创新，是创造。

创客创新思路可以来自自己反复思考，也可以翻阅专利库、技术文献、通过互联网查询来借鉴别人的技术。

创客采用的具体方法可以总结为：触类旁通、举一反三、功能替换、化繁为简、定性研究、众帮互助、海淘材料、借鉴变通等等。其实“无招胜有招”！

第九节 创客与平台

一群创客在一位富豪的资助下建立了“创客空间”，置备了基础的实验设备。许多“专职”创客组成的创业小组前来落户。他们在这里如同封闭式开发一样迅速的实现自己的创意，并且共用创客空间的实验条件。由于创客小组的数量不断增长，产生了聚落效应，引起投资者的关注。一般来说一个小组会首先与投资商见面，取得少量的种子资金（一般几万元数量级）。当创意得到一定程度的实现，再与更多的投资商接触或投入众筹。这是一种叫做“硬件孵化器”的创客空间形式，是目前最有竞争力的创客实体组织。

上述文字还是选自互联网。这种创客孵化器成为目前的创客扶持、创客创业的典型模式。这种方式不足的地方是创客的项目、创新的点子多是能被“创客空间”满足的“小”点子。没有人来引领创客进入更广阔的社会实践，调整创新的战略方向。

更科学的创客空间不应该被实验设备所束缚，将用于公共实验设备的投资转变为用外包形式实现，投资风险进一步降低，相对支持创新具体过程的资金强度将加大。同时可以将设备占用的实验场地，真正用于放置创新创意的样机、半成品，用于样品、样机的调试、测试。

更进一步分析，如果不是为了做表面文章，对创客的扶持，不应该只重视实体空间，在互联网时代，更应该重视具有同等功能，且覆盖范围更广、交流速度更快、运营成本更低、规模增加更迅猛的网络创新服务平台。虚拟世界的服务平台可以减少空间、距离的限制，把每个创客的人和他的工作室、车库、甚至卧室都拉进空间，创新方式更灵活、创新效率更高。“互联网 +”这个时代有什么事情、有多少事情非要每天一起面对面交流、桌对桌工作呢？

不论是网络化的服务平台还是实体环境的服务平台都应该具有以下一些功能：

1、收录需求

面向社会收集需要解决的问题，供创客群体关注、研究，创客有了创新思路，就可以着手开始启动创新过程；

2、发布需求

平台从社会上、从创客创新的过程中收集到一些新的需求，反过来可以继续向社会、更多的创客发出创新合作请求，以期利用全社会的力量，完成复杂创新过程；

3、创客交流

用于发布创新信息、创新成果、创新交流等信息，创客通过这个功能可以了解创新进展、行业信息，互相交流学习；

4、项目合作

对于创客完成的创新成果，面向社会寻求天使投资和市场转化团队、转化企业合作；

5、提供服务

创客创新过程中有各种服务需求，如专利撰写、知识产权服务、零件设备采购、机械加工、方案撰写、物流运输，甚至家政服务等专业服务支持，平台可以将社会提供各种服务的机构和个人，经过品质认证后纳入平台，为创客提供全方位、有品质保证的服务。

值得重视的是，目前几乎所有类似平台都把眼光放在服务收费获利的环节。比如收取房租、收取服务代办费等。这也导致目前几乎没有成功做大、做强的孵化器，即便有，也是因为房地产，而不是孵化业务本身。

通常创业者前期对现金非常敏感，对未来股权并不敏感；前期不多的投入，对创业者难以承受，而对平台则是小钱。应该是前期费用由平台垫付，项目达成合作的时候，由投资人把前期投资退还给平台；平台还应在运营过程中采用互联网模式减少固定用工，将所有平台业务计件、外包，运营成本全部摊销到有效项目中；平台和天使投资一起参股新项目，靠未来股权增值获取巨额利益实现平台增值和发展。

第三篇 投资创新篇

创新项目的成长和发展必须有必要的资金支持，因此有必要认真探讨一下与创新过程相关的资本、资金的属性、来源、运用、禁忌。

技术研究和技术转化，即便是在成熟技术基础上应用创新，依然存在着各方面的风险，对于一个市场经济下的企业凭自己单薄的财力、少量的净利润，没有能力承担、更不应该承担这样的风险！必须采用某种方式合理承载、规避风险。天使投资是市场化的资金里面，最能承受风险的资金，也应该是创客创新的主要资金来源！因此，本篇的主要内容将围绕天使投资展开。

有人说近现代人类最伟大的发明之一就是股份制公司。这种创新的企业组织形态极大地促进了生产力的发展！应该说，资本经营的方式和三大产业已经完全不同，不能把它简单的划归第三产业，应该有自己独立的地位：第四产业！创新是经济领域的行为，做好创新成果转化，也一定要充分运用资本经营的模式。

相信阅读本书的人除了需要融资帮助自己实现创新的创客，也包括一些想进行投资的人，也许还有管理运用创新扶持资金的人。通过下面的文字，让他们了解一些“内幕”，也提出一些不太常见的另类观点，让他们根据自己的实际情况，准确定位，适度、适时参与到支持创新过程、创新项目投资中，也许能给他带来意外的收获！

第一节　天使投资

天使投资（Angel Investment）最早起源于19世纪的美国，是权益资本投资的一种形式，通常指自由投资者或非正式风险投资机构对具有专门技术或独特概念，且具有巨大发展潜力的原创项目或小型初创企业进行的一次性的前期投资。它是风险投资的一种形式，可以是资金投资，也可以是用被投资企业需要的综合资源实现投资。多属于一种自发而又分散的民间投资方式。

天使投资一词源于纽约百老汇，特指富人出资资助一些具有社会意义演出的公益行为。对于那些充满理想的演员来说，这些赞助者就像天使一样从天而降，使他们的美好理想变为现实。后来，天使投资被引申为一种对高风险、高收益的新兴企业的早期投资。相应地，这些进行投资的富人就被称为投资天使、商业天使、天使投资者或天使投资家。那些用于投资的资本就叫天使资本。

天使投资在美国还有个别称叫"3F"投资，即Family, Friends, fools（家人、好友、傻瓜），意思就是，要支持创业，首先要靠一群家人、好友和傻瓜！也就是圈子内基于信任、成败并不太重要的投资。

天使投资也是风险投资的一种特殊形式，是对于高风险、高收益的初创企业的第一笔投资。一般来说，一个公司从初创到稳定成长期，需要三轮投资，第一轮投资大多是来自个人的天使投资作为公司的启动资金；第二轮投资往往会有风险投资机构进入为产品的市场化注入资金；而最后一轮则基本是上市前的融资，来自于大型风险投资机构或私募基金。

天使投资和机构风险投资一起构成了美国的风险投资产业。自

2000 年以来，中国的风险投资快速发展，但绝大多数投资公司喜欢选择短、平、快的项目，因此比较成熟的大型项目（如接近上市的公司）融资相对容易。但风险系数相对高，更需要全方位的扶持的初创项目和创业型企业则较难获得支持，准确地说，他们不是真正的天使投资。

第二节 天使投资人

天使投资人又称为投资天使 (Business Angel)。通常是指投资于非常年轻的公司以帮助这些公司迅速启动的投资人。在风险投资领域，“天使”这个词指的是企业家的第一批投资人，这些投资人在公司产品和业务成型之前就把资金投入进来。

“天使”这个名词，是新罕布什尔大学商学院教授、美国风险投资研究所的创始人 W. Wetzel 在 1978 年首先开始使用的。天使投资和风险投资的主要区别在于，天使投资者大多在申请天使投资的人士具有明确市场计划时就已经开始投资了，而这些市场计划或想法暂时不为风险投资公司所接受。

天使投资人通常是创业企业家的朋友、亲戚或商业伙伴，由于他们对该创业家的品格能力深信不疑，进而对他所选择的项目和技术创意表示认可和支持，因而愿意在业务远未开展进来之前就向该创业家投入资金、资源。这是天使投资的根本属性，即便进入互联网虚拟社会，也必须建立起对项目发起人品格的信任，才能实现天使投资。

第三节　天使投资与风险投资

天使投资（Angel Capital）是自由投资者或非正式风险投资机构，对原创项目构思或小型初创企业进行的一次性的前期投资。天使投资虽是风险投资的一种，但两者有着较大差别。天使投资其资金来源大多是民间资本，而非专业的风险投资商。

天使投资的门槛较低，有时即便是一个创业构思，只要有发展潜力，就能获得资金，而风险投资一般对这些尚未诞生或嗷嗷待哺的“婴儿”兴趣不大。对刚刚起步的创客、创业者来说，既吃不了银行贷款的“大米饭”，又沾不了风险投资“维生素”的光，在这种情况下，只能靠天使投资的“婴儿奶粉”来吸收营养并茁壮成长。

对此，投资专家有一个比喻：如果对一个学生投资，私募股权投资着眼于大学生，风险投资机构青睐中学生，而天使投资者则培育萌芽阶段的小学生。

通常职业的天使投资对回报的期望值并不是很高，如果说有，也只有10到20倍以上的回报才足够吸引他们，这是因为，他们决定出手投资时，往往同时投资多个项目，最终只要有一两个项目获得成功就算是投资成功了！也只有用这种方式，天使投资人才能分担风险。其特征如下：

1. 天使投资的金额一般较小，它对风险企业的审查也并不严格。它更多的是基于投资人的主观判断或者是由个人的好恶所决定的。通常天使投资是由一个人或单个团体组织投资，并且是见好就收。是个体或者小型的商业行为。

2. 很多天使投资人本身是企业家，了解创业者面对的难处，投资带有感情色彩。天使投资人是起步公司的最佳融资对象。

3. 他们不一定是百万富翁或高收入人士。天使投资人可能是您的邻居、家庭成员、朋友、公司伙伴、供货商或任何愿意投资公司的人士或他们组成的团体组织。

4. 天使投资人不但可以带来资金，同时也带来联系网络、经验、物资、场地、人工等。如果他们是知名人士，也可提高公司的信誉。

天使投资往往是一种参与性投资，也被称为增值型投资。投资后，天使投资家往往积极参与被投企业战略决策和战略设计；为被投企业提供咨询服务；帮助被投企业招聘管理人员；协助公关；设计推出渠道和组织企业推出；等等。然而，不同的天使投资家对投资后管理的态度不同。一些天使投资及积极参与投资后管理，而另一些天使投资家则不然。

天使投资才是创新技术转化的主要资金来源，其他资金在投资属性、决策机制、风险控制等方面决定几乎没有参与的可能！

第四节　天使投资种类

投资量的大小可以供参考选择天使投资的种类，其种类包括：

1. 支票天使——他们相对缺乏企业经验，仅仅是出资，而且投资额较小，每个投资案约 5 ~ 10 万元左右；

2. 增值天使——他们较有经验并参与被投资企业的运作，投资额也较大，约 10 ~ 50 万元；

3. 超级天使——他们往往是具有成功经验的企业家，对新企业提供独到的支持，每个案的投资额相对较大，在 30 ~ 100 万元以上。

随着互联网的发展，近年来新出现一种众筹天使，这种天使资金是靠互联网上大量的网友参与，共同实现天使投资的过程。投入的资金可能几十、几百元，甚至几元，金额更加分散、投资风险更加碎片化，投资人对投资回报的预期进一步降低，有些只是需要未来以产品实物回报即可。天使投资对项目发起人的信任则转移为对平台和平台建立的投资机制的信任，投资者的“玩家”心态更加突出。由于缺少至关重要的直接“信任”，这种模式很难成为天使投资的主流。

第五节 天使投资在中国

中国存在天使投资者，但缺乏专业性。在中国，随着经济的发展，特别是近两年，一部分富人在希望自己越来越富有的同时也在寻求挑战。有人选择股市，也有人选择充当天使投资者，即使他们并不熟悉这个名词。

总的来说，中国的天使投资虽然有了一点起色，但是存在的问题很多，比如没有正确选择项目的能力，被投资人的诚信不足，创新者的职业素质较低等。国内天使投资要想真正达到一定的规模，取得较好的成绩，还需要时间和机遇。可能主要存在以下特点和问题：

1、照猫画虎

天使投资和风险投资有很大区别，但有些天使投资没有自己的理念，照搬风险投资的模式，建立一个投资团队来评估项目、评估风险。这个团队只能根据风险投资模式来分别给出技术、管理、财务等综合风险，不去了解被投资人的做人信用和个人能力（也不好了解）。按风险投资去做天使投资的问题是抓不住机会、加大了成本、容易看走眼、容易被数据欺骗；再比如风险投资要看团队，的确，到了一定规模，团队的作用很重要了。诸葛亮没有张飞和关云长，他的谋略再好也没用；但是天使投资投的是早期，是投的谋略阶段，别说三个臭皮匠，就是三个周瑜也不一定能起到诸葛亮的作用。天使投资如果早期一定要诸葛亮有个团队，那就不是天使了。

2、技术崇拜

有些项目一开始就用“高大上”的名头来吸引某些天使投资，比如“基于大数据的纳米材料3D打印智慧云智造技术”这样的名头，后面创始人再带有“海归”背景，就会深深打动某些自身没有受过系统教育，虽然后来发了财成为投资家，但是对知识、技术有强烈的自卑感和盲目崇拜，特别容易被蛊惑，轻率投资、跟风投资；拉大旗作虎皮是很多垃圾项目的惯用手法，是自己不自信的一种典型的表现形式。这类项目甚至自己不知道项目的核心竞争力、吸引力在哪里，只好靠一些噱头来吸引眼球，获取投资。

3、一叶障目

阿里巴巴、微软的成功，让很多人以为电子商务、软件产业就是人人都可以去挖的金矿，谁挖谁发财。很多创业者也抱着赌一把、搏一搏的心态，什么都不考虑，一门心思冲着自己的梦想前进，完全忽视了电子商务倒下了多少大佬、行家，微软几乎打垮了全世界的软件巨头；看到他们的成功的时候，忽略了他们的同行如何失败，他们自己在其他领域的败笔。有些投资人因此任由那些做着一夜暴富的发财梦的“光脚”的创业者忽悠，用自己的钱去帮他们圆不可能实现的梦。

4、盲目跟风

中国人爱跟风，看见有人排队，不管干什么的先排上再说。现在互联网金融很热，笔者几乎在每个饭局上都能碰见转行搞互联网金融的企业家。确实随着互联网信息技术的发展，各行各业互联网化的趋势不可阻挡。饭可以通过互联网买，吃饭还是要靠嘴，特别是饭的功能和作用，互联网是解决不了的。传统金融如信贷业务，是因信而贷，人们通过互联网就会信用大增？控制信用风险的手段就会大幅度提高？也许恰恰相反，信用风险、监管难度只会更大、更难！ 金融互联网化是真命题，互联网金融则是伪概念，连泡沫可能都算不上，只能是算肥皂泡。投资肥皂泡可就太悬了。

第六节 天使投资资本来源

所谓的天使投资是一种概念，所有有闲钱愿意做主业外投资的公司或个人都可以成为天使投资者，他们更多参与早期容易参与的项目，也有天使敢于投资大项目。

当前，中国的巨额民间资本表明中国存在大量潜在的天使投资人。但是，中国尚缺少专业的天使投资家。专业的天使投资家需要拥有丰富的管理经验、一定的人脉、独到的慧眼、闲置资金或资源。中国哪些人符合这些条件呢？也就是说天使资本主要有哪些：

1. 传统意义上的富翁

如有大笔闲置资金的前企业家、矿主、拆迁户等；也包括一些曾经的创业者、淘金者，现在是成功的企业家的群体。

2. 高级白领、金领的群体

大型高科技公司或跨国公司的高级管理者，也就是事业有成生活富裕的白领、金领群体。他们也具有收入稳定、发展趋势良好，基本生活居住解决，未来自己和家人生活保障也安排好，有更多闲置资金用于创新、开拓。

3. 艺术家、表演家、作家群体

有些事业有成且生活稳定的具有创作能力的艺术家、表演家、作家，他们有了一定能力，个人和作品有不断创造价值的能力需要机会实现，同时也需要创新个人价值实现的方式和模式，让个人财富增值速度加倍，进一步帮助自己的社会地位、作品价值、行业威望进一步提高。有人还在创新一种采用他们的创作作品开展天使投资的文化艺术与创新科技结合的天使投资基金模式，发起人利用各方的资源，照顾了各方的切身利益，实现了资源整合利用，合作互助，共赢发展！

4. 退休赋闲的社会群体

他们衣食无忧，拥有丰富的历史经验、广泛的人脉、大量的时间、一定的闲置积蓄资金，通过天使投资，可以满足自己的人生价值实现，发挥余热，丰富人生。他们可以用“天使投资家”这个身份，有效利用自身多年积累的经验和资源，寻找新的挑战，拓宽自己的领域，做出更大的成绩，获得更多地社会回报。

5. 政府资金

在部分经济发展良好的国家中，政府也扮演了天使投资人的角色。但是在中国由于种种原因，短时间之内国有资金、政府资金很难深度介入，几乎都处于有钱花不出去的尴尬境地，最多也就是小额参与天使投资基金或委托天使投资机构。

天使投资人按照投资主体可以分为如下几种类型：富有的个体投资者、家族型投资者、天使投资联合体、合伙人投资者。

从天使投资人的背景来划分，天使投资人可以分为如下几类：管理型投资者、辅助型投资者、获利型投资者、物权型投资者。

第七节　天使投资的五大疑问

1. 财富能增值吗？

去年接触相当多数量的私营企业家或个体老板，苦于没有投资渠道，听说天使很火，动辄在几年内赚十几倍，几十倍以上的，就问：把钱拿去做天使，能确保多少收益率和回报啊。

这事真难说，天使的，大部分应该有理想主义情结，否则就不是“天使”了！而有理想主义的人或许能创造奇迹，可是创造奇迹的概率是回答不出来的，可能全在于运气。所以用普通基金的方式去做天使，第一个受限的是募资不容易；第二个是资金盘子大不了，大了，那些钱你很难在一个合理期限内投完。

2. 投什么靠谱，怎么投？

从天使投资的定义上就应该能看出，投资就是投优秀的创业者、投有很好未来前景项目！

所谓优秀的创业者是感性的判断，基于投资人对他的交往、了解、信任、支持，不是单纯的商业行为。投资他，就是相信他的人品、相信他的专业能力、认可他为之奋斗的项目方向、坚信他有百折不挠跌倒了还要爬起来的精神，这是天使投资的根本！最大的风险只应该来自于他的健康和人身安全，一旦投资对象没有了，项目才是最大的失败。

项目的选择认可则是天使投资人的另一个重要关注点。要有自己的主心骨，不能人云亦云。对于一个本来就处于早期的项目，选择项目要看基本经济规模指标，市场空白、市场容量、发展速度、竞争门槛、未来竞争激烈程度等，不能盲目跟风。往往政府鼓励的行业都是不赚钱的，人人都想投的都是竞争极其激烈的，越靠近那些赤手空拳就能创造奇迹的行业失败的风险就越大。

3. 我的投资能卖得出去吗，谁是我的下家？

卖是一种能力，营销的能力。往往你需要和潜在接盘的 VC 有良好的互动，或形成一个圈子，他对你的人品，专业能力，专业判断产生信任。所以好的天使机构，除了团队有强的专业判断能力外，也是善于关系建设和维护的。

但是回过头来，一个好的项目就是“好女不愁嫁”，选对项目，投对创业者，让好项目成功起步，那么就是“皇帝的女儿不愁嫁”，不愁找不到后期风险投资、政府投资，天使投资可以让自己的投资“溢价”数倍、数十倍，也容易找到新的资金接盘让自己的投资增值 10 倍、百倍以上，坚持到最后如果实现上市，则有可能实现百倍甚至千倍的回报。

4. 天使投资是否应该增加退出渠道？

天使投资的特点就是小额、早期、高风险，投资人感性、敢于“赌”，看中的是感情投资和可能让人“心跳”的结果！考虑稳妥的退出，那不是天使投资主要追求和能追求的结果。因此天使投资的退出机制主要是靠项目结果来体现。项目成功了，后期各种资金蜂拥而至，接盘的模式很多，获利退出非常简单；失败了，投资难得回报，只能靠其他投资项目成功来分担损失。这就是天使投资的特性。因此很难有人能设计出一个让天使投资稳妥退出、失败退出的机制。

有人现在也在创新一种退出模式，就是整合社会、政府的资金，成立一个创新研究院，依靠自身综合优势，提高对项目的判断、孵化、支持能力，用民营的机制，准确把握天使投资的精髓，利用项目、模式创新一种获利模式，吸引、带动天使投资资金集中起来，形成一个天使投资大平台，靠规模来平均投资风险、实现灵活的退出机制。

第八节　天使投资人不能缺少的东西

做天使投资，必须具有以下若干条件，否则不应该参与，即便参与也做不好！

1. 实现财务自由：如果你投进去的钱是孩子的奶粉钱、生活费，也就很难用稳定的心态去面对被投资的项目。自己要有实力，用于投资的是自己富裕、没有压力的金钱或资源。

2. 良好的心态，天使投资就是要有一定“赌博”的心态，投资10个、20个项目，一个成功就回本，两个成功就大赚一笔。既然是赌局，就要有输得起的心态，愿赌服输，否则别参与。

3. 基本经济知识，要懂得一些基本的经济理论。比如“规模经济才能带来规模效益”，投资一个早期项目，如果未来没有极大的市场经济总量、市场容量，怎么可能具有较大的发展空间？怎么容纳必然存在的潜在竞争对手？成功的概率当然不会高！如果嫌麻烦，那么就起码要学会看人，看人的品格、能力，相信投资就是投人、赌人。

4. 有些创业经历：这包括发起创业与参与创业，这个过程能让你了解市场与创业团队的需求，特别是他们的困难，更客观去评估自己与项目的匹配度，能以更好、特别是能用更宽容的态度对待创业团队。

5. 业内资源：如果你只是有钱，建议也可以把钱交给更有能力、能更快推动创新的其他天使投资人。俗话说就是“跟投”，还可以分散“跟投”几个天使投资人。

后面几条，都需要与可以信赖的合作伙伴一起，形成天使投资团队来实现投资。

第九节　天使投资要避免的心态

很多投资者，无论是个人还是企业，都有下面类似的一些心态，一喜欢控股，二喜欢干预和管理。

1. 喜欢控股

投资人爱控股，感觉自己的话受到重视，心理上感觉这事能掌控，其实不靠谱。尤其对于实体企业出身的老板心态更是如此。他们做天使投资控股，不靠谱！天使投资首先是投人、投创意，基础是信任，包括信任他的业务能力和沟通能力，如果你对人不满意，你就不应该投资，“疑人不透、投人不疑”。要放手让他们做，让他们感觉在给自己做，能力不可能突变，但是努力还是会持续。合理的股权比例一般是 10% ~ 30%，再多就会带来后续许多问题。

创造历来都是一个人，最多一个领头人有一两个帮手，爱迪生、诺贝尔、爱因斯坦他们是团队来创造的？书画家、小说家，他们能靠团队作画、写作实现创造？天使投资和风险投资在投资基础上有较大的差异。如果投资方控股的程度让创业者感觉这公司就不再是他的了，你想想，这个灵魂人物还会神多久呢，还谈什么创新吗？

2. 喜欢投后干预和管理，而不是服务

这个因素和上一个本质是相同的，就是投资人控股了或参股了，要体现自我价值，最根本的是我说话你要听，而且要听得进去。这是

有问题的。必须要端正股东、合伙人、员工的不同角色，提供服务而不能越位、越权干预。即便创业者和投资人出现分歧，也要根据股权约定，尊重创业者的意愿，保护创业者的积极性。要做一个“有眼光、有实力、有胆量”的天使投资人。

说到底，天使投资主要是基于双方的信赖，一方有资金、一方有好项目方向和能力，再加上信任，才有了可能的投资合作行为。上述所说的若干种问题，显然违背了了解、信任、合作共赢、互相帮助的基础！不管采取什么方法相互制约，最后结果都已经没有没有可能改善了。一个创新项目往往经不起折腾，最珍贵的时机一旦错过，创新性不在、市场没有了，最后的结果一定是双输。

第十节 天使投资发展趋势

1. 天使 + 孵化器

天使加孵化器的模式就是指通过聚拢一批创业者，然后聘请非常懂行业的人给他们提供 3 到 4 个月的战略指导，让这一批人在一块创业，不一定在一个场地，但是会让他们常常在一起，这样有一种毕业生的情结和友情。

2. 超级天使崛起

超级天使以连续创业者和职业经理人为代表。他们的回报率远远高于其他的天使，因为他们有产品经验、人脉，还有足够的时间帮助创业者。

3. 天使机构化

近两年来，伴随着独立天使投资群体的日趋庞大，以及每年迅速增长的投资额，这个群体开始尝试更大限度地聚拢资源，从过去的个人行为逐渐向规模化、机构化、联盟化转型。

每次活动机构或联盟组织者带进一些新的团队，介绍各自的项目，天使投资人聚集在一起对项目进行评审和讨论，并发表意见，决定是否跟投以及跟投的比例。团队也许有律师、有会计，有互联网的专家，有医疗专家，这样什么项目都可以去评估，至少比一个人单打独斗，成功的概率要大一些。不过事物都有两面性，人多了，嘴杂了，理性多了，率性少了，天使的味道淡了，似乎就变成风险投资了。

第十一节　天使投资常用平台

天使投资平台，是天使投资人与创业者聚合交流的一种形式，大量的天使投资人和创业项目同时在平台出现，使得交流对象众多，是项目快速成交的好方式。

天使投资平台分为线上、线下以及两者结合的几种形式。

在线天使投资平台可以提供在线咨询、谈判、视频会议答辩，并着力开发天使投资的在线交易模式，其特点是范围广，数量大，创业者可以同一天跟上十数名甚至百名天使投资人交流，缺点是线上交流仿真度有待提高，一些创业者在线上跟线下表现不一致，使得投资人很难通过线上交流判断创业者真实能力。

线下天使投资平台实体场所，提供休闲办公的投资交流环境，使得投资人可以近距离了解创业者，也可以在同一天中多项目多投资人沟通。缺点是时间和地域限制，使得有些项目和投资人不能恰好赶上交流时间地点。

目前线上线下结合的方式比较多，随着天使投资平台的逐渐繁荣，中国的天使投资行为也必将越来越广泛，创业者和天使投资人可以选择各种合适的天使投资平台寻找自己的理想目标。互联网已赋予传统的天使投资方式以新的活力，推动着天使投资业的快速发展。

本文作者还认为，天使投资的本质是基于信任，那种而面向不确定公众的“众筹”募资方式，投资人其实信任的不是项目是平台，而平台不可能了解每一个进入平台的创业者，风险将出现在平台经营者和个别别有用心加入平台的“创业者”。平台经营者一旦遇到问题，则容易变化为国家明令禁止的非法集资，也很容易被恶意操纵，虽然受到鼓励，但不排除同时应受到严格监管，或许会以特许授权的方式加以规范。

第十二节　天使投资模式

模式 1：天使投资人个人投资

天使投资人多指富裕的、拥有一定的资本金、投资于创业企业的专业投资家。

目前我国天使投资人主要有两大类，一类是以成功企业家、成功创业者、VC 等为主的个人天使投资人，他们了解企业的难处，并能给予创业企业帮助，往往积极为公司提供一些增值服务，比如战略规划、人才引进、公关、人脉资源、后续融资等，在带来资金的同时也带来联系网络，是早期创业和创新的重要支柱。另一类是专业人士，比如律师、会计师、大型企业的高管以及一些行业专家，他们虽然没有太多创业经验和投资经验，但拥有闲置可投资金，以及相关行业资源。

模式 2：天使投资团队

对于个体天使投资人来说，由于很多人除投资人的身份外还有自己本职工作，他们会遇到以下几个问题：项目来源渠道少，项目数量有限；个人资金实力有限，难以分散投资；时间有限，难以承担尽职调查等繁琐的工作；投资经验和知识缺乏，投资失败率高。

于是，一些天使投资人组织起来，组成天使俱乐部、天使联盟或天使投资协会，每家有几十位天使投资人，可以汇集项目来源，定期交流和评估，会员之间可以分享行业经验和投资经验。对于合适的项目，有兴趣会员可以按照各自的时间和经验，分配尽职调查工作，并可以多人联合投资，以提高投资额度和承担风险。

中国也有不少类似的天使投资俱乐部和天使联盟，比较典型的是上海天使投资俱乐部、深圳天使投资人俱乐部、亚杰商会天使团、K4论坛北京分会、中关村企业家天使投资联盟等。

模式 3：天使投资基金

以个人为投资主体的天使投资模式，无论是对初创企业的帮助还是自身的投资能力，都有很大的局限性，但由于天使投资人各具自己的优势，如专业知识、人际关系等，大家联合起来以团队或者基金的形式投资，能够优势互补，发挥更大的作用。于是，随着天使投资的更进一步发展，产生了天使基金和平台基金等形式的机构化天使。

机构化天使投资发展大约分为三个阶段：

第一个阶段是松散式的会员管理式的天使投资，这种天使投资机构采用由会员自愿参与、分工负责的管理办法，如会员分工进行项目初步筛选、尽职调查等。

第二个阶段是密切合作式的经理人管理式的天使投资机构，这种天使投资机构利用天使投资家的会员费或其他资源雇用专门的职业经理人进行管理。

第三个阶段是管理天使投资基金的天使投资机构，同投资于早期的创业投资基金相似，是正规的、有组织的、有基金管理人的非公开权益资本基金，天使投资基金作为一个独立的合法实体，负责管理整个投资的机会寻找、项目估值、尽职调查和投资的全过程。

天使投资基金的出现使得天使投资从根本上改变了它原有的分散、零星、个体、非正规的性质，是天使投资趋于正规化的关键一步。投资基金形式的天使投资能够让更多没有时间和经验选择公司或管理投资的被动投资者参与到天使投资中来，这种形式将会是天使投资发展的趋势。

中国个人天使投资还未得到充分发展，给了天使投资基金更多地发展机会，拥有更多地资金、更专业化的团队、更广泛资源的有组织的机构化天使将会成为发展潮流。随着我国天使投资的发展，投资基金形式的天使投资在我国逐渐出现并变得活跃。一些投资活跃、资金量充足的天使投资人，设立了天使投资基金，进行更为专业化运作。这种方式的问题在于慢慢变成 VC 而不是天使投资，这是机构、组织不可避免的问题。

模式 4：孵化器形式的天使投资

孵化器，有广义与狭义之分。广义的孵化器主要指有大量高科技企业集聚的科技园区，如深圳南山高科技创业园区、陕西杨陵高科技农业园区、深圳盐田生物高科技园区等。狭义的孵化器是指，一个机构围绕着一个或几个项目对其孵化以使其能产品化。

二十世纪五十年代，孵化器起源于美国，伴随着新技术产业革命兴起而发展起来。企业孵化器在推动高新技术产业的发展、孵化和培育中小科技型企业，以及振兴区域经济、培养新的经济增长点等方面发挥了巨大作用，引起了世界各国政府的高度重视，孵化器也因此在全世界范围内得到了较快的发展。在欧洲，企业孵化器也被称为“创新中心”。

在我国，根据科技部办公厅 2010 年印发的《科技企业孵化器认定和管理办法》，孵化器的主要功能是以科技型创业企业为服务对象，通过开展创业培训、辅导、咨询，提供研发、试制、经营的场地和共享设施，以及政策、法律、财务、投融资、企业管理、人力资源、市场推广和加速成长等方面的服务，以降低创业风险和创业成本，提高企业的成活率和成长性，培养成功的科技企业和创业家。

创业孵化器多设立在各地的科技园区，为初创的科技企业提供最基本的启动资金、便利的配套措施、廉价的办公场地、甚至人力资源服务等，同时在企业经营层面，给予被投资的公司各种帮助。

国内的孵化器在现阶段有一定的发展，但并不充分，典型代表是天使湾创投的20万8%聚变计划、李开复成立的创新工场、北京中关村国际孵化器有限公司、中国加速(CHINACCELERATOR)、联想之星孵化器等。

我国孵化器可分为高新区系列、科技系统系列、大学科技园系列、民营孵化器系列、留学生创业园系列。截至2010年底，全国各类科技企业孵化器近800家，其中国家级科技孵化器346家。孵化总面积超过3000万平方米、毕业企业超过4.8万家，毕业当年平均收入为注册资金的5.2倍，其中超过1000万元企业达30%以上，毕业后上市企业超过80家。目前，我国孵化器在孵企业超过5.1万家，从业人数超过105万人。

目前孵化器与天使投资融合发展主要有两种模式：

1. 政府主导的孵化器与天使投资融合发展模式

政府主导的孵化器是非营利性的社会公益组织，组织形式大多为政府科技管理部门或高新技术开发区管辖下的一个事业单位，孵化器的管理人员由政府派遣，运作经费由政府全部或部分拨款。在这种模式下，孵化器以优惠价格吸引天使投资机构入场，充当天使投资与创业企业之间的媒介。

这种模式的成功概率并不高，主要是因为政府参与具体事务太多，不能了解创业者的个性化需求，创意提出的初期，还是基于想把创业者集中，便于出“成绩”、便于成果“展示”。创业者因为行业不同、工作方便程度、经营管理模式差异等因素，不容易聚集。只适合少数行业，如TMT。

2. 企业型孵化器与天使投资融合发展模式

企业型孵化器为市场化方式运作孵化器，以保值增值为经营目标，自负盈亏。这种类型的孵化器，多采用自己做天使投资的运作模式，使得孵化、投资、管理实现一体化，减少投资成本的同时也减少了投资风险，其运作过程充分地利用了资源配置，提高了资本效率。

这种模式成功案例较多，但是限于资金规模、各自分散、技术判断能力限制，发展也未形成大的规模。

模式 5：投资平台形式的天使投资

随着互联网和移动互联网的发展，越来越多的应用终端和平台开始对外部开放接口，使得很多创业团队和创业公司可以基于这些应用平台进行创业。比如围绕苹果 App Store 的平台，就有产生了很多应用、游戏等，让许多创业团队趋之若鹜。

很多平台为了吸引更多地创业者在其平台上开发产品，提升其平台的价值，设立了平台型投资基金，给在其平台上有潜力的创业公司进行投资。这些平台基金不但可以给予创业公司资金上的支持，而且可以给他们带去平台上丰富的资源。

这种模式用于民营研究院，可以将成功的经验引入其他产业，并利用互联网将业务扩展到全国各地，用虚实结合的平台，支持实体经济的技术创新应用。

第十三节 国内风险投资现状

目前，国内专业的天使投资机构并不多，其中也不乏优秀的投资团队。如天使湾创投、泰山天使、亚洲搭档种子基金、赛伯乐天使投资等都是其中的佼佼者。通过网络可以查到很多有关他们的信息。不过他们也大多优先投资 TMT（科技、媒体和通信）产业，有相当的局限性。

作者这几年也和国内投资行业有些接触，有一些感受拿出来和大家分享交流一下，有不全面、甚至错误的地方还请理解、见谅。

一、从业人员许多没有实战经验

接触的投资合伙人或者项目经理人，大多数是年轻人，对具体项目进行分析判断的经验不足，所拥有的经验来源于书本、来源于和其他同行客户的交流居多，加上自己的分析判断，失误的概率很高！有些人甚至连股权投资项目的基本要求都没有搞清，人云亦云。

投资最起码的项目要求是：产业有条件上经济规模、发展需要资金推动、后期消化资金的能力足够、投资对象能在业内领先并保持领先、项目启动有一定门槛、盈利的模式比较简单、产业生命周期较长、市场占有能力强或者市场足够大、项目安全风险要小等。这些基本条件缺一不可。

非常遗憾的是一些投资人对这些基本要求不去把控，最后出现该抓的重点没有抓住、不该抓的方面吹毛求疵，要么不该投的投了，要么该投的否了。

例如：火锅行业看上去具备容易标准化、市场规模大、扩张需要资金推动、后期消化资金能力足够，但是显然致命的弱点是门槛太低，有钱的大佬、创业的个体户都能给市场提供满意的服务，都能生存和发展，正规经营的大企业在上缴税收、员工社保杂费、员工积极性、劳动工时保障等诸多方面和夫妻店之间竞争没有优势，违反了“门槛原则”、“平等竞争原则”，显然不应该投资，但是国内投资火锅行业的不在少数。

再例如：各种农业项目投资人趋之若鹜，理由是政府支持、配套资源丰厚。但是农业的本质是民生产业，特别是种植业基本上小乱散、靠天吃饭，根据我国地貌因素决定，短时间不可能改变。国家政府重视农业是基于政治因素，不是经济因素。有些投资人谈到农业就提到多种经营、深加工、全产业链等。其实有一个段子：

养牛养羊、第一产业

杀牛宰羊、第二产业

吃牛肉、喝羊汤、第三产业

吹牛皮、出洋相、文化产业!

虽然说得有些偏颇，但是道出了农业和其他产业的本质区别。因此那些投资单纯农业项目的投资人，必然遇到经济规模上不去、经济指标不稳定等致命问题。如果跨产业发展，每个产业的特点不同，农业靠天靠政府、工业靠资金靠市场，两者经济规模也不是一个数量级，不应该混合操作。他们也看不出这些原来投资农业、环保、新能源的老板们，多数首先看上的是混政府补贴、炒作概念、借机圈地的噱头和真实目的，真正对市场竞争的前景看好的并不多。

这些投资操盘手，没有多年工作经验、多行业从业实践，就来评判、甄别项目，实在是不靠谱啊。

二、政府诉求和投资市场目标

政府的主要目的保稳定、保民生、综合发展经济。既有经济目的，更有政治目的。而投资人投资不能考虑过多政治，唯一指标就是资本如何快速、最大增值。不应该考虑名气、脸面、政府导向，一定要冷静面向市场来决策。

政府要发展信息产业、发展文化产业、发展养老事业、发展旅游事业等等。但是这些产业事业适合投资人根据经济指标去投资吗？需要好好地打个问号，好好看看前人投资的结果是什么？

美国是文化产业发达国家，才有数个影视基地、动漫基地，中国全国搞了近百个文化创意产业园，我们有那么大的市场、有超过美国几十倍的能力吗？这些产业园不过是地产商借助这个噱头搞的圈地运动而已，真正成气候，和美国能比比的有哪一个？

这些技术类、服务类的项目最大的问题在于规模上不去、资金需求不大、难以靠资金推动、成长空间很小；优点是和民生息息相关，能容纳大量就业，有助于社会安定和谐，不是适合股权投资的好方向。

政府从计划经济变为市场经济，为了调节社会各种资源的均衡配置，只能通过引导、鼓励、扶持手段实施调控，往往政府支持的，大多是不容易赚钱，大家不会抢着干的事情；大家容易赚钱的事情，政府就要打压控制，防止一窝蜂造成产业畸形发展。说透了，就是政府支持什么，投资人就要小心投资什么了。特别是政府导向一旦发生偏差，被基层放大误读，企业盲从投资造成损失，政府是不会为之“买单”，企业必须自吞苦果，比如动漫产业、光伏产业等等。

三、海归派水土不服

有一些投资公司采用从国外回来的操盘手。他们普遍存在严重的水土不服。

1. 企业诚信经营差异

例如，他们对中国企业造假报表、假业绩的现实难以适应。在中国，因为种种原因，企业都有多种报表结果，需要哪种提供哪种。习惯于从技术层面上看报表决定投资的一定吃大亏！至少抓不住最佳投资时机。

2. 中西方市场差异

海归对中国的消费习惯不了解，按照西方的逻辑选择项目是行不通的。例如：多数中国老人，退休赋闲在家时都努力从事一些工作，发挥自己的“余热”，如果实在没有事情做，他们能做的就是“节流”，也作为自己对社会的贡献，如果在临终前如果能给子女留下一些遗产，就非常欣慰；外国老人则希望能有计划的消费，临终前如果能把积蓄基本花完，快乐一生，就心满意足。所以按照西方投资理念投资中国养老产业，存在很大的风险。中国的老人有钱也舍不得花，多数省吃俭用留给子女、后辈；而且一旦老人出现问题，极个别子女们往往会把服务机构“折腾”死，100 个人身上赚的钱，不够一个人赔的。看看现在养老院，成功的凤毛麟角（可能还是吹出来的），这个产业和欧洲的养老事业绝对不同。类似的问题还出现在幼儿教育等领域。

3. 对中国特色人际关系的作用不了解。

中国的市场的作用和政府的作用各有特点，人际关系的作用虽然不能起决定作用，但是也一定要重视。中国证监会等政府职能部门的政治目的一定要摸准、吃透，这样才能选准市场前景好、政府持续支持的优秀项目。

4. 中西方证券市场属性不一样。

中国的证券市场虽然逐步完善并走向成熟，但从一开始它的上市监管的理念就和国外的资本市场有着巨大的差异，国外企业只要规范、诚实、守法就很有可能上市，确实是按照资本证券化的要求实施的。但是它太市场化，上市能否融到资、是否容易被做空，则难以保障。通俗地说是“容易上、容易下，融资看业绩”。

中国证券则具有社会主义特色，逐步走向成熟、市场化，发展社会主义生产力、维护社会稳定则是它基本属性和目标之一。通俗的说有点“不容易上、不容易下，融资很容易”。应该说，中国股市想要上市，除了具备资本主义国家的证券市场要求外，还要更好具有上市融资的良好属性，不单纯为了实现资本证券化，因此上市难度更大。

5. 投资回报期望值不一样

在国外，资金的成本相对较低，按照利率来说，年息 3% 就是不错的收益了，投资人就能满意，能耐得住寂寞。而在国内，这两年虽然特殊，月息就能达到 3% 或者更多；就算正常银行利息，一般也有 6% ~ 10%，比国外高几倍。国内项目投资人（工业化、外向型城市除外）如果一个投资 1 ~ 2 年不能回本，就不是好项目，最好是半年、一年收回成本才值得投资。

6. 现在和以前不一样

中国的证券市场也是逐步成熟起来，监管部门的经验也逐步成熟。一些投资团队说到其以前投资成功、或者团队中某人投资某些项目成功的案例总是津津乐道。其实变化非常大！以前的很多案例让监管单位看到另一面，成功已经不能复制了。比如湘鄂情上市，下一个餐饮企业不论规模多大、效益多好都很难过会了！

在国外上市的企业，随着时间的推移也今非昔比，现在就算能上市，也面临做空和融不到资等一系列问题，那种靠抓住国内外政策、观点差异到境外上市圈钱的项目已经被国外资本市场认清，好日子也一去不复返了！

四、说一套做一套

很多投资人是学了一些书本上的投资理念，也知道前面这些选择项目的要点，但是嘴上说一套，实际操作则是另一套。比如，投资界都有一种公认的说法：投资主要是投人！但是具体实施的时候，很多不是因为人而投。在一些讲堂上谈什么原则、谈什么产业、谈什么企业家精神等等，到了讲台下面，谈到项目的时候，就是“先把报表拿来看看”。

还有原因是相互掣肘，即多个投资合伙人之间互相牵制，表面上是控制风险，很多情况下则失去了很多投资良机。一个投资人接洽项目，感觉不错，转述给其他合伙人的时候，由于时间比较短，对项目的理解会随着时间推移慢慢淡忘，往往对项目的优点描述时会有偏差，好项目在投审会上就变成一般的项目了。这种情况在职业操守、职业素质比较好的西方可能不明显，但是在中国就是一个大问题。

有传闻投资界出现过腐败问题，就是投资回扣的问题，为了拿到回扣，可以通过差的项目；好项目如果没有个人利益，则很难通过。

还有资金实力不足，特别是这两年资金紧张，基金生命周期较短、资金成本居高不下，很多投资人后面的资金很紧张，几乎无法实现项目投资。在社会资金极度短缺的情况下，有些资金因此而转向债权业务市场，谋求短期获利也是其中原因之一。

五、受传统管理理论误导

中国境内土生土长的投资人有些出身财务专业，有些来源管理岗位，少有做经营的转型做投资。财务出身的投资人迷信财务数据能反映一切，投资过于保守，能投资的只能是极少数非常稳妥的项目，往往到那时候也不一定轮到他介入了。

管理岗位出身的人，受中国计划经济影响，总是认为企业主要是管理水平问题，看淡了企业的产业方向、发展潜力，没有弄明白“技术是工具、管理是保障、经营是龙头”这个道理，对于一些快速发展的好项目，由于管理细节、技术储备等战术缺陷的问题而否决，也非常可惜！他们不可能成为天使投资人，甚至也做不了风险投资业务。

六、产业判断能力不足

因此很多人对产业判断的能力严重不足，容易道听途说。例如IT业，由于行业门槛低、竞争激烈、产业规模小、难以规模复制、人才成本高，很难产生值得投资的优秀企业和项目，风险极大。这个行业里的企业为了生存，企业注水、包装的现象极为普遍。投资人没有透过现象看本质的眼光，对行业没有客观、深刻的了解，人云亦云，必然投资失败，这样的案例比比皆是！其实很多互联网项目产生就是来源于一个思路，凡是不发牌照的项目，几乎没有竞争门槛，无法排他，要在不涉黄、不涉赌、不涉游戏的情况下实现快速发展、稳定的市场，几乎是不可能的，从概率论角度，就不是投资者应该碰的产业！

再比如，餐饮业和快餐业是完全不同的两个产业，什么是餐饮、什么是快餐？一个是依赖于人、一个是依赖工业化；一个是个性化销售、一个是商业规模化销售；一个是市场难以复制、一个是市场可以快速复制占有；一个是品种大而全、一个是品种少而精。这些差异，一些从事餐饮行业的人也许都难以把握，一般投资餐饮的人就更难掌握了。因此，对于餐饮业很难在国内上市、快餐业必然要在国内上市这样的结论，不一定都能认可。

还有，同样是连锁业，加盟连锁、直营连锁本质不同；服务业连锁、商业连锁本质不同。它们在产品品质控制、扩张速度、资本整合转化、品牌风险等等各方面有不同的属性，在不同产业不同发展阶段应采用的连锁模式也不同。其中很多内在的东西客观存在，甚至显而易见，但不是所有投资人能冷静把握。比如某皮鞋品牌专营店采用加盟连锁非常利于上市；某地方小吃加盟连锁，大量夫妻店无照经营，连锁上市绝无可能，连其关联产业上市都存在极大不确定性；某人工汽车美容洗车连锁，随着规模增加，控制力下降、服务风险增加、品牌危机增加，上市也是几乎不可完成的事；至于保姆、律师、美发、足浴、设计室等服务业上市，在中国，它不具有入门门槛、企业利润靠剥削劳动力剩余价值、只能合伙不好合作的业务，违反了前述好几项基本规则，正常情况下不会国内上市。

不排除某些明显不应该投资的项目，投资人最后还是转嫁包袱，及早获利退出，但是这不是天使投资该做的事情，这是属于资本运作过程的机会动作，已经背离天使、风险投资的本意，随着市场成熟，愿意接“包袱”的“冤大头”越来越少，“炒作”、“机会”型项目最后烂在自己手里的可能性越来越大！

七、政府背景投资资金过于保守

有些基金、投资资金有政府、大企业、大基金背景，即国家、政府为了支持某些产业的发展，特别组织的投资力量。他们往往因为资金安全原因、操作人力所限、预防腐败犯罪的机制、投资决策环节多速度慢等综合原因，造成有钱投不出去、无法实现对项目的投资。

国家政府还需要不断探索新的机制，解决好上述这些问题，比较实际的可能模式就是：专业的工作交给专业人士，政府不介入具体事务，和承担投资的天使基金签订目标责任，并且根据基金的业绩、方向给予不同的资金支持，通过第三方审计实行监督，给中国的天使投资界注入血液，促进中国天使投资行业的发展。

八、应该投资主要是投人

关于这个话题，很多人都挂在嘴上，但是其中含义是什么？能否做得到？其实，就是两个方面，第一是投资他的能力，第二是投资他的品格。一个有能力的人，应该是有眼光、有魄力、有毅力、有执行力的人，他选择的项目应该超过普通人选择的项目，执行力也较一般人强。项目的可行性应该较高！就算万一项目失败，这样的人会有顽强的意志，一定会努力东山再起，不会一蹶不振，给他投资，迟早会有回报，投资风险不会太大。这才是这句话的真正内涵！

目前中国投资界急需的是有实力的天使和风险投资资金；需要确

实有实际工作能力的项目顾问；需要具备基本职业素质、技能、道德的操盘手；需要低成本的投资资金；需要和国际投资界尽可能早对接。

第十四节　投资股权和债权的差异

一个投资人手里的资金用来做股权投资和债权投资确实有明显的差异，通俗的讲，主要可以以下面的文字简单表述：

风险差异：表面上看投资股权风险大，投资债权风险小，实际上还有另外一种解释：投资股权失败，十笔投资一笔有收益，就保本；投资债权，放高利贷，十笔贷款，一笔出问题就焦头烂额。

收益差异：股权投资，如果成功，可能是10倍、百倍甚至数千倍回报；投资债权，即便不出问题，最快也要3～5年才能翻一倍。

角色差异：投资股权，是雪里送炭，结成革命战友，同舟共济；投资债权，是落井下石，雪上加霜，成为对立面。

规模差异：投资股权是一起把蛋糕做熟、做大，各自吃自己应得的、更大的那一份；投资债权是在现有的蛋糕上切走一块，是强迫割肉。

第十五节　天使投资项目选择

针对天使投资如何选择投资项目，确实是仁者见仁智者见智，笔者也用排他法给出一些规则和建议，利用这些排他法排除到手的项目，最后能剩下的往往已经寥寥无几了。当然是否认同，还需要投资人自己批判的吸收。

1、投资规模大的别投

对于一个创新项目，都是利用现有的技术和成果，只是为了迎合市场需求进行创新，不应该有大的投资规模，有了大钱你怎么花出去？而且已经知道创新有风险，而投资规模又需要很大，那当然不能投！

2、投资回报周期长的别投

创新项目不应该有较长的投资回报期，因为市场瞬息万变，要迎合变化中的市场，反应必须迅速，时间拖长了，市场早都变化了，没有价值了，怎么会属于创新项目呢？

3、盈利模式不直接的别投

翻译过来，就是“羊毛出在猪身上”的项目别投。虽然有些人乐此不疲，津津乐道，但是中国的有句俗话；“隔山的金银不如到手的铜”，隔了那么多环节，任何一个环节出了问题，都会让你的过程进行不下去，就算万一“猪身上长了羊毛”，你也拿不回来。别太相信故事！

4、未来市场空间小的别投

如果一个项目，未来总的市场蛋糕很小，经济总量很小，那么怎么能实现几十倍的投资回报？资本的故事怎么吹下去？你凭什么独食这个小蛋糕？如果必须分享，那么你能吃饱吗？投，不如不投。

5、没有竞争门槛的别投

如果没有一定的资源、政策、历史、人脉、技术、准入、牌照等等门槛的限制，一个项目谁都可以干，一旦有点起色，有资源、有资金的竞争对手蜂拥而至，以后必然是恶性竞争、价格竞争，这样的项目有未来吗？你敢投吗？

6、政府鼓励支持的项目别投

政府鼓励的项目常常是赔钱的买卖，试想，如果一个项目谁干谁赚钱，大家都想干，政府还需要支持吗？有必要支持吗？甚至都要宏观调控打压限制。你的那点资金和政府扶持资金相比，那不是小巫见大巫，你有资格投资吗？

7、技术含量高的项目别投

技术含量特别高的项目，往往都不是成熟技术、不是广泛应用的技术，是创造，不是创新。以天使投资人的技术专业水平，往往难以衡量和把握。项目发起人往往也不是为了市场、经济利益来实施项目，这已经超出天使投资的投资范畴了。

8、劳动力密集型的项目别投

凡是靠劳动力、个人能力、个人技术创造价值的产业，如律师、软件工程师、理发师、画家、作家、保姆等行业，他们的劳动价值在现在社会下，均不愿意心甘情愿别人剥削其剩余价值，因此采用合伙制则是最稳定的形态。采用雇佣制的普遍存在劳动力低下、出工不出力、员工流动性大等通病，如果没有其他高额利润来源，这样的企业、项目普遍效益不好、难以为继。相应行业的创业企业、初创项目天使投资不应该介入。

笔者认为目前中国投资界水平尚处于初级阶段，好项目太多、有资金的人也不少，发展空间巨大！中国也拥有最勤劳、最聪明的人民，从投资就是投人这个角度，中国是天使投资最理想的沃土之一，一个有眼光、有抱负、有实力的投资人一定要抓住机会，涉足这个天使投资领域！

第十六节　政府创业扶持

天使阶段尤其集中在孵化和初创期的项目，都属于高投资风险，从某种意义上讲，有些类似公益性质。这个时候，政府确实应该出面，可以采取设立早期投资引导基金，引导社会资本参与，加大力度扶持初创企业的发展。政府、国家，特别是一个对人民负责任的政府，它的主要任务之一就是发展生产力，“发展抓项目、改革抓企业”，有了风险谁应该上？当然是国家、政府！技术成熟了，应该让群众、企业受益，发展壮大，创造就业机会、增加税收。

但是实际操作方面，政府最不能承担的还是风险，这个风险不是经济风险，是这个经济问题后面的管理问题、腐败问题、政治问题、责任问题、技术问题、成本问题等。在我国，政府的资金更容易投向已经上规模的、社会效益明显的项目、投资回报期短的成熟项目、风险小且容易量化评估的应用推广项目。

1、委托专业投资机构

政府的主要职能是社会管理，不应该太多介入市场经济活动。天使投资有利于社会发展、经济发展，政府也确实应该支持。政府希望帮助创业者，但是谁是真创业？谁有能力创业？如何甄别？如何评价？到了具体执行的时候，政府相应的具体工作人员很难处理，也不能要求他们都是业内高手、面面俱到。而且创业阶段投资额不大，每笔业务都很小，这样算下来评价、操作的管理成本很高，政府也没有足够的人力和财力去承受，也难以展开大面积工作。

怎么办？市场化运作。设定投资规模、转化指标、行业要求等少量必要的具体参数，以最终经济总量、税收规模等硬指标为主要衡量标准，面向社会公开招标，专业投资机构竞标。他们组织专业团队，批量操作，分摊管理成本；他们参与项目后期股权增值收益，抵冲前期投资失败的风险；他们带入社会资本平均分担固有的投资风险。政府资金的进入，对于投资机构也算是引进一种低成本资金，增加了固有资金的收益率，实现政府、机构、被投资人多赢的局面。

2、建立天使投资奖励机制

政府对于社会的天使投资机构、天使投资人，可以确定一个奖励、激励机制来鼓励天使投资发展，针对取得的社会成绩和社会贡献，用事实说话，用成绩说话，根据可以量化的指标，采用资金、资源、政策、社会荣誉等多种方式给予事后的奖励，这样既可以支持天使投资，又可以规避一系列政治经济风险，大大简化政府操作的难度，提高政府引导扶持资金的效率。

第四篇 转化机制篇

技术转移、技术孵化貌似一个很赚钱的事业，而现实是遍布全国数不清的科技园、孵化器、交易平台、转化中心，进入中国500强的有哪一个？成为上市企业的有哪一个？这些服务于技术转化的概念，许多成了某些企业利用政府扶持资金、扶持政策的工具，成了圈地做科技地产、商业地产的噱头。为什么没有一个能做好、做强、做大？看似偶然的现象，一定存在其中的必然性。必须系统的进行重新分析，进行技术转化过程的盈利模式创新，才有可能趟出一条成功的道路，让技术的价值通过市场的应用，发挥出推动生产力发展的巨大作用，企业获得应有的巨额回报。

创新，无论从政治理论到社会实践，都是人类日常工作中最重要的发展、进步手段，必须得到更多的重视。我们现在有科学院、工程院以及大量的科研单位，这些更倾向于创造工作，而大量不需要高水平科学技术的创新应用，往往来自于民间，来自于生产、生活的具体实践中，这些创新专家、创新学士、创新博士、创新院士往往没有高职称、高学历，但是给社会的贡献巨大，应该给他们应有的社会地位和荣誉，赋予他们应得的创新荣誉、地位的衡量标准很简单，就是看他的创新对社会的实际贡献、具体经济价值！

本篇首先将重新梳理一些基本观点，然后就创新技术转移的体制、机制进行一些探讨，对未来的创新企业的运营模式做一下展望、预测，也需要读者批判地吸收。

第一节 团队作用

现在很多决定项目未来的关键人物都重视所谓的“团队”，好像没有团队就什么也干不了。其实团队是干什么的？是干系统工作、成熟工作、非创造性创新性工作的。

比如作家、画家、艺术家、律师、理发师等，都是在利用人人都可能获得的资源，运用个人的创造、创新能力做出别人做不到的个性化的成绩，他们的团队作用大吗？“三个臭皮匠赛过诸葛亮”真的可以吗？事实是“三个周瑜”也不一定赛过诸葛亮的谋略，但是论刀法和武功，三个诸葛亮可能打不过一个士兵，更别说一个训练有素的团队。

创造、创新主要是一个人的成绩，对于创新工作，主要靠关键的一个人，其他人可以照顾他生活、协助社交、联系外包等等，绝对无法替代他的思想和创新能力。考察一个创新项目，主要应考察创新者个人的能力，而不是所谓团队。创新转移实施所需要的具体工作，包括团队和硬件条件都可以后期组合配备，采用合理的体制机制整合出来，而最终的核心、灵魂人物的作用是关键和不可替代的。

因此，对于技术创新的主体，应该是个人的创造性劳动，不是集体劳动；如果要形成团队，也是合作型、合伙制组织，共享的不是思想和创造能力，而是保障机制和服务体系。

第二节　用人理念

互联网时代，信息技术高度发达，人类获取的信息非常丰富，眼界大大开阔，人们择业、就业已经不同于以前“从一而终”的状态。新的企业，必须在用人理念上适应社会新的发展。

以前，家庭没有电脑，工作中用到电脑的时候，必须到单位才能实现。现在到处是电脑，手机也成了办公设备，还有必要化1～2个小时上下班，去集中在一起用电脑、用办公设备吗？一个企业的业务需求是否始终能满足一个人的工作能力需求？如果有员工能力的浪费是否也造成社会生产力的浪费？一个员工为什么不能同时为多个企业创造劳动价值，最大限度地发挥个人能力，同时也获得更多劳动报酬呢？

笔者的研究室没有几个人，但是撰写专利有一批网友，平时没有联系，当一个项目研究快结束，有一批专利成果需要整理申报的时候，天南海北的专利撰写高手同时启动工作；平时没有雇佣专职高级文秘，如有会议纪要需要整理，发到网上秘书群，谁有空谁接单，很快就有网友整理好发回来；需要机械加工，图纸传过去，第二天深圳的零件顺丰快递寄回来。我们没有养团队，我们的团队就是全中国、全世界所有各行业优秀的人才构成的大团队！需要什么人才、找什么人才；需要什么资源，找什么资源！其实我们早都实现不雇佣厨师，可以有饭吃；没有司机可以找代驾；没有保姆可以请钟点工；没有秘书可以请网络写手，为什么不深度思考一下，做得更彻底、更到位一些呢？凡是成熟的、规范化的社会劳动，几乎没有不能外包的。当然倒退若干年，你找不到，也联系不到合适的人，无法外包。今非昔比了！

新的互联网时代，除了核心资源持有人之间的合作，比如有关键技术方、关键资源方是企业的不可或缺的组成部分，其他还有必要保留办公场地、库房、生产车间吗？虚拟社会的形成，企业也必将互联网化，社会分工将更细、更专业、更高效！创新技术转化的过程，也必须适应和跟上时代的发展，用创新的模式去实现。最先进的人才观念是要不为我有、但为我用、我用天下！用人机制的变化，劳动者就业观念的变化必然到来，而且很快会到来。

第三节　盈利模式

创新是经济领域的概念，创新的成果就是经济效益和社会效益！创新的抓手可能是某些成熟技术，创新的经济价值实现则必须满足和符合经济发展的基本规律。

经济领域里面有一条铁律“规模经济才能带来规模效益”，要想谈效益，必须上规模，必须靠近上规模的产业，运用有规模的手段，才有可能获得可观的效益。可以看到，以前所有的转移平台、孵化器、技术服务企业，都是重视所谓转让费、服务费、代办费、租赁费、评估费等等，这类费用首先属于个人劳动换取的成果，企业不能剥削，没有利润空间；其次，规模实在太小，离规模经济差远了，怎么可能赚钱？赚大钱？不可能有前途！

我们国家第一产业农业规模最小，第二产业工业规模居中，第三产业规模最大。第三产业中也大致可以分为两类，一类是小而多的基于劳动力密集型的产业，一类是少而大的规模化的资金、资源密集型产业。它的顶端行业就是地产、矿产、豪车、奢侈品、金融。

创新实践要想获得最大化的经济效益和社会效益，必须和资本、金融、地产紧密结合、有机结合。创新项目本身也是金融和地产需要的载体和噱头，两者相辅相成。没有创新项目，金融投资、资本运作没有方向；没有创新项目，政府不愿意合作，没有获得土地、稀缺资源的理由。技术创新型企业理想经营模式应该是：创新项目做载体、市场经营是基础、资本金融来倍增、科技地产成后盾！

第四节 项目选择

创新技术转化是否能成功，最重要的是该技术是否具有足够的市场价值。对于一个无法带来好的经济效益、社会效益的技术创新成果，是没有转化的价值和必要性。建议可以从以下几个方面进行初步筛选：

1. 优选技术创新

创新是经济领域的概念，是对成熟技术的市场化应用，技术含量不高，容易评估；市场前景明显，容易占有，足够空间发展。技术创新的特点就是成熟技术的举一反三应用、跨界应用。技术和相关产品成熟，看得见、买得到、做得出、听得懂，那些"纳米"、"大数据"、"智慧"、"维基"概念的项目，从名称开始，普通老百姓都已经难以接受、几乎没有直接体验，其真实核心竞争力就更难评判。对于技术难度大，技术评估复杂，市场未来不明，空间想象力不足的，显然不符合创新技术的标准，，还是留给那些热衷"TMT"的行家们去投资和转化吧。

2. 早期项目为主

目前对发展中期、后期的项目，政府、基金、金融机构都已经可以提供全面的服务，但是对于早期技术转化、天使投资特点的投资合作行为，除了少量人关注 TMT 项目，天使投资市场几近空白，需求大、回报高，这才是创新项目转化平台选择项目追求的特色；

3. 资金规模适度

既然决定我们的服务特色、市场对象就是早期天使投资阶段，即便我们有丰富的经验，民营企业的良好机制，创新技术的较低门槛，也难免在其他方面遇到问题，发生投资合作失败；因此创新项目转化平台应遵循天使投资的基本规律，通过统计、概率来降低风险、保证收益，严格限定投资规模；

新的项目上马，对于创新转型、创业、再创业的团队也要求投资少、见效快。如果投资太多，风险会迅速增加，而且掉头也困难，一旦发生失误，人力、财力损失巨大。创新项目转化平台选择适当的项目，合作创新，各方共同分担较小的风险。

4. 转化周期短

创新项目转化必须帮助各方追求良好的经济效益，对于投资回报期较长的项目，无论从阶段、规模、时效上都不是创新项目转化的理想对象，反过来说，对于一个投资不大的项目，如果拖很长时间，那么从人力、管理资源在项目上的投入也会入不敷出，不值得参与。因此追求短平快的项目投资合作，也必然成为创新项目转化平台的特色。

5. 盈利模式简单

尽管现在社会流行所谓互联网思维，讲究“羊毛出在猪身上”的盈利模式，我们公司的项目却是依旧延续绝大多数成功项目的经验，坚持“隔山的金银不如到手的铜”古训。环节太多的业务，在当今团队、资金、政策、市场、环境剧烈变化动荡的时代，风险巨大。

6. 政府引导规避

政府和企业的追求通常有差异，政府要求民生、和谐、均衡、持续发展；企业追求经济利益和快速回报。通常，政府支持的行业都不容易赚钱，也因此他不得不通过补贴、引导来鼓励行业发展和维持；企业最赚钱的行业，通常政府需要宏观调控限制，防止畸形过热，影响市场稳定和长期发展。因此创新项目转化平台选择项目，充分考虑这一因素，在政府引导和调控之间找到最适合的项目机会，甚至反其道而行之，避开政府支持的行业方向。

7. 市场空间大

选择的创新项目通常需要有较大的市场空间，也就是要求在 GDP 总量中占有足够的地方，正所谓“规模经济才有规模效益”，总量小的项目，不可能有大的经济回报，还必然存在市场容易饱和、价格战激烈等问题，应尽量回避。

8. 资本经营目标

创新项目均需以最终能实现上市融资、快速发展为目的，满足资本经营的基本要求，是“预期市场大”、“行业领先”、“资金有助快速发展”、“可规范透明规模经营”的“好故事”，后续只要“讲好故事”，做出一定成绩，让资本和市场“相信故事”即可实现阶段成功，并一步步走向更大成功。

第五节 项目转化

创新项目转化实际上主要有三个要素：创新技术、资金保障、实施团队。三者缺一不可。具体实施的时候，又可以分为三个阶段，首先是技术实现，其次是市场转化，进而是市场经营资本经营阶段。前者有技术风险，后者有市场风险。

1、技术准备阶段

技术转化阶段，是指根据市场需求，找出技术解决方案，落实验证技术方案的可行性，完成原理样机的过程。这个过程通常是项目发起方提需求、天使投资方投资金、技术提供方具体实施。

项目发起方代表市场需求，在这一阶段可以不介入或者以天使投资方身份介入。技术提供方根据需求，提出、找出解决问题的具体方案，在天使投资人的支持下展开具体实践工作。

这一阶段各方不宜成立法定机构，宜采用民间合作协议约定的方式进行合作。因为首先投资就是投人，是否有合法的研究组织机构并无助于项目成功，反而增加了研究、创新工作的负担和影响，降低了资金使用效率，减慢了决策速度。另外，法定机构的成立，带来一系列法律符合性问题，如银行资金监管、政府税收要求等问题。在前期很多单件、小批量材料，手工加工工作的合作单位个人不能提供正规发票、没有单位对公账户，国家相应的优惠政策难以覆盖，最后面临违法、违规的风险，也或将造成成本开支大幅度上升的问题。

这一阶段为了调动创新技术发明人的积极性，突出其技术的价值，技术方应该占 70% 以上的项目未来权益，按照天使投资惯例，投资方只占 10% ~ 20%。创新技术实施方具有绝对的话语权，也可以防止外来干扰，保障研发工作的进展。

这一阶段投资方付出资金承担资金风险；创新技术方付出技术和劳动，承担时间、精力风险。投资人可以通过资金监管、进度计划、阶段成果来降低项目失败的资金损失。

一旦达成目标，即可进入下一阶段；如果项目创新失败，双方根据约定清算剩余的资金、资产。各方都只为付出的有形、无形资产负责，损失有限、风险可控。没有成立法定机构，也没有其他法律事务需要解决，合作简单轻松。

2、市场转化阶段

进入这一阶段，项目的技术风险已经成功越过，几乎没有风险，具备成立法定机构（企业）的条件。可以立即成立技术公司，对各方权益进行法定确立和必要的调整，投资方可以加大资金投入，以换取更多未来权益；技术方可以转让一部分权益获取现金，满足自身工作、生活需要。

由于技术创新的重要性、积极性已经让位给投资人的投资积极性，建议投资人应该占较高股比，一般应该在 50% 以上。

一旦物色到合适的实施团队，应该用期权吸引团队，巩固合作关系，调动积极性。技术创新方应该协助团队进行产品化和市场化。

随着产品化、市场化不断顺利实施，未来收益已经慢慢明晰，团队的积极性和实际作用越来越重要，应逐步落实期权，甚至提高占股比例，项目的控制权交给直接面向市场，创造后期共同利益的团队，因此应该选择合适的时机再次调整股权比例。

3、资本经营阶段

成立合作企业的初期就应做好资本运营的准备，依法设立、依法经营；同时保持良好的治理结构；保持主营业务清晰；减少关联业务。一旦条件具备，即应尽早展开资本经营活动。

创新项目转化的过程，从项目的认可、天使投资合作开始，都是基于人的相互信任，所选择的合作方式也是相互吸引大于相互制约。合作的各个阶段各方都有话语权，都有合作或者不合作的权利，合作或者不合作都不会对对方造成太大的损失；即便是不合作方也不会牺牲前期合作的权益。这是在实践中摸索出来的最人性化、最高效率的转化模式。

随着公司业务展开，适时开始与下一轮投资商的接触、交流，确定融资中介机构，系统的开始资本经营活动。

既然是创新，那么就应该打破一切坛坛罐罐，破除一切条条框框，一切以有利于项目转化为目的，尽可能找一种有利于释放各方积极性的合作方式。特别是扔掉靠相互制约的老思想，都大气一点，看远一点。既然是基于相互信任，既然是看上未来巨大无比的蛋糕，那还担心什么？各方都努力让自己成为每个阶段对方的最佳合作伙伴，那么怎么会不合作呢？当然具体合作中有人因为个人身体变化无法合作或者没有兴趣合作，有人因为家人移民等战略决定变化影响合作。如果采用捆绑制约的方式，投资人的变化就会影响项目的进展。如果到时候不合作了，也是有自然的原因，分开对双方也许更有利，分开也不影响新的合作，分开也不损失已有利益。

合作，类似于婚姻，基于互相的欣赏和吸引，基于共同的愿望和目标；幸福的婚姻不能靠法律、协议的约束来保证，是需要双方不断提高自己来增强对对方的吸引力来实现；但是谁都无法保证双方会不会因为各种外来因素发生变化，一旦条件变了，应该看在以前幸福快乐的基础上，好合好散，替对方多考虑。这样大家都会更好。

第五篇 技术专利篇

在笔者从事科研的前20多年里从来没有打算申请专利。当时对专利的理解就是垄断的手段和工具，是国家、社会评价、奖励技术成果的参考和依据。虽然也做了近百个科研项目，始终没有觉得有什么值得保护、推广的技术。这两年，有了“让能量动起来、热机冷下来”的思路以后，觉得有大量的对社会会产生巨大影响的技术需要创新、整理，因此申报了一批专利，顺便对专利也进行了自己的研究思考，有了自己的专利观。

本篇根据笔者基于技术创新实践经验，结合自身对我国专利制度的理解认识，总结出一些观点、思路、具体做法与大家交流。还列举一些具体申报的专利供大家参考。随着实践的深入，从2012年开始申报第一个专利开始，时间过了三年多，申报的专利也有了100多项。专利的内容记录了自己技术进步成长的脚步。有时候回过头看自己的早期专利，放在今天，很可能就没有申报的必要了。本篇最后的清单则是经过选择，仍具有较大市场价值的部分专利。

第一节 技术创新本质

技术创新的本质应该是技术应用，不是创造！发明专利申报保护方法，实用新型以保护装置为主，说到底就是重在实践，不是理论。

“一硝二磺三木炭”的火药配方出来近千年以后，人们才了解了它的化学原理；卤水点豆腐、粮食酿酒、火箭上天、造纸术等无数人类进步成果都证明，不能说没有掌握理论就无法实践！

都快尘封70年的脉冲喷气发动机竟然被人用于强力喷雾器上，那个发明人真不是空气动力专家或学者，只是山东的一个普通人，他不是因为理论而应用，是因为实践需求和对实践结果的认识产生了应用的冲动和成果。我们在从普通冰箱发展到双门冰箱、三门冰箱、无霜冰箱，有哪几个环节是需要中科院出面、用超大型计算机解决呢？我们的科研工作，到了最后具体实干的时候，院士、博导在现场吗？20世纪90年代我们曾经亲身经历一个型号上天后，上级表彰奖励，结论是：领导指挥决策有方、财务保障有力、室主任管理到位，分记一、二、三等功，课题组组长口头表扬，具体真正搞科研的年轻技术人员连口头表扬都没有轮上，极大的挫伤了劳动者的积极性。

这两年我们用空气源热泵把水烧开、用高压空气让现有的发动机运转，事实已经摆在那里的时候，还有很多人第一反应就是不可能，第二反应就是找专家咨询，专家的结论就是“绝不可能”、“不需要看”、“没有价值”。如果有第三反应就是问“你的理论数据”在哪里？

笔者也做过所谓正规的科研工作，因此我们知道，理论分析确实重要，但是对于新生事物，传统条件发生变化，没有确切把握的情况下，实践和理论的结合，首先需要大量的实践，通过实践找出、找准事物发展过程中的规律，然后才能运用现有的理论、技术手段进行进一步研究，对过程进行进一步分析、验证，进而改进过程、完善过程或者否定过程。美国航天飞机也不是全靠计算机算出来的，也经过数万小时风洞试验；居里夫妇验证理论的时候也自己亲自处理大量矿石，目的是得到那一克镭。

创新的启动是要依据基本理论，创新的过程是根据市场需求去实践，创新的完善是从定性到定量的过程。不能指望技术创新者既要知识面广，还要门门深入和精通，他们也许在某一方面、某几方面是业内专家，但不能保证他们在每一行都是极品专家。他们在基本理论的指导下，实现了跨界、跨学科的技术应用创新，完成定性研究的过程，到了进一步改进、完善的时候，才需要所谓“专业”人士的介入了。试想，对于一个新的过程，如果没有大量实践，没有摸清过程中的规律性东西，系统数学模型尚未建立的情况下，谁能不依赖实践、实验就给出算法、给出优化数据吗？谁都不敢打包票。

创新，主要不是科研单位专家、大学校园学者的事情，更多是那些和生产、生活密切联系的人该做的、能做的事情！创新来源于实践，服务于实践！衡量创新能力高低不能依靠学历、文凭、地位，一定是取决于对实践的参与深度、对实践的观察分析、对生产实践的影响和推动！当然，创新，离不开扎实的基本理论素养和丰富的解决问题基本技能的帮助。

第二节　专利的理解和认识

专利具有声明发明权属，保护发明人知识产权权益的功能。也能防止专利抢注带来的恶意侵权。专利申报的过程，某种意义上也就是专利技术公开的过程，只有表述清楚发明点，审查员依法确认发明的创新性、可行性、实用性才会获得授权。社会生产需要技术支持的时候，可以创新，也可以在创新专利库里面找。一旦找到能解决自己需求的专利技术，可以马上用于生产实践，进而带动新的创新

专利和标准不能成为社会发展的阻力、门槛；而应该起到指导和规范技术发展、技术进步的作用，减少生产环节的浪费，提高生产的效率，更好地利用社会资源，促进生产力发展，让“蛋糕”越来越多、越来越大，资本膨胀。实现的是正能量，服务于人类社会的进步！

标准和专利只是一个苗，能否成材除了要靠这个苗本身的基因之外，还要靠金融扶持、资本经营、市场转化，不能靠技术垄断，要发挥的是先发优势、市场优势、效率优势、成本优势，靠发起标准、拥有专利技术来吸引资金、土地、团队，让技术优势变为资金实力优势、规模优势、资源优势、竞争综合优势，实现高收益、长期回报。

第三节　中国专利现状

现在中国的专利行业出现一些怪现象，“专利数量多、专利失效多、专利转化少”。这些问题和政府政策导向很有关系。政府鼓励企业申报专利，企业、科研单位很多情况下必须拿出专利，拿不出怎么办？去买。买成品，也包括“半成品”和“代工品”；个人晋级、评职称也要拿出专利，当然最简单的办法也是去买，买成品，也当然可以在发明人一栏冠上自己的名字。

为什么有人愿意出让专利，而不愿意靠专利转化换取更多利益呢？因为他们知道自己的“专利”本来一文不值；买专利的人也没打算用买来的专利，不指望有什么价值。这些专利“发明人”是一批整天盯着已有专利、快过期专利做文章的职业“专利人”。简单一点的就盯着快被放弃的专利，收购、转让获利；有点撰写技能的人就是针对现有的专利进行“发明”，抓住专利申报必须具有的创新性、可行性、实用性做文章，闭门造车，不断生产一批又一批专利局一定能授权、不得不授权的新“专利”！这些专利和市场需求几乎无关，主要是满足特殊的“专利市场”需求。这些情况知识产权有关部门也了解，但是很难界定处理，没有办法驳回。

因此，专利能否转化的根本是取决于专利的价值！其次才是克服转化过程的困难。绝大多数专利没有市场价值，连“发明人”都不想去转化，用完它的本来的“滥竽充数”价值之后，当然没有必要继续维持，哪怕只有每年几百元，也都不值得交，让它过期失效。改变这个“两多一少”的问题的关键，是改变政府、社会导向，把追求专利数量改为追求专利质量，改为对专利转化率的追求和评价，最终应该增加专利的社会价值、经济价值正向激励，让市场来推动专利工作朝正确的方向发展、推动有价值专利的诞生和转化落地工作。

第四节　发电储能相关专利

一、一种液态空气发电装置

专利摘要

本实用新型公开了一种液态空气发电装置。本实用新型可以实现空气环境热能高效转化为电能。

技术领域

本实用新型属于液态空气发电领域，具体涉及一种液态空气发电装置。

背景技术

目前火电厂选用的介质是水，其特点是环保、容易获取、循环使用，沸点高、临界温度高、汽化热高；冷凝散热比例大；目前火电厂能利用的热源有限，必须高于 100℃，几乎都是新增能源消耗。

针对现在火电、核电发电环节中工作温度过高，热电转换效率较低的问题，选择液氮、液态空气为介质，降低工作温度，实现利用环境已有热能、回收再利用的余热等低温热源发电。进一步改进工作流程，减少工质的冷凝、再蒸发量，大大提高发电效率。

专利内容

本实用新型采用同样环保的介质，液态空气、液态氮气；来源于空气；工作温段调整到 -190℃～ +60℃或更高，因此膨胀能量来源于自然界常见的各种介质，如空气、江河湖泊的水、工业生活过程中的废热等，到处都有；不再需要新消耗能源物质；实现能源的循环再利用；利用空气放大器原理设计气体混合引流器，减少气化量、高效率利用空气热能、极寒天气可以增加补热、防止结冰、可以大幅提高效率。

应用价值和意义

整个发电系统实现闭环工作，可以实现空气环境热能高效转化为电能，完全利用环境已有的能源，实现资源循环利用；

系统整体工作温段下移，工作介质处于常温工作，汽化热低，生产环节中安全风险大大减少；气轮机不需要保温，反而需要尽可能从环境中给它补充热量；材料要求也大大降低；系统建设成本和维护成本都大大降低；

实现的“低温热源”发电，可以用于工作、生产很多场合下的余热回收、余热利用发电、错峰用电、调峰储能、其他清洁能源储能等用途；

同时输出气源，输出冷源、输出电力；类似应用比比皆是；增加液态空气储罐储量，选择性启动或调整空气液化装置液化量，实现错峰用电、蓄能再发电，更加灵活。

二、一种蒸汽乏汽再生装置

专利摘要

本实用新型公开了一种蒸汽乏汽再生装置及工作方法，本实用新型实现乏蒸汽再生，避免冷凝热流失，实现节能减排、增效。应用于工业生产，特别是火力发电生产环节，可以大幅度节能。

技术领域

本实用新型属于蒸汽动力循环领域，具体涉及一种蒸汽乏汽再生装置。

背景技术

在火电厂、化工厂、轮胎厂等高耗能环境大量使用蒸汽，这些蒸汽在释放出温度或压力后变成温度较低的蒸汽，此蒸汽称之为乏汽。目前乏汽再生的难度很大，限于已有理论，乏汽再生如果靠机械能进行增压、补热，则成本非常高，所以普遍不采用机械能加压来实现乏汽的再利用。

目前火电厂普遍还采用实用了一百多年的郎肯循环，其中最耗能的一个环节是乏汽再生，采用的是通过凝汽器将乏汽凝结为冷凝水，把冷凝水通过水泵从低压环节压入高压环节，然后在高压环节实现等压补热增焓，这个环节由于是在低温的条件下释放大量热能，给冷却带来很大负担，同时释放的大量温度较低的热量很难再利用，浪费了大量热量，也造成火电厂的热电转换效率始终在 35% ~ 42% 左右，很难有大的突破。

目前也有两种方式来解决这个问题，一种是蒸汽再热，一种是蒸汽回热，蒸汽再热是蒸汽使用过程中抽出一部分高温高压蒸汽，在它还有一定热量、压力的时候，采用锅炉进行补热，然后再进入下一个做功过程，有限的提高利用率，尽可能降低有用的功和大量凝结散热的比例，相对提高了热量的利用率；回热是在蒸汽还有一定的压力和温度的情况下，特别是利用压力和冷凝器冷凝后的水进行混热或加热，用来直接进入再循环的回热蒸汽，使冷凝水升温，但不达到沸腾，再通过水泵压入锅炉等压升温，减少了通过冷凝过程散热的工质的数量。这两种方式都不能实现最低焓值情况下的乏汽升温、加压，不能实现低温热能充分利用；节能增效效果不大，系统复杂性较大，由于没有实现大量的乏汽热能利用，不是根本解决问题的办法。

专利内容

本实用新型采用的技术方案是：利用流体力学理论，利用少量冷凝水通过高压锅炉再生产生的高压蒸汽，带动乏汽，加压、升温，实现直接再生利用的一种新型装置。

应用价值和意义

本实用新型实现乏蒸汽再生，减少、避免冷凝热流失，实现节能减排、增效。应用于工业生产，特别是火力发电生产环节，可以大幅度节能。

三、一种新型火力发电系统

专利摘要

本实用新型公开了一种新型火力发电系统，包括：冷凝水储罐、高压水泵、射流引流器、高压汽水管路、高压锅炉、高压蒸汽管路、蒸汽混合引流器、中压蒸汽管路、汽轮机、发电机、乏汽管路、凝汽器、冷凝水管路、冷凝水泵、燃料输入管路、由蒸汽扩张段、蒸汽换热器、蒸汽收缩段组成的烟气回收补焓换热器、冷媒高压管路、冷凝换热器、热泵压缩机、膨胀节流阀、射流回汽管路、高温烟气管路、低温烟气排出管路、补水管路、抽真空排气装置及冷媒低压管路。本实用新型没有热量排放环节，热电转换效率大幅提高。

技术领域

本实用新型属于火力发电领域，具体涉及一种新型火力发电系统。

背景技术

目前火电厂选用的介质是水，其特点是环保、容易获取、循环使用，沸点高、临界温度高、汽化热高；冷凝散热比例大；目前火电厂能利用的热源有限，必须高于100℃，几乎都是新增能源消耗。

目前火电、核电发电环节工作温度过高，热电转换效率较低、低温的凝结热很难利用，无法直接补焓。

采用部分蒸汽冷凝得到的水用于作为补焓的媒介，利用流体力学原理实现用高温高压蒸汽热能直接抽\压乏汽补焓，并采用热泵技术回收再利用这部分凝结热，并采用烟气与蒸汽热交换充分利用锅炉烟气余热，实现全热利用，没有热排放环节，热电转换效率将大幅度提升。

专利内容

本实用新型提供一种新型火力发电系统。可采用水作为工作介质，也可以采用液态空气作为工作介质，液态空气和水有类似的环保特点。采用液态空气作为工作介质时，将锅炉变成气化器，将烟气变成常温可以利用的工业空气或废热水、废热气，循环再利用能源作用明显，将冷凝器变成类似效果的空气液化装置。

应用价值和意义

本实用新型没有热量排放环节，热电转换效率大幅提高；

可以在现有发电系统中改造获得；可以用于核电站；

系统设备使用的电机少、能量动力均来自热能、热能充分利用；

超高压环节少、超高压气量小，可以实现低压机组高效发电，安全性提高，设备成本降低；

可以用于蒸汽轮机动力系统，用于轮船、军舰、潜艇等大型机械运输设备，高效率的实现蒸汽利用。

四、一种高效储能发电系统

专利摘要

本实用新型公开了一种高效储能发电系统，主要原理是充分利用流体力学的技术，大大提高了液态空气气化效率、液态空气利用效率、环境能量利用效率。

技术领域

本实用新型涉及储存能量以及用储存的能量发电的领域，特别是一种高效的储能发电的系统。

背景技术

新能源的研发、存储和利用是当今社会重点解决的问题，目前储能方式主要分为三类：机械储能、电磁储能、电化学储能。

储能技术主要分为物理储能（如抽水储能、压缩空气储能、飞轮储能等）、化学储能（如铅酸电池、氧化还原液流电池、钠硫电池、锂离子电池）和电磁储能（如超导电磁储能、超级电容器储能等）三大类。

压缩空气储能是另一种能实现大规模工业应用的储能方式。利用这种储能方式，在电网负荷低谷期将富余电能用于驱动空气压缩机，将空气高压密封在山洞、报废矿井和过期油气井中；在电网负荷高峰期释放压缩空气推动气轮机发电。由于具有效率高、寿命长、响应速度快等特点，且能源转化效率较高（约为 75% 左右），因而压缩空气储能是具有发展潜力的储能技术之一。但受地理条件限制。

近年来，国内外学者发展了液态空气储能发电系统。当需要储存能量时，液态空气储能发电系统首先将常温的空气压缩液化，进行储能；在需要释放能量时，通过对液态空气升温，气化膨胀成高压空气，推动气轮机做功，，驱动发电机进行发电，实现能量输出。液态空气储能发电系统由于采用常压液态空气储存，储能密度较高，无污染。

但是，现有的液态空气储能发电系统都是采用热交换的方式，主要是利用液态空气膨胀后得到的气体驱动发电机做功，存在效率低、系统复杂度高、体积大等缺陷。

专利内容

本实用新型设计了一种高效储能发电系统。目的是针对解决现有液态空气储能发电系统效率低、系统复杂度高、体积大等问题，利用空气动力学原理，提出一种高效储能发电系统，在储能发电系统中增加射流泵、空气放大器以及气流补焓升温部件，使得液态空气膨胀得到的气体，能够带动是其 10 倍～ 100 倍的气体驱动膨胀机做功，从而大大提高了系统效率。

现有的液态空气储能发电系统，需要把使用完的乏气全部变成液体，然后在下一个循环中，只利用液态空气气化产生的气体来膨胀做功，实现能量输出。本实用新型中，由于借助流体力学，无须如现有的系统一样把使用完的乏气全部变成液体，而是只需要把百分之一到十分之一的气体变成液体再进入下一个工作循环。在下一个工作循环中，这百分之一到十分之一被液化的空气，重新被气化，但是却可以带动 10 ～ 100 倍的气体流动，这更大量的气流，温度更高，压力更大，大大提高了整个系统膨胀做功的效率。而且上述提高液态空气气化效率、液态空气利用效率的过程，完全是利用流体力学的原理实现的，并未消耗电能，充分利用了环境热量，使得环境能量利用效率也进一步提高。

国内外进展

目前国外已有公司做了类似的示范项目。从获得的网站资料上翻译的内容是系统工作分三个阶段：

第一阶段：充电系统包括空气液化器，它使用电能和从周围环境中吸取的空气。在这个阶段，空气净化和冷却到零下温度直至空气液化。700 升环境空气转化成为液态空气 1 升。

第二阶段：液态空气存储在一个在低压力绝热槽罐，它的功能作为能量储存。该类似设备已在全球部署的液氮、氧气和液化天然气储存过程中广泛应用。用产业内的管槽可以满足电力储存能量的发展潜力需求。

第三阶段：当需要电能时，液体空气从储箱利用高压泵浦抽出加到高压。将空气液化器储存的热量通过热交换器和中间传热流体将热应用于液态空气。这将得到高压气体，以驱动汽轮机和发电机。

在三阶段，非常冷的空气排出，被我们专有的深冷装置收集储存回收，这是用在稍后的时间加强改善阶段 1 空气液化过程的效率。另外，该系统可以将废冷用于其他工业过程如液化天然气码头。

液态空气低沸点意味着系统可以用引入以上的环境热的改善循环效率。高瞻公司该 LAES 系统捕获和储存液化过程（第一阶段）中产生的热量，并用于用热量实现电力恢复发电过程（阶段 3）。该系统也可以用于利用工业生产过程中的废热，如热发电或炼钢产业。

该项目存在的不足是：

1、提到液化空气过程的热利用问题，但是只是自身利用，没有变为高温介质输出，满足人类的用热需求并获取经济效益，降低成本；2、再气化过程用第一阶段储存的热不合理，因为储热过程的设备、成本完全对于 −196℃的液体没有必要，环境热能到处都是；加大了成本；3、利用涡轮机的时候，没有提出再利用环境空气热量（类似我们的进气冲程）。这样他排出的气体确实非常冷，浪费了冷量。

第五节　餐饮厨具节能专利

一、余热回收利用炉灶系统

发明摘要

本发明公开了一种余热回收利用炉灶系统，包括：高温需求空间、工作空间、通风管道和炉灶装置；通风管道的进口和出口设置于工作空间中；所述炉灶装置包括：设置于高温需求空间中的冷凝器和设置于通风管道中的蒸发器；冷凝器用于对所述高温需求空间加热；工作空间与高温需求空间相邻，以及所述工作空间的空气吸收高温需求空间散发的热量而变热；蒸发器用于吸收从所述通风管道中流过的空气的热量。由于通过炉灶装置的冷凝器和蒸发器，分别实现了在高温需求空间进行加温，以及对工作空间降温，使工作空间保持在一个合适的温度范围内；从而节省了在工作空间安装空调装置，运行空调装置的能耗，大大减少了能耗。

技术领域

本发明涉及节能技术，尤其涉及一种将余热进行回收、利用的炉灶系统。

背景技术

近些年随着经济的发展，环保与节能的问题也越来越突出。尤其在餐饮行业，能量浪费与环境污染的矛盾越来越突出。在餐饮行业的厨房中，需要安置用于加热食品的炉灶，通常需要产生至少高于 80℃的高温，对食品进行加热，在现有技术中通常采用燃烧加热的方法来产生所需高温。而对于厨房中的工作空间，由于不能让工作人员长期工作在高温环境中，又需要进行降温处理。现有技术中的降温处理方法通常有如下几种：

一种方法是安装大功率的抽风机，一方面将厨房内的热空气排到室外，另一方面从室外抽进较冷的空气。但是这种方法存在的问题是，将油烟空气排放到室外会造成空气污染，不利于环保；另外，从外面抽进空气往往无法避免有尘土、颗粒，这些尘土、颗粒会使厨房内的食品卫生质量下降。

另一方法是安装制冷空调。但是这种方法需要消耗更多的能源。随着能源价格的上涨，额外的能源消耗将给餐饮行业带来很大的经济压力。

应用价值和意义

如果应用于改造保温、蒸、煮、炖食物的灶具，首先革命性的一点是能效比从 1 以下提高为 2 ～ 3 甚至更高，大大减少烹调过程中能源消耗；另外，冷热在厨房内就能实现平衡，厨房不用采用大功率空调和大量新风换气，就能实现“凉爽厨房”，二次能源消耗也大幅度减少；再次就是由于能源消耗减少，所有排放的能量就是热泵系统自身消耗的能量，热排放根据能效比也下降到原来的几分之一，是千百年来厨具行业的一次革命！

二、回收蒸汽的高效热泵厨具

发明摘要

本实用新型是为了解决现有技术中的上述不足而完成的，本实用新型的目的是提供一种回收蒸汽的高效热泵厨具，通过引风罩和吸风扇引导锅内沸腾的蒸汽和蒸发器接触，并将空气热量和汽化潜热传递给蒸发器中的冷媒工质使蒸发器中冷媒工质吸热汽化，再通过压缩机使得气体冷媒工质进入冷凝器并液化放出热量加热锅体，从而实现了有效利用蒸汽中大量的热量，减少了热量直接排放到空气中造成的浪费，并且有效改善了厨房或房间中的操作环境，避免了厨房或房间中由于大量热蒸汽排放造成温度过高、湿度过大，从而减少蒸汽中的水分对于厨房中设备的损害。

技术领域

本实用新型涉及一种节能厨具，特别是一种回收蒸汽的高效热泵厨具。

背景技术

在厨房中经常需要加热各种食物，而通过水等液体对食物进行蒸煮是很常用的一种烹饪手段。本领域中常用的蒸煮厨具一般是锅，其内加入一定量水，然后接通电源进行加热，当锅内液体沸腾后加入需要蒸煮的物品。由于沸腾后会产生大量的水蒸汽，而这些水蒸汽中含有热量主要分为两部分。第一部分为显热，也就是水蒸汽中本身的热量以及其中混有一部分空气所携带的热量。第二部分为潜热，也就是当水蒸汽发生相变，变为液体而释放出来的热量。这些热量如果不经过回收利用，则大量热蒸汽会直接排放到厨房或房间中，此时蒸汽中热量就会白白浪费。并且还要增加排风扇等设备，否则厨房或者房间内会因为充满大量热蒸汽而导致操作环境恶化，因此还会浪费电能。并且如果不及时排出热蒸汽，其含有的大量水分还会造成对屋内设施损害，缩短其使用寿命。

应用价值和意义

本实用新型的回收蒸汽的高效热泵厨具实现了有效利用蒸汽中大

量的热量，减少了热量直接排放到空气中造成的浪费，并且有效改善了厨房中的操作环境，避免了厨房或房间中由于大量热放蒸汽排放造成温度过高、湿度过大，从而减少蒸汽中的水分对于厨房或房间中设备的损害。

三、伪沸腾节能灶具及利用其进行加热的方法

发明摘要

本发明是为了解决现有技术中的上述不足而完成的，本发明的目的是提供一种伪沸腾节能灶具，其通过控制锅内温度处于沸腾点以下，从而降低了液体汽化所吸收热量的热能损耗，并且通过向锅体内鼓入空气造成伪沸腾的状态，促使锅内水流翻滚流动，从而增加了锅内待加热物品和水的充分接触并且避免了物品相互粘连，起到了搅拌作用。由于本发明的伪沸腾节能灶具避免了加热液体的沸腾汽化，从而大大降低了能耗，并且通过吹入空气有效模仿了液体沸腾的状态，从而使得其加热食物的效果和普通沸腾灶具相当，但是其能耗大大下降。

技术领域

本发明涉及一种节能灶具，特别是一种伪沸腾节能灶具。

背景技术

在厨房中经常需要加热各种食物，而通过水等液体对食物进行蒸煮是很常用的一种烹饪手段。本领域中常用的蒸煮厨具一般是锅，其内加入一定量水，然后接通电源进行加热，当锅内液体沸腾后加入需要蒸煮的物品。现有技术中的锅一般都没有控制温度的功能，也就是直接放置在加热源上，如电磁炉、煤气炉等，当锅内液体达到沸腾后则一直保持沸腾状态进行蒸煮。然而液体转变为气体需要吸收大量热

量，因此加热装置所提供的大量热能并没有传递给待加热物品，而是被液体吸收从而转化为气体，这样就造成了对于热量的巨大浪费。而一些具有调温控制的锅，如果设置温度在液体沸点以下，虽然避免了液体大量汽化带走热量，但是在传统烹饪中如果保持液体温度在沸点以下则液体中没有气体产生，从而使得锅内水流保持相对静止，则待加热物品与热水之间热交换不充分，从而延长了烹饪的时间。此外如果煮面条、肉片等食材时如果没有气泡沸腾使得锅内水产生流动则容易使食材粘连，从而影响最终食物的口感，甚至使食物内部没有熟透而外部长期接触锅底而加热过度。

应用价值和意义

由于本发明的伪沸腾节能灶具避免了加热液体的沸腾汽化，从而大大降低了能耗，并且通过吹入空气有效模仿了液体沸腾的状态，从而使得其加热食物的效果和普通沸腾灶具相当。

第六节　车船动力节能专利

一、一种液态空气工质环境热动力气轮机

专利摘要

本实用新型公开了一种液态空气工质环境热动力气轮机，本实用新型利用工质吸收低品位自然环境已有热能、生产生活中排放的含热介质中的低品位废热，气化膨胀做功，工作过程中温度较低，动力机械，特别是燃气轮机在生产制造使用中降低材料工艺要求，系统复杂性下降、省去散热系统，几乎不需要新消耗能源物质，特别适合作为舰船动力。

技术领域

本实用新型属于燃气轮机领域，具体涉及一种液态空气工质环境热动力气轮机。

背景技术

燃气轮机（Gas Turbine）是一种以连续流动的气体作为工质、把热能转换为机械功的旋转式动力机械。在空气和燃气的主要流程中，只有压气机（Compressor）、燃烧室（Combustor）和燃气气轮机（Turbine）这三大部件组成的燃气轮机循环，通称为简单循环。大多数燃气轮机均采用简单循环方案。因为它的结构最简单，而且最能体

现出燃气轮机所特有的体积小、重量轻、起动快、少用或不用冷却水等一系列优点。

燃气轮机的工作过程是，压气机连续地从大气中吸入空气并将其压缩；压缩后的空气进入燃烧室，与喷入的燃料混合后燃烧，成为高温燃气，随即流入燃气气轮机中气化膨胀做功，推动气轮机叶轮带着压气机叶轮一起旋转；加热后的高温燃气的做功能力显著提高，因而燃气气轮机在带动压气机的同时，尚有余功作为燃气轮机的输出机械功。燃气轮机由静止起动时，需用起动机带着旋转，待加速到能独立运行后，起动机才脱开。

燃气轮机的基本工作过程称为简单循环；此外，还有回热循环和复杂循环。燃气轮机的工质来自大气，最后又排至大气，是开式循环；此外，还有工质被封闭循环使用的闭式循环。燃气轮机与其他热机相结合的称为复合循环装置。

燃气轮机是一种先进而复杂的成套动力机械装备，是典型的高新技术密集型产品。作为高科技的载体，燃气轮机代表了多理论学科和多工程领域发展的综合水平，是21世纪的先导技术。发展集新技术、新材料、新工艺于一身的燃气轮机产业，是国家高技术水平和科技实力的重要标志之一，具有十分突出的战略地位。

燃气轮机与其他动力机械相比，具有重量轻、体积小、启动快、可靠性好、单机功率大、运行平稳、寿命长、维修方便等优点。因此，燃气轮机的应用前景非常广阔。

燃气初温和压气机的压缩比，是影响燃气轮机效率的两个主要因素。提高燃气初温，并相应提高压缩比，可使燃气轮机效率显著提高。

专利内容

本实用新型实施例所采用的技术方案是：一种液态空气工质环境热动力气轮机，包括：液态空气储罐、高压超低温液体泵、射流引流器、超低温气液管道、热源输出口、热源输入口、高压气化器、高压常温输气管道、气体混合引流器、换热器热媒液体输入口、换热器热媒液体输出口、低压低温空气管道、连轴器、气轮机、输气管道、排气头、发电机、连接器、管道及由气体扩张段、换热器、气体收缩段组成的补焓换热器；所述高压气化器通过高压常温输气管道连接气体混合引流器；所述气体混合引流器通过输气管道连接气轮机；所述发电机设置在气轮机前端；所述连轴器设置在气轮机后端；所述排气头连接低压低温空气管道；所述气体扩张段连接低压低温空气管道的进气端；所述换热器设置在气体扩张段的上方并和气体扩张段连接；所述气体收缩段设置在换热器的上方，所述气体收缩段的上端和气体混合引流器连接，下端和换热器连接；所述换热器热媒液体输入口和换热器热媒液体输出口分别连接换热器；所述高压气化器通过超低温气液管道连接射流引流器；所述管道输出端连接射流引流器，所述管道另一端连接气体收缩段；所述高压超低温液体泵输出端连接射流引流器；所述高压超低温液体泵输入端连接液态空气储罐。

应用价值和意义

工质吸收低品位自然环境已有热能、生产生活中排放的含热介质中的低品位废热，气化膨胀做功，工作过程中温度较低，动力机械，特别是燃气轮机在生产制造使用中降低材料工艺要求，系统复杂性下降、省去散热系统，几乎不需要新消耗能源物质，特别适合作为舰船动力；

采用液态空气物理变化释放能量，对机械系统无害，对环境无害，节能减排；

省去压气机，所有机械动力均来热能，效率高；

温度变化范围小，叶片动静间隙不用调整，气轮机效率提高；

用于军事领域大型装备如坦克、军舰、直升机，由于喷出的尾气没有热量，红外特性减弱，使得红外寻的武器无法定位跟踪，实现红外隐身。

二、采用燃料和液态气体的混合动力装置系统及动力输出构建方法

发明摘要

本发明公开一种采用燃料和液态气体的混合动力装置。本发明基于液态气体和燃料作为形成驱动力的基础源，并有效利用液态气体作功后排放的气体作为进一步受热膨胀的预压缩气源，从而可最大限度地提高效率，并降低污染。在此基础上，本发明还提供一种应用该动力装置的混合动力系统，以及采用燃料和液态气体的混合动力输出构建方法。

技术领域

本发明涉及发动机技术领域，特别涉及一种采用燃料和液态气体的混合动力装置、系统及动力输出构建方法。

背景技术

随着人类社会的高速发展，大量动力机械得以广泛应用，并已经成为人类社会不可或缺的一部分。众所周知，现有的动力机械能源使用方式均给自然环境带来了严重的破坏，例如，产生热能排放、温室气体排放、烟尘颗粒物排放等环境污染，带来地球变暖、海平面上升、气候变坏等问题。

其中，技术较为成熟的内燃机在汽车及各作业设备应用较为普遍，通过将燃料的化学能转换成机械能实现动力的输出。然而，受其自身结构的限制，现有内燃机使用过程中，燃料燃烧产生的热能爆发推动活塞运行做功，这时相当一部分的热量将传到发动机的机体和缸盖上，并通过冷却系统散发掉，此外还有大量热能随排气排放。也就是说，大部分燃烧热被排放到环境中，正是基于上述热损失的客观存在，使得内燃机效率仅达到 20% 左右。

为了解决能量储存再释放的问题，现有技术提出了一种处理方式。将气体压缩形成高压储存，然后加注至气缸形成压力驱动，代替部分由燃烧后产生的压力。但是，该技术实现过程中，高压储存需要消耗能量30%，释放加注过程损失30%，即该手段的再利用率只有9%左右。在此基础上，应用该处理方式的内燃机能量利用率也只能达到20% ~ 30%。

此外，现有内燃机对于石化燃料等能源物质的消耗量较大，且燃料燃烧后的烟尘颗粒物排放直接污染环境，因此，受到节能减排相关要求的制约。

专利内容

本发明涉及发动机技术领域，提供一种采用燃料和液态气体的混合动力装置、系统及动力输出构建方法。

本发明公开一种采用燃料和液态气体的混合动力装置，包括四冲程内燃机气缸和气动机气缸，其中，所述气动机气缸包括缸体、内置于所述缸体内的活塞和与所述缸体及活塞围合形成气源工作腔室的缸盖，所述缸盖上设置有进气门、排气门和伸入所述气源工作腔的喷气嘴；且所述气动机气缸的活塞与所述内燃机气缸的活塞通过连杆机构相连，以在相应的缸体内交替滑动。

通过本发明提供的一种采用燃料和液态气体的混合动力装置，以基于液态气体和燃料作为形成驱动力的基础源，并有效利用液态气体作功后排放的气体作为进一步受热膨胀的预压缩气源，从而可最大限度地提高效率，并降低污染，保持启动气缸内部清洁。

应用价值和意义

1. 本方案提供的混合动力系统在获得同样动力性能的前提下可以减小燃料使用量，可降低污染。同时，本系统可以充分利用燃料燃烧过程中释放的热能，实现气体的预膨胀，以及在气缸体内膨胀过程的热量提供，进而可最大限度地提高燃料利用效率，克服了传统内燃机的热损失问题。

2. 本方案中气动机气缸排出的气体，部分用于气缸的进气，与传统技术吸入环境大气相比，由于该封闭系统的排气没有污染，气缸内具有较为优质的环境，一方面，进一步利用具有一定排气温度的热量，另外对于气缸作动性能提供了可靠的保障。各种液化的气体，不可能包含冰或干冰等物质，气化为气体后，成为较为纯净的进气无杂质，可完全规避结冰现象。

3. 本发明有效利用了液态气体的沸点较低，且温度变化膨胀率较高的特点，即便是在极寒天气也能可靠应用；此外，液态体积小，与压缩空气作为驱动介质的技术相比，液态气体的存储体积相差 2 ~ 3 倍，且储存能量大。本方案一次充加液态气体可供较长时间的使用，且液态气体保温可靠即可，特别地，水、空气、土壤均为热的不良导体，实际使用时具有安全性高的特点。

4. 采用液态气体作为气动机的作功基础源，其制备过程中将产生大量集中热，例如制备液氮，可以将该集中热收集并加以有效利用，作为供暖等需暖系统的热源，由此确保整个产业链的产能得以优化。

三、一种低温混合动力燃气轮机及工作方法

专利摘要

本实用新型公开了一种低温混合动力燃气轮机，包括：燃料输送管、第一轴连器、管路、燃烧室、液态空气喷嘴、气轮机、第二轴连器、空气入口、排气段、第三轴连器及压气机。本实用新型充分利用热能做功，同时降低温度，降低材料工艺要求，省去散热系统，系统复杂性下降、提高燃料利用效率。

技术领域

本实用新型属于燃气轮机领域，具体涉及一种低温混合动力燃气

轮机。

背景技术

燃气轮机（Gas Turbine）是一种以连续流动的气体作为工质、把热能转换为机械功的旋转式动力机械。在空气和燃气的主要流程中，只有压气机（Compressor）、燃烧室（Combustor）和气轮机（Turbine）这三大部件组成的燃气轮机循环，通称为简单循环。大多数燃气轮机均采用简单循环方案。因为它的结构最简单，而且最能体现出燃气轮机所特有的体积小、重量轻、起动快、少用或不用冷却水等一系列优点。

燃气轮机是以连续流动的气体为工质带动叶轮高速旋转，将燃料的能量转变为有用功的内燃式动力机械，是一种旋转叶轮式热力发动机。燃气轮机可以是一个广泛的称呼，基本原理大同小异，一般所指的燃气气轮机发动机，通常是指用于船舶（以军用作战舰艇为主）、车辆（通常是体积庞大可以容纳得下燃气气轮机的车种，例如坦克、工程车辆等）。与推进用的气轮机发动机不同之处，在于其气轮机除了要带动传动轴，传动轴再连上车辆的传动系统、船舶的螺旋桨等外，还会另外带动压气机。

燃气轮机的工作过程是，压气机连续地从大气中吸入空气并将其压缩；压缩后的空气进入燃烧室，与喷入的燃料混合后燃烧，成为高温高压高速燃气，随即流入燃气气轮机中膨胀做功，推动气轮机叶轮带着压气机叶轮一起旋转；加热后的高温燃气的做功能力显著提高，因而燃气气轮机在带动压气机的同时，尚有余功作为燃气轮机的输出机械功。燃气轮机由静止起动时，需用起动机带着旋转，待加速到能独立运行后，起动机才脱开。

燃气轮机的基本工作过程称为简单循环；此外，还有回热循环和复杂循环。燃气轮机的工质来自大气，最后又排至大气，是开式循环；此外，还有工质被封闭循环使用的闭式循环。燃气轮机与其他热机相结合的称为复合循环装置。

燃气轮机是一种先进而复杂的成套动力机械装备，是典型的高新技术密集型产品。作为高科技的载体，燃气轮机代表了多理论学科和多工程领域发展的综合水平，是21世纪的先导技术。发展集新技术、新材料、新工艺于一身的燃气轮机产业，是国家高技术水平和科技实力的重要标志之一，具有十分突出的战略地位。

燃气轮机与其他动力机械相比，具有重量轻、体积小、启动快、可靠性好、单机功率大、运行平稳、寿命长、维修方便等优点。因此，燃气轮机的应用前景非常广阔。

燃气初温和压气机的压缩比，是影响燃气轮机效率的两个主要因素。提高燃气初温，并相应提高压缩比，可使燃气轮机效率显著提高。

专利内容

本实用新型所采用的技术方案是：一种低温混合动力燃气轮机，包括：燃料输送管、第一轴连器、管路、燃烧室、液态空气喷嘴、气轮机、第二轴连器、空气入口、排气段、第三轴连器及压气机；所述燃料输送管连接燃烧室；所述第一轴连器设置在压气机的前端；所述空气入口设置在压气机的后端；所述燃烧室设置在管路内；所述液态空气喷嘴设置在管路内靠近燃烧室的出口处；所述第二轴连器连接压气机气轮机；所述第三轴连器设置在气轮机的后端；所述排气段设置在气轮机的前端出口处。

应用价值和意义

1. 使用液态空气这种新工质吸收热量，物理气化体积膨胀做功，充分利用热能使之转化为机械能，同时降低温度，降低材料工艺要求，省去散热系统，不需要其他热回收、烟气热量再利用系统，系统复杂性下降、燃料利用效率大幅提高；采用液态空气对系统无害，环境无害，节能减排。

2. 气轮机静态和工作状态直接温度变化范围小，其动静叶片间隙不用调整，气轮机结构简化、效率提高；提高燃烧效率，又没有提高燃烧温度，NOx 氮氧化物排放减少。

3. 本实用新型用于军事领域大型装备如坦克、军舰、直升机，由于喷出的尾气没有高温热量，红外特性、紫外特性大幅减弱，使得红外寻的武器无法定位跟踪，实现红外隐身。

第七节 飞机火箭动力专利

一、液态气体混合动力涡轮喷气发动机

专利摘要

本实用新型提供了一种液态气体加力喷气发动机。本实用新型的喷气发动机包括进气道、压气机、燃油喷管、燃烧室、涡轮和尾喷管，在燃烧室与涡轮之间设置液态气体喷射装置和与其相连的液态气体存储装置。通过本实用新型，能够增加燃料效率，减小消耗，降低成本和污染，以及降低对涡轮部件材料、加工工艺等方面的要求。

技术领域

本实用新型涉及一种液态气体混合动力涡轮喷气发动机。

背景技术

飞机广泛采用的涡轮喷气发动机的缺点在于：热效率低、能耗大，环境污染大。另外，涡轮喷气发动机在工作过程中，会产生高达两千摄氏度以上的高温气体并且该高温气体会剧烈膨胀产生喷射速度极高的气流。由于在涡轮喷气发动机工作过程中，涡轮会长时间受这一高温、高速气流的作用，因此，对喷气发动机的涡轮的材料及制造工艺的要求非常高，以致喷气发动机的加工工艺要求非常高，加工成本也非常高。

针对于此，现有技术中也提出了通过向喷气发动机中喷入非燃料（例如，水）来解决上述问题的方案。但是，实践表明，目前这类方案的效果有限，对于以上问题的解决远未达到令业界满意的程度。

专利内容

本实用新型的目的在于提供了一种液态气体混合动力涡轮喷气发动机，其能够增加燃料效率，减小消耗，降低成本和污染以及降低对涡轮部件材料、加工工艺等方面的要求。

根据本实用新型的一个方面，提供了一种喷气发动机，其包括进气道、压气机、燃油喷管、燃烧室、涡轮和尾喷管，在燃烧室与涡轮之间设置液态气体喷射装置和与其相连的液态气体存储装置。

所述液态气体优选液态空气，液态氮气或液态混合气体。

所述喷气发动机优选为涡轮风扇喷气发动机或涡轮喷气发动机。

应用价值和意义

根据本实用新型，由于在喷气发动机工作期间，通过设置在喷气发动机的燃烧室与涡轮之间的液态气体喷管，向流经燃烧室与涡轮之间的高温、高压气流喷注了液态气体，从而能够借助液态气体的迅速汽化，显著降低气流温度，由此大大降低热量对涡轮叶片的影响，并且，由于作用在涡轮叶片上的作用力不会减少，因此，并不会减小带动涡轮旋转的力，同时经尾喷管喷出的气体的质量和速度非但没有损失反而会增加，从而随着不断喷入液态气体而使喷气发动机的推力增加，由此能够增加燃料效率，减小能源消耗，降低成本和污染，以及降低对涡轮部件材料、加工工艺等方面的要求。

二、一种冲压喷气发动机

专利摘要

本实用新型涉及一种冲压喷气发动机。本实用新型由于在进气道中有空气引流结构，通过少量的液态空气气化得到的高压空气喷射，带动周围的空气，在一端高速输出大量的较低压气流，因而可以实现冲压喷气发动机在静止的条件下的起动，并且也解决了使用该发动机的飞行器在失速情况下冲压喷气发动工作稳定性问题。

技术领域

本实用新型涉及一种冲压喷气发动机，尤其是涉及一种液态空气助力冲压喷气发动机。

背景技术

冲压喷气发动机是一种利用迎面气流进入发动机后减速，使空气提高静压的一种空气喷气发动机。它通常由进气道（又称扩压器）、燃烧室、推进喷管三部组成。冲压发动机没有压气机（也就不需要燃气涡轮），所以又称为不带压气机的空气喷气发动机。

冲压发动机主要是利用高速迎面气流进入发动机后减速使空气增压的航空发动机。通常由进气道、燃烧室和喷管组成。其工作原理是：当飞机运动时，空气流以高速冲进发动机中，于是空气速度就下降，压力便上升。当压力刚刚达到最大值时，就由喷油嘴喷射燃料，开始燃烧，使得发动机燃烧室中空气温度和压力急速地增大，然后这种炙热的空气与燃烧产物相混合的气体，便以更大的速度从发动机喷管喷射出来。喷气流的速度比进口的空气速度大得多，因而就造成反作用推力，使得飞机运动。气流喷出速度愈大，推力也就愈大。

总之，冲压发动机的构造简单、重量轻、推重比大、成本低。但它的缺点是不能自行起动，须用其他发动机作为助推器，飞行器达到一定飞行速度后才能有效工作。因没有压气机，不能在静止的条件下起动，所以一直不适合作为普通飞机的动力装置，应用场合受了限制。

专利内容

本实用新型设计了一种冲压喷气发动机，其解决的技术问题是（1）现有冲压喷气发动机不能自行起动，须用其他发动机作为助推器，俟飞行器达到一定飞行速度后才能有效工作。（2）现有冲压喷气发动机燃烧段产生大量的热量未能被充分利用，效率较低也就造成了燃料的浪费，同时也造成对环境的较大污染。

应用价值和意义

1. 本实用新型由于在进气道中有空气引流设计，通过输入少量的液态空气气化得到的高压空气喷射，带动周围的空气，在一端高速输出大量的较低压气流，因而可以实现冲压喷气发动机在静止的条件下的起动，并且也解决了使用该发动机的飞行器在失速情况下冲压喷气发动工作稳定性问题。

2. 本实用新型由于液态空气吸收燃烧室燃烧生成的高温气体热量发生膨胀并在尾喷管中形成加力膨胀段，使得液态空气迅速气化，在膨胀过程中能输出巨大的推力，并且可以充分利用燃料产生的热值，改进燃料燃烧效率，减少对环境的破坏。

3. 本实用新型由于多个燃料喷管沿着燃烧室内壁做环形分布，燃烧的气体也带动周边气流实现流体力学的科恩达效应，高速输出大量的低压气流。

4. 本实用新型冲压喷气发动机由于无旋转件，使得发动机重量更小、噪音小、发动机进出气口形状不受限制、抗外物冲击的能力强、对材料耐高温要求降低以及降低了材料成本。

5. 本实用新型利用液态空气吸收燃料产生的热能膨胀做功，增加推力的同时，也大大降低喷射气体的温度，大大降低了红外特性和紫外特性，除了又环保作用，还在军事领域作战装备红外隐身方面有明显作用。

三、液态气体加力喷气发动机

专利摘要

本实用新型提供了一种液态气体加力喷气发动机，其包括进气道，压气机，带有燃油喷嘴的燃烧室，涡轮，加力燃烧室以及尾喷口，其还设有液态气体存储装置以及液态气体喷射装置，液体气体喷射装置与液态气体存储装置相连并延伸至加力燃烧室内。通过本实用新型，能够确保喷气发动机在进行加力推进时，充分利用液态气体受热膨胀做功，以更高效率增大喷气发动机的推力，由此显著提高其发动机燃料效率，增加推力，降低动力成本、减少环境污染，同时，还能降低遭受红外寻的武器攻击的可能性。

技术领域

本实用新型涉及一种液态气体加力喷气发动机。

背景技术

现代高性能飞机所使用的发动机通常采用涡轮喷气发动机或涡轮风扇发动机。这两种发动机均设有加力燃烧室，其主要由风扇、空气压缩室、燃烧室、涡轮以及加力燃烧室等构成，其中，加力燃烧室由扩压器、点火器、喷嘴、火焰稳定器、防振隔热屏和筒体等构成，其作用在于在飞机发动机加力工作时，能够实现向输送来的燃气或经外涵道输送的空气喷射燃料并点火燃烧，以提高气流温度，从而能够在短时间内增大发动机推力。

在飞机未采用加力方式飞行时，其发动机通过风扇吸入空气并将其引入空气压缩室内以对其进行压缩，经压缩后的空气进入燃烧室与燃料油混合并燃烧，进而从燃烧室喷出而推动涡轮工作，并经涡轮轴将力传递给风扇以带动其工作，如此循环往复；与此同时，向加力燃烧室喷出燃烧的高温高速气体并经尾喷管喷出，同时风扇吹送的气流经外涵道吹向尾喷管，最终与燃烧气体形成合力作为推力。

在飞机采用加力方式飞行时，加力油门开启以使发动机运行至加力状态，从普通燃烧室燃烧通过的高温气体和其中未完全消耗的剩余氧气在加力燃烧室内经扩压器减速后，与加力燃烧室中新喷入的燃料混合形成油气混合气，经过二次燃烧，使尾喷管喷出的燃气的温度和速度更高，以使飞机获得更大的推力。

目前最新加力推进技术包括：喷水方式、喷射燃料式、以及喷射燃料和水的方式混合物。这些技术虽然具有提高飞机发动机的功率以及改善飞机的爬升和高空机动性能等优点，但是，也表现出明显的缺点，例如，喷水加力推进方式，由于水的汽化热大，因此，在吸收同等热量的情况下，会因临界温度高、沸点高，造成温升低以及汽化气体量少等缺陷；喷射燃料式以及喷射燃料和水的方式混合物会造成燃料浪费、成本高及污染严重等问题。

专利内容

本发明提供一种液态气体加力喷气发动机以及实现喷气飞机的加力飞行的方法。

本发明的主要原理是通过选择液态气体用作加力工作介质，从而使喷气发动机在进行加力推进时，可以充分利用热能使液态气体受热膨胀做功，以更高效率增大喷气发动机的推力。根据本发明，由于作为加力介质所选择使用的液态气体的汽化热很小，以液态氮气为例，其汽化热仅为水的1/8，因此，能够充分利用热能；由于其温度极低，因此，其能够充分快速吸收热能。另外，由于其喷射时温度极低，最终和其他混合气化后的最终温度大大降低，因此还可以大大降低红外特性。与喷燃料相比，能够降低成本，减少污染。

通过本发明，能够确保喷气发动机在进行加力推进时，可以充分利用液态气体受热膨胀做功，以更高效率增大喷气发动机的推力，由

此显著提高其发动机燃料效率，增加推力，降低动力成本、减少环境污染

应用价值和意义

1. 对于作战飞机而言，必要时喷射液态空气、液态氮气等液态气体加力，首先能够显著提升推力，同时使尾喷管的温度大大降低，这样还能够大大降低遭受红外寻的武器攻击的可能性。

2. 对于平时作战训练时的飞机，将可重复使用的外挂副油箱改造成绝热储液箱，在平时训练时通过在加力燃烧室中喷射液态空气、液态氮气等，从而能够以经济的成本使加力推进方式实现良好的推力效果，并减少对如航空母舰等舰船起飞甲板的热排放，防止侵害甲板，降低训练成本。

3. 对于民航客机也可以采用这种起飞加力方式来降低成本，降低碳排放指标，减少对空气的污染。

四、一种液态空气加力助推火箭发动机设备

专利摘要

本实用新型公开了一种液态空气加力助推火箭发动机设备，包括以下部分：液态空气储箱、超低温液体泵、液态空气喷嘴、加力膨胀段，所述液态空气喷嘴设置在火箭发动机后端，加力膨胀段内部前端。本实用新型通过混合使用液态空气介质，充分利用燃料产生的热量，减少环境污染，在保证同样推力的情况下，大幅度降低燃料的使用量，使成本降低，大幅度降低红外特性和紫外特性，在导弹隐身方面有较大作用。

技术领域

本实用新型属于火箭发动机领域，具体涉及一种液态空气加力助

推火箭发动机设备。

背景技术

火箭发动机就是利用冲量原理，自带推进剂、不依赖外界空气的喷气式发动机。火箭发动机是喷气发动机的一种，将推进剂箱或运载工具内的反应物料（推进剂）变成高速射流，由于牛顿第三定律而产生推力。大部分火箭发动机靠排出高温高速尾气来获得推力，固体或液体推进剂（由氧化剂和燃料组成）在燃烧室中高压（10−200 bar）燃烧产生尾气。

火箭发动机喷管是用于动机的一种（通常是渐缩渐阔喷管）推力喷管。它用于膨胀并加速由燃烧室燃烧推进产生的燃气，使之达到超高音速。

目前所有在使用的火箭，在使用过程中存在以下的问题：

1. 燃料利用率低，从火箭发动机喷管喷出的长火焰看出，大量的热量排向了空气中，因为火箭的速度和喷射出的物质的质量和物质的速度有关，和物质的温度无关，所以热量浪费巨大；

2. 因为燃料利用率低，所以环境污染严重，比如美国的阿波罗号一秒钟所消耗的燃料是人类当年首次横跨大西洋的飞机所消耗的燃料的十倍还多。

3. 燃料利用率低，燃料成本也就很高；特别在发射卫星方面与国际竞争时，燃料成本也成为重要的一方面；

4. 由于温度高，热量强，红外特性和紫外特性也就很强，很容易被侦测到，难以做到起飞段隐身，导弹起飞后，马上会被对方发现，对方会提前预警准备应对、反击、拦截。

专利内容

本实用新型的目的是，通过混合使用液态空气介质，充分利用燃料产生的热量，减少环境污染，在保证同样推力的情况下，大幅度降低燃料的使用量，使成本降低，同时由于所喷射的尾焰气体的温度大幅下降，使所喷射的尾焰气体的红外特性和紫外特性大幅度降低；使用空气液化得到的液态空气，则尽可能利用自然界的资源，最大限度利用燃料热能，使对环境的污染降到最低。

本实用新型针对上述问题，提供一种液态空气加力助推火箭发动机设备。

本实用新型解决上述问题所采用的技术方案是：一种液态空气加力助推火箭发动机设备，包括以下部分：液态空气储箱、超低温液体泵、液态空气喷嘴、加力膨胀段等。

所述液态空气储箱通过超低温液体泵密封连接所述液态空气喷嘴；所述液态空气喷嘴设置在火箭发动机后端，加力膨胀段内部前端。

应用价值和意义

1. 是现有火箭发动机技术的延续，现有火箭发动机系统几乎不变；

2. 高效率实现喷出的气体物理膨胀，燃料利用率提高，火箭发动机推力增加。

3. 液态空气容易获取，且低污染、低成本。

五、一种液态空气混合动力的火箭发动机设备

专利摘要

本实用新型公开了一种液态空气混合动力的火箭发动机设备，包括以下部分：液态空气储箱：用以装载液态空气；超低温液体泵：用以在火箭发动机运行时将液态空气输送到液态空气喷嘴喷出，和火箭发动机喷出的超高温、超音速的尾焰气体相混合； 液态空气喷嘴：用以在火箭发动机运行时将液态空气喷出到火箭发动机后部最窄处的喉道部位和火箭发动机喷出的超高温、超音速的尾焰气体相混合。所述液态空气储箱为内置式或外挂式的液态空气储箱。本实用新型通过混合使用液态空气介质，充分利用燃料产生的热量，减少环境污染，在保

证同样推力的情况下，大幅度降低燃料的使用量，使成本降低，大幅度降低红外特性和紫外特性，在战略导弹隐身方面有较大作用。

技术领域

本实用新型属于车在线火箭发动机领域，具体涉及一种液态空气混合动力的火箭发动机设备。

背景技术

火箭发动机就是利用冲量原理，自带推进剂、不依赖外界空气的喷气发动机。火箭发动机是喷气发动机的一种，将推进剂箱或运载工具内的反应物料（推进剂）变成高速射流，由于牛顿第三定律而产生推力。大部分火箭发动机靠排出高温高速尾气来获得推力，固体或液体推进剂（由氧化剂和燃料组成）在燃烧室中高压（10–200 bar）燃烧产生尾气。

火箭发动机喷管是用于动机的一种（通常是渐缩渐阔喷管）推力喷管。它用于膨胀并加速由燃烧室燃烧推进产生的燃气，使之达到超高音速。

目前所有在使用的火箭，在使用过程中存在以下的问题：

1. 燃料利用率低，从火箭发动机喷管喷出的长火焰看出，大量的热量排向了空气中，因为火箭的速度和喷射出的物质的质量和物质的速度有关，和物质的温度无关，所以热量浪费巨大；

2. 因为燃料利用率低，所以环境污染严重，比如美国的阿波罗号一秒钟所消耗的能量是人类横跨大西洋的所有飞机所消耗的能量的十倍还多。

3. 燃料利用率低，燃料成本也就很高；特别在发射卫星方面与国际竞争时，燃料成本也成为重要的一方面；

4. 由于温度高，热量强，红外特性和紫外特性也就很强，很容易被侦测到。

火箭的燃料不管是固体还是液体，在燃烧时，迅速升温，气化，达到两千度到三千度摄氏度，因为受热膨胀，被限制在燃烧室范围内，形成非常大的压力，燃烧的废气向后喷出时，喷出的速度达到了音速。随着膨胀，速度增加，压力降低，温度降低，最后喷出的气体和大气混合，大量热量被浪费掉。

液态空气是将大自然的空气加压再降温后变成液态无色气体，具有较低的气化热和超低温的存储温度，如果将液态空气和超高温的尾焰混合后，超高温的尾焰的热量使超低温的液态空气迅速膨胀并气化，液态空气由液体变成气体时，在 1 个大气压的情况下，体积会膨胀 800 倍以上，剧烈膨胀，会更增加火箭发动机的推动力。

专利内容

本实用新型提供一种液态空气混合动力的火箭发动机设备。包括以下部分：

液态空气储箱：用以装载液态空气；

超低温液体泵：用以在火箭发动机运行时将液态空气输送到液态空气喷嘴喷出，和火箭发动机喷出的超高温、超音速的尾焰气体相混合；

液态空气喷嘴：用以在火箭发动机运行时将液态空气喷出到火箭发动机后部最窄处的喉道部位和火箭发动机喷出的超高温、超音速的尾焰气体相混合。

应用价值和意义

1. 是现有火箭发动机技术的延续，现有火箭发动机系统几乎不变；

2. 高效率实现喷出的气体物理膨胀，燃料利用率提高，火箭发动机推力增加。

3. 液态空气容易获取，且低污染、低成本。

六、采用燃料和直喷液态气体的混合动力装置

专利摘要

本实用新型公开一种采用燃料和直喷液态气体的混合动力装置，包括四冲程内燃机气缸和气动机气缸，其中，所述气动机气缸包括缸体、内置于所述缸体内的活塞和与所述缸体及活塞围合形成气源工作腔室的缸盖，所述缸盖上设置有进气门、排气门和伸入所述气源工作腔的喷液嘴；且所述气动机气缸的活塞与所述内燃机气缸的活塞通过连杆机构相连，以在相应的缸体内交替滑动。本实用新型基于液态气体和燃料作为形成驱动力的基础源，并有效利用液态气体作功后排放的气体作为受热膨胀的预压缩气源，从而可最大限度地提高效率，并降低污染。在此基础上，本实用新型还提供一种应用该动力装置的混合动力系统。

技术领域

本实用新型涉及发动机技术领域，特别涉及一种采用燃料和直喷液态气体的混合动力装置、系统。

背景技术

随着人类社会的高速发展，大量动力机械得以广泛应用，并已经成为人类社会不可或缺的一部分。众所周知，现有的动力机械能源使用方式均给自然环境带来了严重的破坏，例如，产生热能排放、温室气体排放、烟尘颗粒物排放等环境污染，带来地球变暖、海平面上升、气候变坏等问题。

其中，技术较为成熟的内燃机在汽车及各作业设备应用较为普遍，通过将燃料的化学能转换成机械能实现动力的输出。然而，受其自身结构的限制，现有内燃机使用过程中，燃料燃烧产生的热能爆发

推动活塞运行做功，这时相当一部分的热量将传到发动机的机体和缸盖上，并通过冷却系统散发掉，此外还有大量热能随排气排放。也就是说，大部分燃烧热被排放到环境中，正是基于上述热损失的客观存在，使得内燃机效率仅达到 20% 左右。

为了解决能量储存再释放的问题，现有技术提出了一种处理方式。将气体压缩形成高压储存，然后加注至气缸形成压力驱动，代替部分由燃烧后产生的压力。但是，该技术实现过程中，高压储存需要消耗能量 30%，释放加注过程损失 30%，即该手段的再利用率只有 9% 左右。在此基础上，应用该处理方式的内燃机能量利用率也只能达到 20%–30%。

此外，现有内燃机对于石化燃料等能源物质的消耗量较大，且燃料燃烧后的烟尘颗粒物排放直接污染环境，因此，受到节能减排相关要求的制约。

有鉴于此，亟待另辟蹊径提供一种混合动力技术，在有效提升内燃机效率的基础上，可降低能源消耗和排放污染方面的影响。

专利内容

针对上述缺陷，本实用新型解决的技术问题在于，提供一种采用燃料和直喷液态气体的混合动力装置，以基于液态气体和燃料作为形成驱动力的基础源，并有效利用液态气体作功后排放的气体作为受热膨胀的预压缩气源，从而可最大限度地提高效率，并降低污染，保持启动气缸内部清洁。在此基础上，本实用新型还提供一种应用该动力装置的混合动力系统。

应用价值和意义

与传统动力系统相比具有以下有益效率：

首先，本方案提供的混合动力系统在获得同样动力性能的前提下可以减小燃料使用量，可降低污染。

其次，该系统可以充分利用燃料燃烧过程中释放的热能，在气缸体内膨胀过程的热量提供，进而可最大限度地提高燃料利用效率，克服了传统内燃机的热损失问题。

第三，本方案中气动机气缸排出的气体，部分用于气缸的进气，与传统技术吸入环境大气相比，由于该封闭系统的排气没有污染，气缸内具有较为优质的环境，一方面，进一步利用具有一定排气温度的热量，另外对于气缸作动性能提供了可靠的保障。各种液化的气体，不可能包含冰或干冰等物质，气化为气体后，成为较为纯净的进气无杂质，可完全规避结冰现象。

第四，本实用新型有效利用了液态气体的沸点较低，且温度变化膨胀率较高的特点，即便是在极寒天气也能可靠应用；此外，液态体积小，与压缩空气作为驱动介质的技术相比，液态气体的存储体积相差 2-3 倍，且储存能量大。本方案一次充加液态气体可供较长时间的使用，且液态气体保温可靠即可，特别地，水、空气、土壤均为热的不良导体，实际使用时具有安全性高的特点。

第五，采用液态气体作为气动机的作功基础源，其制备过程中将产生大量集中热，例如制备液氮，可以将该集中热收集并加以有效利用，作为供暖等需暖系统的热源，由此确保整个产业链的产能得以优化。

最后，基于本方案对于动力装置冷却回路的热量回收利用，可以简化冷却系系统，例如，对于坦克等大型内燃机的散热设计变得简单，可进一步降低制造成本。

七、保留混合动力的点燃式内燃机改装装置

专利摘要

本实用新型涉及一种保留混合动力的点燃式内燃机改装装置，改造后的点燃式内燃机使用液态空气作为介质，吸收环境热能即时升温、沸腾、汽化膨胀得到常温高压的气体，适时、适量经发动机上设置的

喷气火花塞喷入发动机缸体，模拟缸体原本通过燃料燃烧产生的压力环境，以实现动力输出。喷气与燃油的两种资源均可以单独使用，或交替使用，或应用于不同的缸体上同时使用；冬季极寒天气采用燃油工作或交替工作或部分气缸采用不同的工作方式可以更好适应环境、工作需要。

技术领域

本实用新型涉及的是一种保留混合动力的点燃式内燃机改装装置。

背景技术

内燃机是将液体或气体燃料与空气混合后，直接输入汽缸内部的高压燃烧室燃烧爆发产生动力。这也是将内能转化为机械能的一种热机。内燃机具有体积小、质量小、便于移动、热效率高、起动性能好的特点。但是内燃机一般使用石化或生物质燃料，对环境排放大量新增热量，同时排出的废气中含有害气体的成分较高。

专利内容

针对现有技术上存在的不足，本实用新型提供一种资源可以更合理利用的保留混合动力的点燃式内燃机改装装置。

为了实现上述目的，本实用新型是通过如下的技术方案来实现：

一种保留混合动力的点燃式内燃机改装装置，它包括保温储罐、高压超低温泵、水浴汽化器、喷气火花塞、点燃式内燃机气缸、活塞、冷却水循环装置、汽化器冷却水入口、汽化器冷却水出口、喷气控制器、喷气控制信号、原点火信号、高压气路、高压液态空气管路、低压液态空气管路，所述喷气火花塞设置压点燃式内燃机气缸上，活塞设置点燃式内燃机气缸内，所述保温储罐通过低压液态空气管路连接高压超低温泵，高压超低温泵通过高压液态空气管路与水浴汽化器连接，所述水浴汽化器通过汽化器冷却水入口和汽化器冷却水出口与冷却水循环装置连接，所述水浴汽化器还通过高压气路与喷气火花塞连接，所述喷气火花塞通过喷气控制器产生的喷气控制信号进行喷气控制、以及通过原点火信号进行点火控制。

根据本实用新型的一个实施方案，所述内燃机改装装置通过点火信号、节气门开度信号作为提供给喷气控制器的输入原始信号，喷气控制器据此信号产生喷气控制信号，用于控制喷气的时机和喷气量。

应用价值和意义

本实用新型的有益效果是：改造后的点燃式内燃机喷气与燃油的两种资源均可以使用，甚至交替使用；冬季极寒天气采用燃油工作或交替工作、或部分气缸采用不同的工作方式以更好适应环境、工作需要。

第八节　锅炉节能减排专利

一、真空压缩高温锅炉

专利摘要

本实用新型公开了一种真空压缩高温锅炉，其包括锅炉本体、冷凝室、蒸汽压缩机、疏水阀，其特征在于所述锅炉本体上部有燃烧蒸发室，燃烧蒸发室通过管道和蒸汽压缩机与冷凝室相连，冷凝室底部通过管道和疏水阀和燃烧蒸发室相连，从而形成回路。

技术领域

本实用新型涉及一种真空热水锅炉，特别是一种真空压缩高温锅炉。

背景技术

工业锅炉是中国主要的热能动力设备，锅炉行业是与人类共存的永恒产业，尤其是在中国还是一个不断发展的产业。20 世纪 80 年代以后，中国的经济发生了突飞猛进的变化，锅炉行业更加突出，全国锅炉制造企业增加近二分之一，并形成了独立开发研制一代又一代新产品的能力，产品的技术性能已接近发达国家水平。锅炉是经济发展时代不可缺少的商品，未来将如何发展，是非常值得研究的。

真空热水锅炉是一种常用的工业锅炉，其利用水在一定真空度下，可以在不到标准大气压下沸点开始沸腾汽化成水蒸气的原理，从而减少了燃气消耗量，达到节能目的。现有真空热水锅炉主要由燃烧器、燃烧室、真空腔及置于真空腔内的换热管等部件组成，燃烧器喷出的燃气在燃烧室内燃烧，燃烧释放的热量对燃烧室壁板进行加热，燃烧室壁板对热媒水加热汽化，热媒水汽化后的水蒸气与换热管热交换后凝结形成水滴溜回热媒水，重新被加热汽化，如此完成整个循环过程。真空热水锅炉就有很多优点，其节能、环保、寿命长、对环境污染小、且比普通热水锅炉热效率高，相对于普通热水锅炉更安全，因此已受到广泛重视。但是由于真空热水锅炉的原理是在低压低温下使水低温沸腾，因此其正常工作温度低于 90℃，真空度低于 −30Kpa，所以其存在一个缺点，就是提供的水温度一般不高于 90℃，并且不能输出热蒸汽。

专利内容

本实用新型的目的是提供一种真空压缩高温锅炉，通过利用现有热泵技术，将锅炉本体上部的燃烧蒸发室通过管道和蒸汽压缩机与冷凝室相连，利用蒸汽压缩机降低燃烧蒸发室的压力从而促进其中的热媒水在较低温度下汽化，并且被压入到冷凝室中，由于冷凝室中压力不断增加因此气体容易凝结并放出凝结热，促使导热管中的被加热液体升温甚至汽化，从而提供高温液体或者蒸汽，克服了现有技术的真空锅炉无法提供高温液体和蒸汽的技术缺陷。

本实用新型设计的真空压缩高温锅炉，其包括锅炉本体、冷凝室、蒸汽压缩机、疏水阀，其特征在于所述锅炉本体上部有燃烧蒸发室，燃烧蒸发室通过管道和蒸汽压缩机与冷凝室相连，冷凝室底部通过管道和疏水阀和燃烧蒸发室相连，从而形成回路。

应用价值和意义

由于本实用新型通过利用现有热泵技术，将锅炉本体上部的燃烧蒸发室通过管道和蒸汽压缩机与冷凝室相连，利用蒸汽压缩机降低燃烧蒸发室的压力从而促进其中的热媒水在较低温度下汽化，并且被压入到冷凝室中，由于冷凝室中压力不断增加因此气体容易凝结并放出凝结热，促使导热管中的被加热液体升温甚至汽化，从而提供高温液体或者蒸汽，克服了现有技术的真空锅炉无法提供高温液体和蒸汽的技术缺陷。而且由压缩机产生锅炉内部高压，因此不会出现压力无限制上升直到蒸发腔爆炸。

二、一种热泵电汽水锅炉

专利摘要

本实用新型公开了一种热泵电汽水锅炉，其包括储液罐、回热器、低压膨胀阀、高温膨胀阀、电磁阀、低温压缩机、蒸发器、高温压缩机、蒸汽水罐、热水罐。

技术领域

本发明涉及一种锅炉，特别是一种节能热泵锅炉。

背景技术

工业锅炉是中国主要的热能动力设备，锅炉行业是与人类共存的永恒产业，尤其是在中国还是一个不断发展的产业。20 世纪 80 年代以后，中国的经济发生了突飞猛进的变化，锅炉行业更加突出，全国锅炉制造企业增加近二分之一，并形成了独立开发研制一代又一代新产品的能力，产品的技术性能已接近发达国家水平。锅炉是经济发展时代不可缺少的商品，未来将如何发展，是非常值得研究的。

蒸汽锅炉指的是把水加热到一定参数并生产高温蒸汽的工业锅炉，水在锅筒中受热变成蒸气，通过电、油或者气体燃烧发出热量提供能量，就是蒸气锅炉的原理。蒸汽锅炉按照燃料（电、油、气）可以分为电蒸汽锅炉、燃油蒸汽锅炉、燃气蒸汽锅炉三种；按照构造可以分为立式蒸汽锅炉、卧式蒸汽锅炉，中小型蒸汽锅炉多为单、双回程的立式结构，大型蒸汽锅炉多为三回程的卧式结构。各种锅炉中，由于资源限制，许多企业不得不使用电锅炉，电锅炉也满足“清洁生产”的要求，有相当大的市场应用。

传统电、油、气体蒸汽锅炉其共同缺点是能效比为 1，不可能借助环境能源，不能有效地利用环境中的各种废水、工厂排污、环境热水、太阳能热水器中的热水，通过污水源换热器带来建筑物城市污水中含有的热能，通过地下水、地面打井带来土壤中的热能、江河湖泊的水中含有的热能。而采用热泵与传统电、油、燃气加热的混合型锅炉则能效比低下、成本高、使用复杂、噪音大等缺点。并且现有技术中的锅炉通过提供热量加热水变为蒸汽，其供热方式简单直接，容易使锅炉内部压力持续上升，在锅炉发生故障时由于压力不断增加容易造成爆炸等事故，对周围环境和操作人员造成极大威胁。此外现有技术的锅炉在提供的蒸汽中容易携带水分，并且在系统补水过程中容易造成温度和压力波动，在加热升温过程中容易在蒸汽中混入机油等污染物质，从而使得输出蒸汽用途受到限制。

专利内容

本发明是为了解决现有技术中的上述不足而完成的，本发明的目的是提供一种热泵电汽水锅炉，本发明通过利用现有热泵技术，高效收集热源液中热量，将目标软化水加热到目标温度。并且利用热泵两级压缩高效率收集热能达到合理温度；低温段高温段分开，提高热效率、同时输出热水、开水、蒸汽为其多用途提供了可能；低温段切换单机压缩降低能耗、提高能效比。此外热泵的压缩机冷凝加热器升温有限，因此不可能造成压力无限上升而爆炸，杜绝了以前的锅炉在异常状况的情况下，热能持续不断供给发生爆炸。其次本发明内置汽水分离器，避免了气体中含有水的问题。并且能够提供清洁无污染的蒸汽、沸水和热水，满足多用途的需求。

应用价值和意义

本实用新型通过采用热泵技术作为唯一热量来源，并利用热泵两级压缩，通过电磁阀进行选择，在初始阶段仅使用低温压缩机，而在高温阶段同时使用低温压缩机和高温压缩机，从而有效提高了能效比。此外热泵的压缩机冷凝加热器升温有限，因此不可能造成压力无限上升而爆炸，杜绝了以前的锅炉在异常状况的情况下，热能持续不断供给发生爆炸。其次本实用新型内置汽水分离器，避免了气体中含有水的问题。并且能够提供清洁无污染的蒸汽、沸水和热水，满足多用途的需求。

第九节　数据中心节能专利

一、一种数据中心液态空气工质制冷发电装置

专利摘要

本实用新型公开了一种数据中心液态空气工质制冷发电装置。本实用新型可以降低制冷机组采购成本、降低备用发电机组采购成本，通过减免数据中心制冷机组电耗，低温发电机组发电自用等方式，可以使得数据中心电耗大幅度降低。

技术领域

本实用新型属于液态空气发电领域，具体涉及一种数据中心液态空气制冷发电装置。

背景技术

目前，数据中心都拥有大量服务器、网络设备，耗能巨大，一个数据中心耗电有时可以达到上百万千瓦。全国所有数据中心耗电总和相当于天津市的全部耗电量。数据中心设备工作时发出大量热量，需要大功率制冷系统维持适宜环境温度。长期以来多采用空调制冷系统和自然冷源冷却配合实施，所有的热量均属于搬出数据中心“扔”到大气层、自然环境中了，不同的地方往往只是尽可能采用更低成本的手段实现“扔”热量的办法。数据中心本身是高耗电系统，用大功率

制冷系统制冷，综合耗电量将更高。

现有用热泵，将机房空调冷却水中热能回收利用，产生热水，供采暖、生活、生产使用。数据中心每 1 万千瓦能耗，回收得到的热水可以供 10 万平方米住宅采暖，现实中很多情况下回收的大量热水无法得到利用。

目前已有的低温热源发电技术多是在热泵回收热量，产生 80℃以上高温热水后，采用低温发电机组转化为电能，发电效率很低，热能转换为电能的效率只有 1% ~ 5%，没有使用价值。

专利内容

本发明提供一种数据中心液态空气工质制冷发电装置，该装置采用液态空气作为工作介质，高效率吸收数据中心机房设备产生的大量热量，将热能转化为电能自用的解决方案，减少电能消耗、减少冷却水资源消耗、减少对环境的热排放，实现环保、节能、减排、资源循环利用。

本实用新型设计的一种数据中心液态空气工质制冷发电装置，包括：超低温储液罐、高压超低温液体泵、高压超低温管路、射流引流器、低温换热器、低温高压气管路、气体混合引流器、由气体扩张段、中温换热器、气体收缩段组成的升温增压补焓换热器、常温工作气体管路、汽轮机输入阀、工作气路、汽轮机、发电机、乏气气路、汽轮机输出阀、回气管路、制冷回水输入管路、中低温换热器连接管路、制冷回水输出管路、余气排放口、液态空气加注口、检修短路管路、检修短路气阀及引流回气管路等

应用价值和意义

1. 通过节约制冷机组电耗，数据中心电耗大幅度降低；还可以降低制冷机组采购成本、降低备用发电机组采购成本；可以自发电自用，耗电进一步减少，甚至完全实现自我供应；

2. 制冷效果好，和环境温度无关；汽轮机可靠性高，发电可用性

强，能长期稳定工作；

3. 备份多种模式，液态空气可以直接制冷，保障机房应急制冷；省去了冷却散热系统，没有冷却塔水耗，节约了环境水资源；

4. 排气洁净、低温、无水，通过机房加湿后，可以做新风，进一步提高吸收热量的能力；减少了对环境的热排放，实现低碳、减排、循环利用能源。

第十节　行业节能减排专利

一、节能压缩空气装置及其制备方法

专利摘要

本实用新型涉及气体压缩制造技术领域，具体涉及一种节能压缩空气装置，本实用新型利用科恩达效应原理，在传统装置基础上设置射流引流器、气体混合引流器，利用少量液态空气气化产生少量高压压缩空气，用少量高压压缩空气形成 10 ~ 100 倍的高流量压缩空气，耗能少、装置简单、供气量大、无噪声、成本也大幅降低。

技术领域

本实用新型涉及气体压缩制造技术领域，具体涉及一种节能压缩空气装置。

背景技术

压缩空气，即被外力压缩的空气。空气具有可压缩性，经空气压缩机做机械功使本身体积缩小、压力提高后的空气叫压缩空气。压缩空气是一种重要的动力源。与其他能源比，它具有下列明显的特点：清晰透明，输送方便，没有特殊的有害性能，没有起火危险，不怕超负荷，能在许多不利环境下工作，空气在地面上到处都有，取之不尽。压缩空气是仅次于电力的第二大动力能源，又是具有多种用途的工艺气源。

压缩空气是工业领域非常常用的动力来源，压缩空气的获得大部分是通过空压机获得，也有少数通过液体气化获得。空压机制备压缩空气通常效率低、噪音大，耗能多，尤其大型空压机工作产生的温度比较高，需要散热，否则将大大影响储气罐的储存效率，目前技术没有充分利用这部分能量。通过液体气化获得压缩空气方法需要换热装置，需要补充热量，甚至需要升温至常温，由超低温升温至常温的过程复杂，成本大。

专利内容

针对现有技术上存在的不足，本实用新型提供一种耗能减少、装置简单、供气量大、无噪声、成本大幅降低的节能压缩空气装置。

本实用新型利用科恩达效应原理，在传统装置基础上设置射流引流器、气体混合引流器，利用少量液态空气气化产生少量高压压缩空气，用少量高压压缩空气形成 10 ~ 100 倍的高流量压缩空气，耗能少、装置简单、供气量大、无噪声、成本也大幅降低。

原理如下：液态空气储罐 1 里的低温液态空气通过高压超低温液体泵 2 以 5 ~ 30MPa 的压力输入射流引流器 3，同时通过射流回气管 24 吸入高温的空气混合，形成超低温高压气液混合物；所得的超低温高压气液混合物经过超低温高压气液管路 4 进入气源高压气化器 5 吸收热量后气化形成高压常温气体；所得的高压常温气体达到设定压力后，通过高压输气管 8 上的泄压单向阀 15 输入气体混合引流器 9，通过科恩达效应使得过滤干燥的空气经过气体换热补焓装置升温补焓后形成高流量气体进入储气罐 18 待用；部分经过升温补焓的空气输入射流回气管 24，与低温液态空气混合，再形成超低温高压气液混合物，使得制备过程连续进行。

应用价值和意义

压缩空气是工业领域重要的动力来源，专利提供的一种耗能减少、装置简单、供气量大、无噪声的节能压缩空气装置，、将大幅降低压缩空气的制备成本。

二、一种自循环蒸发换热器

专利摘要

本实用新型涉及一种热交换设备制造技术领域，具体涉及一种自循环蒸发换热器。其包括蒸发器，蒸发器顶部设置射流引流器，射流引流器与工质输入管相连，所述的蒸发器内设置若干换热管，换热管两端设置栅板，所述的蒸发器底部设置储液罐，储液罐与换热管之间设置工质输出口，循环管路一端与储液罐相连，另一端与射流引流器相连。本实用新型将流体力学科恩达效应用于蒸发器，利用流体的动能带动蒸发换热器内部的工质循环流动起来，使得热交换均匀，提高换热效率。内循环会使得热交换效率大大提高、没有外部能源消耗，不存在额外的设备连接和密封问题，蒸发器底部的储液罐还带有低压储液的功能。

技术领域

本实用新型涉及一种热交换设备制造技术领域，具体涉及一种自循环蒸发换热器。

背景技术

换热器是将热流体的部分热量传递给冷流体，使流体温度达到工艺流程规定的指标的热量交换设备，又称热交换器。换热器作为传热设备被广泛用于锅炉暖通领域，随着节能技术的飞速发展，换热器的种类越来越多。

热交换设备中工质流动是一次性的，工质从入口进去，从出口出来，介质和换热器的接触不完全充分，通常，换热效率只有

80% ~ 90%，热利用率较低，热损耗大。目前也有使用降膜换热器，其传热效率较高，但其缺点是需要借助外部设备，比如需要循环泵提供动能，这就使得能耗增加、消耗更多电能，系统对密封性的要求较高，容易发生泄漏问题。

专利内容

针对现有技术上存在的不足，本实用新型提供一种内部流动性好、热交换效率高、没有外部能源消耗、不存在额外设备连接及密封问题、换热均匀、带有低压储液罐功能的自循环蒸发换热器。

为了实现上述目的，本实用新型是通过如下的技术方案来实现：

一种自循环蒸发换热器，包括蒸发器，所述蒸发器顶部设置有射流引流器，所述射流引流器与工质输入管相连，所述的蒸发器内设置有若干换热管，所述换热管两端设置栅板，所述的蒸发器底部设置有储液罐，所述储液罐与换热管之间设置工质输出口；所述循环管路一端与储液罐相连，其另一端与射流引流器相连。上述的一种自循环蒸发换热器，其所述的射流引流器设置在蒸发器外的顶部或蒸发器内的顶部。 射流引流器设置在蒸发器内部，连接管路也设置于蒸发器内部，可以降低密封性的要求。

本实用新型将流体力学科恩达效应用于蒸发器，利用流体的动能带动蒸发换热器内部的工质循环流动起来，使得热交换均匀，提高换热效率。内循环会使得热交换效率大大提高、没有外部能源消耗，不存在额外的设备连接和密封问题，蒸发器底部的储液罐还带有低压储液的功能。

对于液态工质输入、气态工质输出的蒸发换热器（如空调蒸发器），还具有一定液态工质雾化的效果，有助于蒸发换热；对于始终处于液态工作的换热器（如汽车散热器），在工质部分缺乏的状态下也能充分利用换热器，均匀换热。

应用价值和意义

本实用新型将流体力学科恩达效应用于蒸发器，利用流体的动能带动蒸发换热器内部的工质循环流动起来，使得热交换均匀，提高换热效率。内循环会使得热交换效率大大提高、没有外部能源消耗，不存在额外的设备连接和密封问题，蒸发器底部的储液罐还带有低压储液的功能。

四、建筑物中节能减排能量综合利用系统

专利摘要

本实用新型公开了一种建筑物中节能减排能量综合利用系统。所述系统包括：蓄热池、热源供给循环管道、供热装置；由于通过热源供给循环管道中的热水可以向各个需要热量的家用设备直接输出热能，通过冷源供给循环管道中的冷水可以向各个需要冷量的家用设备输出冷量、回收热能，使得建筑物内各种生活环境的热量得以充分调剂、回收利用，能大大节省能源消耗。

技术领域

本实用新型涉及节能减排技术，尤其涉及一种建筑物中节能减排能量综合利用系统。

背景技术

近些年随着经济的发展，节能、环保的问题也越来越突出。例如，在夏季许多家庭、宾馆为了保持室内的舒适度，一般都会开启空调，对室内温度进行降温。然而，空调机在开启后，虽然让室内温度得到了降低，热量排放到户外，不利于室外环境且造成能量浪费。又如家用热水器无论采用电热或者燃气都要消耗能量，没有能利用好夏

季空调排放的热能、家用冰箱后背板排放的热能、厨房排烟道抽油烟机排出热气的能量。很多家电有的需要排放热能、有的需要吸收热量工作，另外很多加热装置、设备、机器资源浪费、重复。比如常见一个家庭有好几个空调室外机，造成材料、金属等物质浪费，也影响城市美观。

在楼宇系统中由于用户多而集中，这个问题则更加突出，导致能量、物资浪费消耗很大，且向外界排放热量也非常大，也是形成城市热岛效应的一个重要因素。因此，目前存在一种能够解决建筑物、楼宇中能源回收、综合利用，实现节能减排热回收的系统需求。

专利内容

本实用新型实施例提供了一种建筑物中节能减排能量综合利用系统，用以综合调节建筑内热量供应和充分回收利用，节约能源。

根据本实用新型的一个方面，提供了一种建筑物中节能减排能量综合利用系统，包括：蓄热池、热源供给循环管道、供热装置；

其中，所述蓄热池中蓄有热的热传导媒介，所述蓄热池的出水口与所述热源供给循环管道的进水口相连，所述蓄热池的进水口与所述热源供给循环管道的出水口相连，所述蓄热池中的热传导媒介经所述蓄热池的出水口流入所述热源供给循环管道后又回流到所述蓄热池；

所述热源供给循环管道铺设于所述建筑物中，并通向所述建筑物中具有热需求的房间；

所述供热装置设置于所述具有热需求的房间中，并与所述热源供给循环管道中的热传导媒介具有热交换接触，用以在制热过程中利用所述热源供给循环管道中的热水的热量。

进一步，所述系统还包括：蓄冷池、冷源供给循环管道、供冷热回收装置；

所述蓄冷池中蓄有冷的热传导媒介；所述蓄冷池的出水口与所述冷源供给循环管道相通，所述蓄冷池的进水口与所述冷源供给循环管道的出水口相连，所述蓄冷池中的热传导媒介流入所述冷源供给循环管道后又回流到所述蓄冷池；

所述冷源供给循环管道铺设于所述建筑物中，并通向所述建筑物中具有冷需求的房间；

所述供冷热回收装置设置于所述具有冷需求的房间中，并与所述冷源供给循环管道中的热传导媒介具有热交换接触，用以在制冷过程中利用所述冷源供给循环管道中的热传导媒介的冷量。

应用价值和意义

本实用新型实施例提供的建筑物中节能减排能量综合利用系统中，热源供给循环管道中的热水可以向各个需要热量的家电设备直接输出热能，使得废热得以充分利用。热泵、换热式热水器、地暖系统等在吸收了热源供给循环管道中水的热量后可以输出可供利用的热量。

此外，本实用新型实施例提供的建筑物中节能减排能量综合利用系统中，冷源供给循环管道中的冷水可以为建筑物中的电冰箱、冷冻柜等供冷热回收装置提供冷量，从而在制冷过程中实现热量回收，实现能源节约。

五、热泵补热升温式高效换热器

专利摘要

本实用新型的热泵补热升温式高效换热器结构简单、通过换热器将热源水中热量初步传递给目标水，再通过从蒸发器进入到冷凝器的气体凝结成为液体，放出热量再次加热目标水，提高目标水温度，从而提高目标水的可利用效果，并且降低了能耗。

技术领域

本实用新型涉及换热器，特别是涉及热泵补热升温式高效换热器。

背景技术

本实用新型公开了热泵补热升温式高效换热器，其包括换热器、蒸发器、冷凝器、真空泵、水泵，所述换热器设置有热源水入口、目标水入口，换热器下部设置有热源水排出管、目标水排出管，所述蒸发器内部上方设置有喷淋装置，所述蒸发器上方设置有补水装置，所述冷凝器上部设置有去氧器。

换热器是将热流体的部分热量传递给冷流体的设备，又称热交换器。换热器是化工、石油、动力、食品及其他许多工业部门的通用设备，在生产中占有重要地位。在供热领域中常常通过回收废弃热源作为加热热源，对目标进行加热，然后再通过目标水对热量进行利用。由于目前换热器效率所限，如果废弃热源温度不高，则通过其加热得到的目标水温度也会比较低，而目标水往往经历比较远的传送后才能被用来供暖，因此在传递过程中还会损耗一部分热量，从而无法提供足够热量而限制了其用途。

虽然通过改变换热器结构来改善换热器效率，从而提高目标水的温度，但是目标水温度和热源水温度越接近，提高目标水温度越困难，并且为了改善换热器效率通常使用更加薄的金属换热片，从而使得换热器容易在水的长期浸泡下腐蚀漏水，降低了换热器使用寿命。而如果直接通过热泵进行热交换，虽然能够提高目标水的最终温度，但是由于其升温过程所有温度提升都需要热泵传递热量，则需要额外的能量过高导致能量效率下降。

专利内容

本实用新型是为了解决现有技术中的不足而完成的，本实用新型的目的是提供结构简单、可以充分利用废热液、回收热水、空气源热水、太阳能热水作为加热源的换热器，先通过直接热交换进行一次加热，然后通过热泵技术二次补热，使得目标水温度再次提高，从而能够更加适用于各种加热用途，克服现有技术中换热器效率低下的缺陷、换热目标输出始终低于原始热源的缺点。

本实用新型的热泵补热升温式高效换热器，包括换热器、蒸发器、冷凝器、真空泵、水泵，所述换热器设置有热源水入口、目标水入口、热源水排出管、目标水排出管，所述蒸发器内部上方设置有喷淋装置，所述冷凝器上部设置有去氧器。

本实用新型的热泵补热升温式高效换热器，相对于现有技术而言具有的优点是结构简单、可以充分利用废热液、回收热水、空气源热水、太阳能热水作为加热源的换热器，并通过热泵技术二次补热，使得目标水温度再次提高，从而能够更加适用于各种加热用途，克服现有技术中换热器效率低下、换热目标输出始终低于原始热源的缺点。

应用价值和意义

本实用新型的技术方案由于先通过直接热交换进行一次加热，然后通过热泵技术二次补热，使得目标水温度再次提高，达到了在低能耗的条件下有效提高目标水的温度，使其更加适用于各种加热用途的技术效果，克服了现有技术中换热器效率低下的缺陷、换热目标输出始终低于原始热源的缺点。

六、一种节能低噪声抽排烟装置

专利摘要

本实用新型公开了一种节能低噪声抽排烟装置，其中的一种节能低噪声抽排烟装置，包括引风罩、排风道、气室、风机及气隙；所述引风罩设置在抽排烟装置的下部；所述排风道设置在抽排烟装置的上部；所述气室连接引风罩和排风道之间；所述气隙设置在排风道下部；所述风机设置在气室侧面。本实用新型中的风机的核心部分和旋转部件不接触污染空气，耐用且易于清理；利用空气动力学“附壁效应”产生的“空气放大”技术，减少电机驱动能耗、减少被压缩气体的量；旋转部件减少、减轻，噪音、震动减少。

技术领域

本实用新型涉及抽排烟装置领域，特别涉及一种节能低噪声抽排烟装置。

背景技术

目前用于通风、排烟的方法，特别是抽油烟机产品都是采用各种电机带动叶片直接驱动气流实现，主要存在的问题就是技术陈旧、能耗大、噪音也较大、叶片容易污染；风力偏小，因此结构复杂，难以清洗。

专利内容

本实用新型提出一种利用空气动力学原理的新方法，提高通风量、改善排烟效率，减少油烟污染、降低噪音和系统能耗。

根据本实用新型采用的技术方案是：一种节能低噪声抽排烟装置，包括引风罩、排风道、气室、风机及气隙；所述引风罩设置在抽排烟装置的下部；所述排风道设置在抽排烟装置的上部；所述气室连接引风罩和排风道之间；所述气隙设置在排风道下部；所述风机设置在气室侧面。

本实用新型的优点：

1、风机的核心部分和旋转部件不接触污染空气，耐用且易于清理；

2、利用空气动力学“附壁效应”产生的“空气放大”技术，减少电机驱动能耗、减少被压缩气体的量；

3、旋转部件减少、减轻，噪音、震动减少。

应用价值和意义

本实用新型中的风机的核心部分和旋转部件不接触污染空气，耐用且易于清理；利用空气动力学“附壁效应”产生的“空气放大”

技术，减少电机驱动能耗、减少被压缩气体的量；旋转部件减少、减轻，噪音、震动减少。

七、一种改进的压缩式热泵装置

专利摘要

本实用新型提供了一种改进的压缩式热泵装置，包括依次连接的压缩机、冷凝器、回热换热器、节流阀和蒸发器；其还包括一将蒸发器输出的冷媒蒸汽分离为冷热的涡流管，所述涡流管的冷端出口及热端出口分别通过低温冷媒蒸汽管路及高温冷媒蒸汽管路，与所述回热换热器的气化液体入口及压缩机连接，涡流管的压缩冷媒蒸汽进口端与所述蒸发器的冷媒蒸汽输出管路入口连接。本实用新型创新利用涡流技术，将涡流管应用于蒸发器的输出端，可提高蒸发环节的冷媒蒸汽输出温度，同时系统整体并不需要增加主动运动的部件，在该状态下依然可提高蒸发环节的输出冷媒蒸汽温度，其改善了蒸发器换热吸热效率，减小压缩机的能耗

技术领域

本实用新型涉及压缩热泵领域，具体涉及一种改良效率的压缩式热泵装置。

背景技术

压缩式热泵结构可应用于多个用途，其中制冷是最为普遍，在制冷过程中，其需要获取的热量主要来自于蒸发器处的蒸发环节，由于蒸发器输出的热量绝对是低于热源的温度的，在某些特定的情况下，热源的温度与蒸发器的输出温度相差较大时，其换热的难度将会大大增加，换热流动时所带走的热量也将变得有限。传统的压缩式热泵结构是在蒸发器输出端接入压缩机处，同时部分改进的热泵结构是在换

热器处部分换热蒸发而成的升温蒸汽可与之混合，如此则可降低压缩机的做功，然而，由于蒸发环节是制冷的主要作用环节，当热源温度与蒸发器输出温度越大时，泵的整体做功将需要大大地增加，因而上述的改进方式并不能有效提高换热效率。

专利内容

本实用新型要解决的技术问题是提供一种在热源温度较低时，利用同等冷媒状态下仍能保持高效的输出换热效率的热泵装置。

通过以下技术方案实现上述目的：

本实用新型提供的一种改进的压缩式热泵装置，包括

压缩机，用以将蒸发吸入的较低压力的蒸汽压缩为高压冷媒蒸汽状态；

冷凝器，将压缩机输出的高压冷媒蒸汽转变为液体；

回热换热器，利用已经液化的冷媒所携带的热量，对蒸发器输出得到的低温冷媒蒸汽换热及加热；

蒸发器，对来自回热换热器与蒸发器之间的节流阀的液态冷媒进行热交换，使之吸热蒸发，输出为冷媒蒸汽；

所述压缩机、冷凝器、回热换热器、节流阀和蒸发器依次连接；

其还包括一将蒸发器输出的冷媒蒸汽分离为冷热的涡流管，所述涡流管的冷端出口及热端出口分别通过低温冷媒蒸汽管路及高温冷媒蒸汽管路，与所述回热换热器的气化液体入口及压缩机连接，涡流管的压缩冷媒蒸汽进口端与所述蒸发器的冷媒蒸汽输出管路入口连接。

作为对上述改进的压缩式热泵装置的进一步描述，回热换热器与蒸发器之间设有一节流阀，对通入回热换热器与蒸发器之间的冷媒压差进行控制。

作为对上述改进的压缩式热泵装置的进一步描述，所述涡流管与压缩机之间还包括一个三通阀，所述三通阀分别与所述的高温冷媒蒸汽管路、回热换热器的升温冷媒蒸汽管路以及压缩机的混合冷媒蒸汽管路连接。

作为对上述改进的压缩式热泵装置的进一步描述，所述高温冷媒蒸汽管路处还包括一个调压阀，调节涡流管向压缩机的热蒸汽输出压力和冷热蒸汽输出比例。

应用价值和意义

本实用新型的有益效果是：

1、创新利用涡流技术，将涡流管应用于蒸发器的输出端，可提高蒸发环节的冷媒蒸汽输出温度。

2、调压阀可平衡冷媒蒸汽的冷热压力差，以方便调节冷热蒸汽的输出比例，保障涡流管升降温工作，同时调节输入到三通阀处用以混合的蒸汽温度。

3、由于经过涡流管分离降温后的冷媒蒸汽温度将低于冷凝器已经液化的冷媒温度，分离出的该部分蒸汽通过回热换热器，利用冷凝器已经液化的冷媒所含的热量对涡流管输出降温的冷媒蒸汽进行循环换热，可更大效率回收热量，同时换热后的冷媒蒸汽部分可直接作为升温冷媒进入升温冷媒蒸汽管路。

4、由于涡流管属于一被动元件，该系统整体并不需要增加主动推动运动的部件，在该状态下依然可提高蒸发环节的输出冷媒蒸汽温度，其改善了蒸发器换热吸热效率。

5、由于蒸发环节处温差越大，其换热效率将越低，此时传统热泵需要更大的功率来进行换热，对于涡流管而言，仅需要采用高制冷效率的涡流管，即可最大限度地调节温差，同时减小压缩机的能耗、功率，对热源的温度、热泵的要求进一步降低。

八、热泵负压高效烘干机及其烘干方法

专利摘要

本发明公开了一种热泵负压高效烘干机以及其烘干方法，所述热

泵负压高效烘干机包括箱体、负压真空泵、热泵压缩机、蒸发器、节流阀、控制系统、温度传感器、湿度传感器、压力传感器，其中所述箱体顶部外侧设置有控制系统，箱体内设置有滚筒，滚筒外侧有湿度传感器、压力传感器、温度传感器，滚筒在箱体的外侧设置有密封门，滚筒上部设置有冷凝器，冷凝器上部设置有离心风机，所述离心风机通过管道和滚筒中的出风管相连，箱体通过管道和负压真空泵相连，负压真空泵通过管道和蒸发器连接，蒸发器通过管道和热泵压缩机连接，热泵压缩机通过管道和冷凝器连接，冷凝器通过管道和节流阀连接，节流阀通过管道和蒸发器连接，蒸发器下部设置有冷凝水出口。本发明的热泵负压高效烘干机可以充分利用厨房、工业等废弃低温热源、空气热源、以及负压真空泵抽出的热蒸汽的热源，并利用负压技术利用“闪蒸”加速较低温度下水分迅速蒸发，避免物品收到烘干机伤害，减少发热能耗、减少热排放。

技术领域

本发明涉及发一种节能烘干机，特别是涉及热泵负压高效烘干机。

背景技术

烘干机一般是用来除去洗涤后物品中的水分的一种装置，大多数烘干机包含旋转滚筒，在滚筒周围有热空气用来蒸发水分。传统的烘干机将滚筒中的待烘干物品加热到一个较高的温度例如100℃以上，通过高温将物品中水分蒸发。然而传统的烘干机存在以下缺陷：

1、耗能大，通过将水加热到沸点以上，通过高温使得水分挥发达到烘干目的，需要长时间提供较高温度，因此会消耗大量能源。

2、过高的温度容易对烘干的物品造成伤害，如有些物品在高温情况下结构组织容易损伤、变形从而造成损失。

3、环境不友好，排出大量高温水蒸气，不利于余热再回首。

4、热源要求高，由于需要将温度加热到100℃以上，因此需要大功率电源持续提供热量或者需要高压锅炉提供高温水蒸气，因此使用不方便。

专利内容

本发明的目的是提供节能耗、减热排、环境友好、成品低温、烘干速度快、不伤及烘干材料同时可以制备得到蒸馏水的一种热泵负压高效烘干机。

应用价值和意义

本发明由于采用厨房废弃低温热源、工业废弃低温热源、空气热源、以及负压真空泵 (9) 抽出的热蒸汽等低温热源，并通过负压促进水蒸气蒸发，因此使得滚筒中待烘干物品所带有的水在较低温度下快速蒸发，因此其节约能耗、减少热排放、环境友好、烘干速度快、并且不伤及待烘干材料，并且充分利用了从箱体 (1) 中经过负压真空泵 (9) 抽出的热蒸汽中带有的部分热量提高热利用率，同时由于负压真空泵 (9) 中的热蒸汽通过蒸发器 (12), 放出热量变为液体因此还得到了蒸馏水，可以进一步利用以节约水源。

九、液态空气气源节能高效风洞装置

专利摘要

本实用新型公开了一种液态空气气源节能高效风洞装置，其液态空气储罐与高压超低温泵相连，高压超低温泵通过高压液态空气管路与气化装置相连，气化装置通过高压气路与高压空气室相连，高压空气室左端连接有进气罩，高压空气室内设置有喉道，喉道左端与高压空气室之间形成有气隙，喉道通过回气管与进气罩相连，回气管上设置有排气管，排气管上设置有排气阀。本实用新型采用液态空气吸收环境热，膨胀产生的高压气体作为驱动气体，利用流体力学附壁效应的原理实现大的气流，大幅度地降低能耗 , 降低使用成本，容易实现低温环境的模拟和负压情况下的风洞实验。

技术领域

本实用新型涉及风洞技术领域，具体涉及一种液态空气气源节能高效风洞装置。

背景技术

风洞实验是飞行器研制工作中的一个不可缺少的组成部分。它不仅在航空和航天工程的研究和发展中起着重要作用，随着工业空气动力学的发展，在交通运输、房屋建筑、风能利用等领域更是不可或缺的。这种方法，流动条件容易控制，可重要依据是运动的相对性原理。实验时，常将模型或实物固定在风复地、经济地取得实验数据。

为使实验结果准确，实验时的流动必须与实际流动状态相似，即必须满足相似律的要求。但由于风洞尺寸和动力的限制，在一个风洞中同时模拟所有的相似参数是很困难的，通常是按所要研究的课题，选择一些影响最大的参数进行模拟。

此外，风洞实验段的流场品质，如气流速度分布均匀度、平均气流方向偏离风洞轴线的大小、沿风洞轴线方向的压力梯度、截面温度分布的均匀度、气流的湍流度和噪声级等必须符合一定的标准，并定期进行检查测定。

风洞主要由洞体、驱动系统和测量控制系统组成，各部分的形式因风洞类型而不同。

低速风洞，它有一个能对模型进行必要测量和观察的实验段。实验段上游有提高气流匀直度、降低湍流度的稳定段和使气流加速到所需流速的收缩段或喷管。实验段下游有降低流速、减少能量损失的扩压段和将气流引向风洞外的排出段或导回到风洞入口的回流段。有时为了降低风洞内外的噪声，在稳定段和排气口等处装有消声器。

风洞的驱动系统共有两类：

一类是由可控电机组和由它带动的风扇或轴流式压缩机组成。风扇旋转或压缩机转子转动使气流压力增高来维持管道内稳定的流动。改变风扇的转速或叶片安装角，或改变对气流的阻尼，可调节气流的速度。直流电动机可由交直流电机组或可控硅整流设备供电。它的运转时间长，运转费用较低，多在低速风洞中使用。使用这类驱动系统的风洞称连续式风洞，但随着气流速度增高所需的驱动功率急剧加大，例如产生跨声速气流每平方米实验段面积所需功率约为 4000 千瓦，产生超声速气流则约为 16000 ~ 40000 千瓦。

另一类是用小功率的压气机事先将空气增压贮存在贮气罐中，或用真空泵把与风洞出口管道相连的真空罐抽真空，实验时快速开启阀门，使高压空气直接或通过引射器进入洞体或由真空罐将空气吸入洞体，因而有吹气、引射、吸气以及它们相互组合的各种形式。使用这种驱动系统的风洞称为暂冲式风洞。暂冲式风洞建造周期短，投资少，一般 [雷诺数] 较高，它的工作时间可由几秒到几十秒，多用于跨声速、超声速和高超声速风洞。对于实验时间小于 1 秒的脉冲风洞还可通过电弧加热器或激波来提高实验气体的温度，这样能量消耗少，模拟参数高。

而目前现有的风洞试验系统能耗大、使用成本高，不容易做低温、负压等特殊状况，亟须要一种方法和装置来解决这个问题。

专利内容

有鉴于现有技术的上述缺陷，本实用新型提供液态空气气源节能高效风洞装置，采用液态空气吸收环境热，膨胀产生的高压气体作为驱动气体，利用流体力学附壁效应的原理实现大的气流，大幅度地降低能耗，降低使用成本，容易实现低温环境的模拟和负压情况下的风洞实验。

应用价值和意义

本实用新型的气化装置可采用空气热源、水热源、电加热或燃料热源来提供气化动力能源；利用环境热能，节能减排，气流放大效率高；可以实现高低温、正负压实验。由于可以通入低温的空气，而且空气在喉道会进一步下降，因而可以实施低温风洞试验（温度可低于零下 60℃）；回气管路提高效率，减少水汽，防止结冰、结露；液态空气汽化过程吸收环境热，大幅度节能。

十、一种高效冷却散热装置

专利摘要

本实用新型涉及一种高效冷却散热装置，包括节流进气口、封闭式散热器、高压风机、涡流管及消声器，封闭式散热器内均布至少两根空气流管，封闭式散热器前端通过空气流管与节流进气口连通，封闭式散热器末端空气流管通过导风管与高压风机连通，封闭式散热器上另设热源进口及热源出口，高压风机另通过导风管与涡流管连通，涡流管热气出口处设消声器，并通过消声器与外界连通，涡流管冷气出口通过导气管另与节流进气口连通，其使用方法包括引气膨胀、空气增压及涡流散热三步。本实用新型一方面有效地克服了传统冷却系统受外界环境温度影响大，散热能耗及冷却用水资源消耗量大的弊端，另一方面进一步提高了散热时能源利用率，降低了能源消耗。

技术领域

本实用新型涉及一种高效冷却散热装置，属换热器技术领域。

背景技术

换热器是目前将较高温度介质中的热量通过热交换作用被低温度介质带走，从而实现较高温度介质降温的目的，目前换热器在实际生产生活中有着极其广泛的使用，最常用的散热器是通过利用周边环境空气对较高温度介质进行散热，但是在使用中发现，当随着周边环境中空气温度的升高，换热器的热交换效率随之变差，严重时甚至发生空气中的热量被待散热物质吸收现象，因此，为了提高换热效率，在当前的换热器系统中，另增加了强制通风设备及水喷淋设备，一方面利用高速气流加速散热过程，另一方面利用液体水吸热蒸发效应加速散热过程，虽然正两种做法可以一定程度上提高换热器散热效能，但同时一方面利用风机驱动空气高速流动时，空气中所蕴含的大量动能被直接浪费，另一方面也造成了极大的电能消耗及水资源浪费，同时也导致换热器系统体积庞大，系统复杂，安装使用较为不便，为了克服传统换热器使用存在的不足，迫切需要设计一种全新的换热设备。

专利内容

针对现有技术上存在的不足，本实用新型提供一种高效冷却散热装置，该实用新型较传统散热装置结构简单，使用安装方便，一方面有效地克服了传统冷却系统受外界环境温度影响大，散热效率不高，且散热能耗及冷却用水资源消耗量大的弊端，另一方面进一步提高了散热时能源利用率，在提高散热效率的同时，降低了能源消耗。

应用价值和意义

本实用新型较传统散热装置结构简单，使用安装方便，一方面有效地克服了传统冷却系统受外界环境温度影响大，散热效率不高，且散热能耗及冷却用水资源消耗量大的弊端，另一方面进一步提高了散热时能源利用率，在提高散热效率的同时，降低了能源消耗。

第十一节　节能减排专利清单

序号	名　　称	申请号 / 专利号
1	综合制热制冷节能装置和系统	2012200333858
2	能量综合利用系统	2012100234293
3	余热回收利用炉灶系统	2012100234611
4	基于半导体热电效应的灶厨具	2012200389228
5	废余热回收利用系统	201220055416X
6	一种温差发电系统	2012201697071
7	吸收式制冷系统及其制冷方法	2012101763701
8	建筑物中节能减排能量综合利用系统	2012203126722
9	热液源半导体热泵加热器及利用其进行加热的方法	2012102321239
10	一种利用流体升力浮力的发电装置	2012203324668
11	一种热水源节能超声波洗碗机	2012203553879
12	低温热源高效吸收式制冷机	2012203940759
13	一种节能型超声波洗碗机	2012204024158
14	改进型凝汽式汽轮发电机	2012206964098
15	伪沸腾节能灶具	2012206976822
16	热泵补热升温式高效换热器	2012207275938
17	改进型凝汽式热泵辅助冷却汽轮发电系统	2012207001707
18	改进型热泵辅助凝汽冷却发电系统	201220699614X
19	真空排气加热装置	2012207042618
20	回收蒸汽的高效热泵厨具	2012205122285
21	电磁式组合节流装置及其制冷系统	2012205127912

序号	名　　称	申请号 / 专利号
22	改进型吸收式热泵型抽汽式汽轮发电系统	2012205137030
23	改进真空排气热泵型汽轮发电系统	2012205157797
24	利用回收热能制冷制热的吸收式制冷机	2012205143629
25	热泵负压高效烘干机	2012207050525
26	一种内置发电装置的吸收式制冷系统	2012203763311
27	混合动力车能源回收提供系统	2012203128817
28	热回收升温进排风装置	2013204856765
29	浮力动力装置	2013202942554
30	热泵电汽水锅炉	2013106961760
31	热泵电蒸汽锅炉	2013106885860
32	真空压缩高温锅炉	2013208265340
33	一种液态空气助力冲压喷气发动机	2014200598928
34	一种高效烟气热回收装置	2014200167842
35	采用燃料和液态气体的混合动力装置	2014200252116
36	采用燃料液态空气直喷混合动力装置	2014200247122
37	热泡增压喷液嘴	2014200287346
38	微型脉冲式液体泵	2014200287488
39	液态气体混合动力涡轮喷气发动机	2014202034296
40	液态气体加力喷气发动机	2014200287717
41	自增压喷油嘴	2014200287327
42	一种液态空气混合动力的火箭发动机设备	2014200625605
43	一种液态空气加力助推火箭发动机设备	201420662015X
44	一种低温混合动力燃气轮机	2014200996450
45	一种自循环蒸发换热器	2014200996446
46	一种液态空气工质环境热动力气轮机	2014200996431
47	一种新型节能压缩空气装置及其制备方法	201410085476X

序号	名　　称	申请号 / 专利号
48	一种液态空气发电装置	2014201050412
49	一种新型火力发电系统	2014201050450
50	一种高效储能发电系统	2014201217660
51	一种数据中心液态空气制冷发电装置	2014201906574
52	一种新型蒸汽动力循环装置	2014202108656
53	一种蒸汽乏汽再生装置	201420218842X
54	一种提高空压机效率的装置	2014202188415
55	一种改进的卡诺循环方法	2014101964907
56	一种热能驱动蒸汽射流热泵循环结构	2014203157753
57	一种液体射流热泵循环结构	2014203157772
58	一种换热器管道	2014203157768
59	一种新型液体气化装置	2014204150179
60	一种新型液体气化装置	2014204752915
61	一种新型利用涡流原理的蒸汽动力循环装置	2014204753087
62	脉宽调制膨胀阀控制装置	2014206867735
63	一种高效环保液体火箭发动机	2014207291747
64	一种节能低噪声抽排烟装置	2014207291535
65	一种基于内燃机结构的高压气体动力系统	2014207292858
66	一种改进的压缩式热泵装置	2014207377945
67	一种高效冷却散热装置	2014207377926
68	一种蒸发器增效防结霜装置	2014207633049
69	一种真空压缩高温锅炉	2014207633833
70	液态空气气源节能高效风洞装置	201420763503X
71	保留混合动力的点燃式内燃机改装装置	2014207635059
72	保留混合动力的压燃式内燃机改装装置	2014207635010
73	降低高压流体喷射冲击力的装置	2014207917233

序号	名　　称	申请号 / 专利号
74	一种高效压缩式热泵系统	2014207917040
75	一种高效液体升温气化装置	2014207923573
76	一种四冲程发动机改装装置	2014208204854
77	利用环境热能的改进型动力装置及改进型动力系统	2015200380369

第六篇 实施案例篇

本书中提出的能源应用理念的变革和调整工作温段带来的动力机械变革两大理论创新，如果广泛应用，会带来各行各业的变革，几乎涉及所有高耗能生产过程。在这里不可能一一列举。下面我们提供一些有代表性的转化模式和行业应用方案，供读者参考。

所有应用方案都采用适合天使投资的方式设计：投资额不大（100～300万起步）、成熟技术的创新组合、研发样机周期短（总共2～4个月）、股权比例适度（占项目10%～30%），这些都是20多年成熟经验的具体转化，绝非空谈，真实可行。同样的项目如果由“正规”科研机构去实施，往往需要花费近百倍的资金、十倍以上的时间，也不见得能完成。这也许就是我国军事、民用科研体系正在发生变革的推动原因之一。

火电厂发电工艺改进这个题目主要是代表了在能源最重要的生产领域的应用，让沿用了100多年的生产工艺过程来一次变革，能让现有的满足人类90%电力需求的火电行业的能耗大幅度下降。

数据中心节能减排项目针对一个非常集中的高耗电、高热量集中排放的产业，提出一个系统节能、减排、增效的具体方案，能实现节能减排一半以上，耗电下降四分之一以上。这个行业耗电相当于天津直辖市的耗电，而且集中在1000～2000个企业，实施起来比较容易，很具有代表性。

厨具锅炉节能增效项目则是对适合产品化的节能减排技术应用的尝试，依照这个模式，可以生产厨具、锅炉、干燥机、污水处理机、海水淡化机等便于产品化的中小型设备，新的设备应该可以分别实现从30%到90%不等的节能减排收益。这样的一些设备通过市场化的道路，分散大量应用来实现社会的节能减排效益。

燃料液态空气动力车则是一个较为保守的利用发动机排放废热的节能增效方案，它首先采用直接利用内燃机抛弃的70%以上的废热，对液态空气工质气化膨胀做功，对现有汽车、发动机的改动很小，研发的风险也很小，为以后完全利用空气热、环境热的动力机械做低成本、高回报的尝试，研发的成果具有节约50%以上燃料的性能，本身也具有很好地市场价值。

液态空气介质环境热发电项目则是系统使用环境热能的典型应用，它也许还能终结了人们在“垃圾电”储能利用方面所做的各种尝试，是彻底摆脱石化燃料、核能、太阳能等其他具有各种缺陷的能源介质，利用取之不尽用之不竭、大量稳定提供、随处可得的环境热能发电的终极能源生产解决方案。

高效节能空气压缩系统则涉及目前工业生产领域里面除了电能之外的第二大动力来源“压缩空气”，让这个二号能源介质的生产成本下降三分之二，企业生产制备压缩空气的直接电能消耗较少到接近于零。

类似这些方案，每一个都是成熟技术的组合、集成应用，没有一个不挑战行业的固有认识，需要有得到“有眼光、有胆略、有实力”的天使投资支持，这样的变革一定能为社会、为企业、为投资人带来巨大的价值。

在参考使用这些方案的时候，如果有错误疏漏之处，还请见谅。欢迎交流研讨，共同完善。

第一节　火电厂发电工艺改进

传统蒸汽动力循环-朗肯循环

朗肯循环（英语：Rankine Cycle）也被称为兰金循环，是一种将热能转化为功的热力学循环。郎肯循环从外界吸收热量，将其闭环的工质（通常使用水）加热，实现热能转化做功。朗肯循环理论虽然诞生于19世纪中期，但即便到了今天，郎肯循环仍产生世界上90%的电力，包括几乎所有的太阳能热能、生物质能、煤炭与核能的电站。郎肯循环是支持蒸汽机的基本热力学原理。

因为郎肯循环诞生的年代也有必然的历史局限性，那个时代研究热力学的机械条件、流体力学理论和现在差距很大，难免存在一些缺陷和不足。

3

郎肯循环示意图

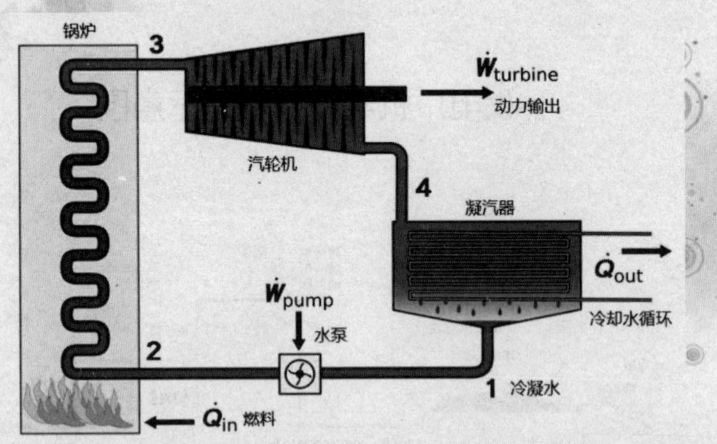

4

火电机组能耗关键问题

朗肯循环实现工质水的闭环循环，大大减少水资源的消耗.当然，通过一次蒸汽汽轮机，蒸汽的热量只有30~40%转换为电能，必然产生大量温度、压力较低，含有大量汽化热的“乏汽”。为了实现闭环，只有将水蒸气冷凝为水，然后再把几乎不能被压缩的液态工质加压，才能使之进入下一个压力循环。凝汽器散去的热量比用于驱动汽轮发电机组所消耗的能量还大；热量只实现了一次动力循环，没有进入再次循环实现再利用。

应用中多用回热、再热等改进循环方式提高效率，还采用增加蒸汽温度、压力的临界、超临界工作模式来提高效率。这些方法根本的思路都是尽可能提高有效功在全部消耗热能中的比例。

5

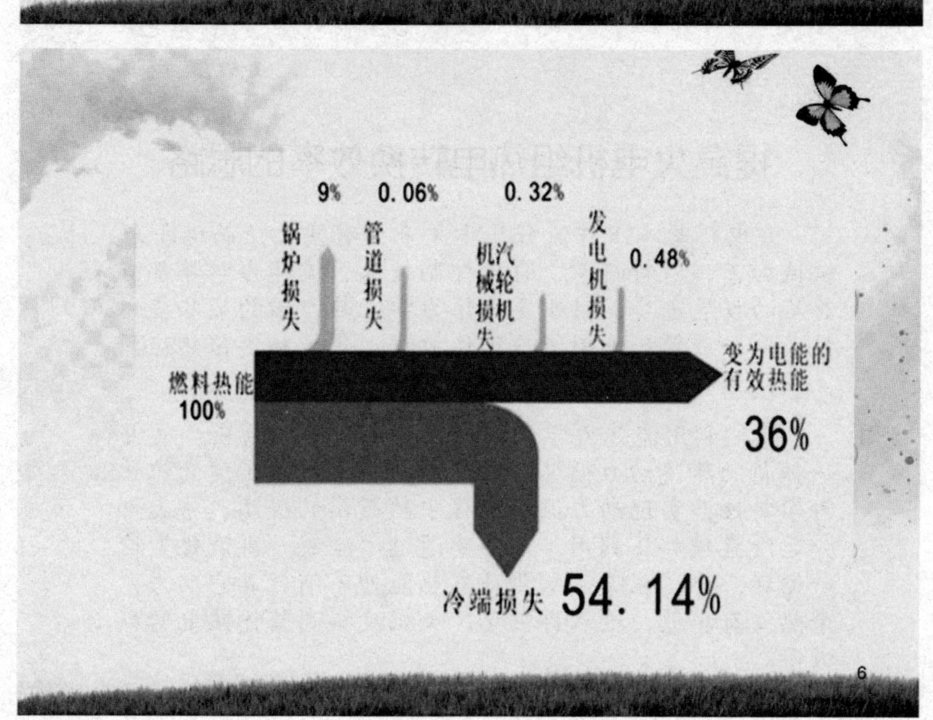

提高火电机组能效的途径

还有其它的方法主要的出发点则是设法采用消耗少量热能、机械能的方式，直接、间接对排放的低温废热进行再利用，用于工业热水制备、生活采暖等环节，实现余热利用来提高有效功在全部消耗热能中的比例。

上述两种方法在成本、安全性、提高比例、应用便捷可行性等方面都受到诸多限制，很难实现热能利用效率的大幅度提高，特别是难以实现热电转换效率的大幅度提高！

7

提高火电机组热电转换效率的思路

火电厂基本工作流程几十年来没有变化，而近年来机械加工、材料科学、自动控制技术、流体力学等都有长足的发展进步，特别是流体力学、热力学的某些应用技术更加成熟，如射流、气体放大、气液相变传热应用，该给这样一个关键能源产业带来一些变革；

我们利用流体力学的射流技术、科恩达效应，提出一种新的蒸汽动力循环方式，以期利用蒸汽工质的流体力学特性，实现动力循环过程中热效率的提高。将大部分乏汽直接加压利用，不需要通过“冷凝—再汽化”这一循环，全过程除了需要补充热能外不消耗其它动力，余热没有排放，进入再循环，大幅度提高整体热电转换效率。

8

背景技术应用简述

- 射流技术：高速高压的流体，能带动周围介质一并运动；即高压冷凝水射流可以吸收带动部分乏汽直接再进入锅炉；
- 空气放大技术：而以某种形式喷射的气流，可以带动比该气流量大10~100倍的气体一起运动；用高压蒸汽可以带动大量乏汽直接进入下一工作循环；
- 流体热力学：流动的气体可以在运动中升温增压，同一空间不同阶段的压力可以不同；低压蒸汽可以在流动过程中逐渐升温、增压；

9

射流技术

- 射流　jet
- 从管口、孔口、狭缝射出，或靠机械推动，并同周围流体掺混的一股流体流动。经常遇到的大雷诺数射流一般是无固壁约束的自由湍流。这种湍性射流通过边界上活跃的湍流混合将周围流体卷吸进来而不断扩大，并流向下游。射流在水泵、蒸汽泵、通风机、化工设备和喷气式飞机等许多技术领域得到广泛应用。
- 高压液体（气流）从1进入，从3喷出，会带动周围空腔的介质一起运动，空腔内介质减少，形成负压、真空，造成被吸入气、液从2不断补充。

射流凝汽泵原理图

如果使用的射流是冷凝水，吸入的是低温、低压水蒸气，则吸入的蒸汽与喷射冷凝水水流直接接触，进行热量、动量混合交换，蒸汽和压力液态混合后，蒸汽冷凝成水与原水流混合、凝结，放出凝结热实现凝汽、预热冷凝水的目的；

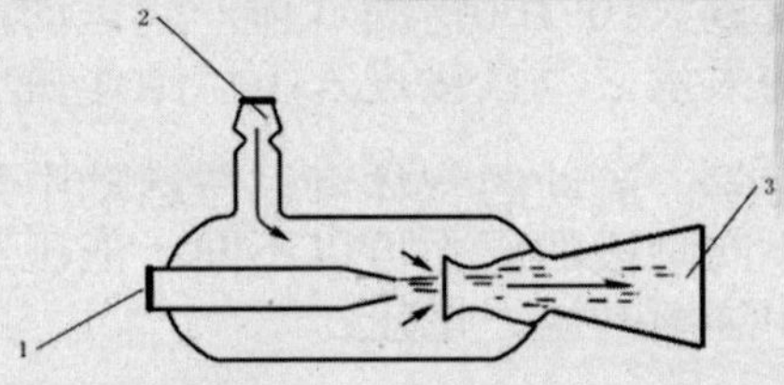

11

混合式凝汽器

其实有一种混合式凝汽器，就是利用液态水来冷凝蒸汽乏汽，但它存在的缺点是未能利用冷却水的动能、无法充分利用大量的凝结热、冷却水和冷凝水混合且用量大增，导致未能得到普遍推广应用。

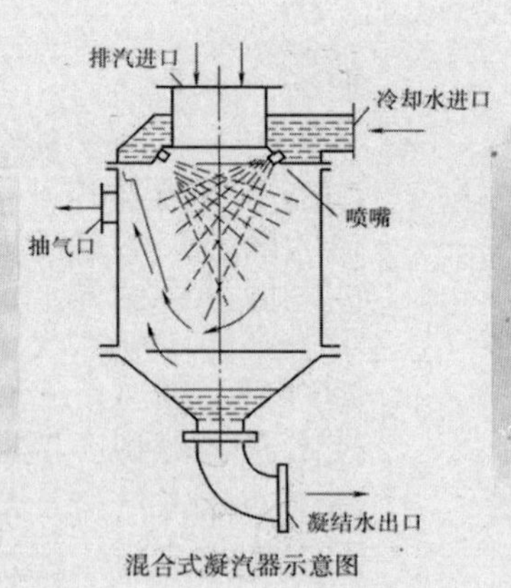

混合式凝汽器示意图

气体放大器

- 气体放大器
- 利用流体力学的科恩达效应原理，通过输入小量的高压气体，它会带动周围的静止或待加压流动的气体，在一端高速输出大量的低压气流，气体流量能放大到10~100倍。
- 原理如下图：当压缩气体通过气体放大器 0.05~0.1毫米的环形窄缝(3)后,向右侧喷出，通过科恩达效应原理及空气放大器特殊的几何形状，左侧最大25倍的环境空气可被吸入，并与原始压缩气体一起从气体放大器左侧吹出。

气体放大器

如果被吸入的气体是低温、低压蒸汽，驱动气流是高温、高压过热蒸汽，在高温蒸汽从环形喷口喷出时，会膨胀、降温、降压，同时与低温、低压蒸汽混合，达到热量、动量平衡，最终气流是中温、中压蒸汽，从右侧侧排出。

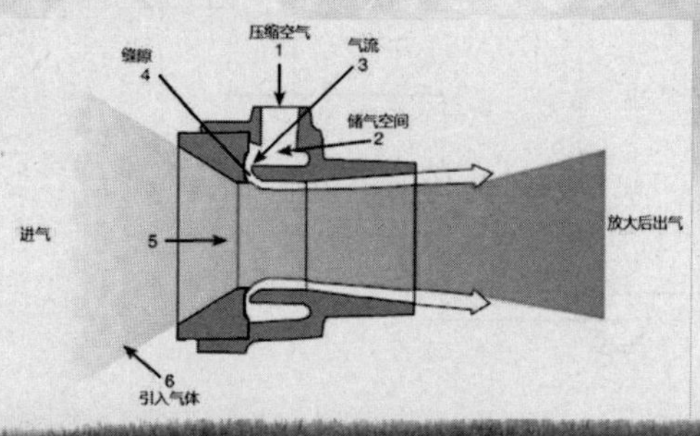

14

静压

由于空气分子不规则运动而撞击于管壁上产生的压力称为静压。气体量一定的情况下，简单的理解静压和温度有关；

动压

指空气流动时产生的压力，只要风管内空气流动就具有一定的动压，其值永远是正的。简单的理解动压和气流速度有关；

全压

全压是静压和动压的代数和，气体所具有的总能量。简单理解就是流体最终的总压力。

对凝汽器蒸汽流向、蒸汽流束截面积进行科学设计，创造出合理的高低温条件，实现热量转移，动态升温、补压，可以实现热回收条件下的蒸汽冷凝作用。

改进后的新蒸汽动力循环

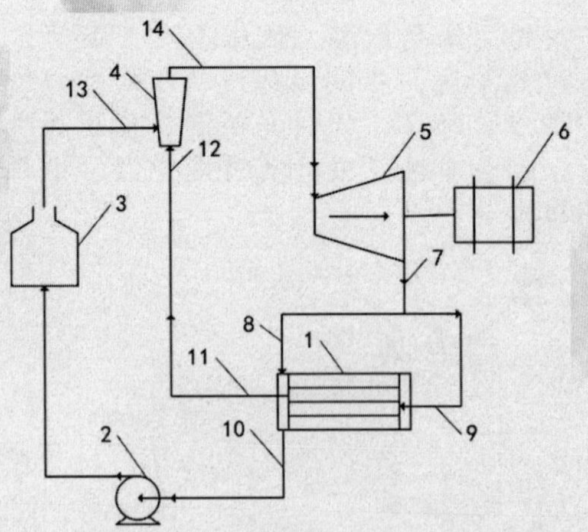

命名：

Amplifier—A
Rankine—R

AmpRankine Cycle
安朗循环

附图说明：

1、凝汽器；2、水泵；3、高压锅炉；4、气体放大器；5、汽轮机；6、发电机；

7、蒸汽乏汽；8、冷凝乏汽入口；9、再生乏汽入口；10、冷凝水出口；11、再生乏汽出口；12、乏汽再利用入口；13、高压驱动蒸汽；14、中低压工作蒸汽。

改进后的新火电工艺流程

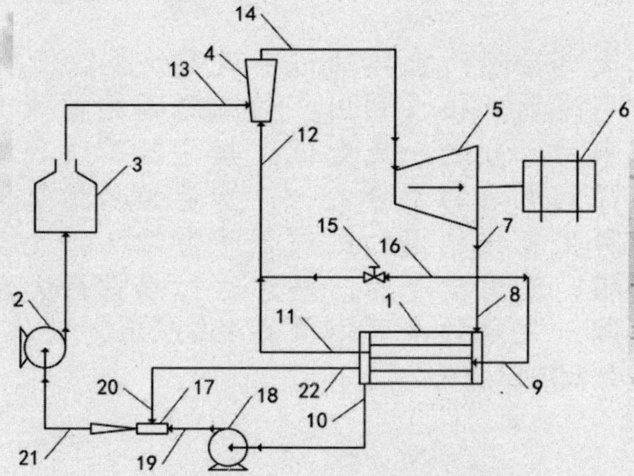

附图说明：

1、凝汽器；2、高压水泵；3、高压锅炉；4、气体放大器；5、汽轮机；6、发电机；

7、蒸汽乏汽；8、冷凝乏汽入口；9、再生乏汽入口；10、冷凝水出口；11、再生乏汽出口；12、乏汽再利用入口；13、高压驱动蒸汽；14、中低压工作蒸汽；15、乏汽直供阀；16、乏汽歧路；17、射流凝汽器；18、水泵；19、冷凝水射流入口；20、射流凝汽乏汽入口；21、预热中压冷凝水出口；22、未冷凝乏汽出口。

方案经济性分析

大部分蒸汽直接通过射流凝汽器、气体混合引流器直接再利用，凝汽器凝气量减少为原来的十分之一或更低，凝气器蒸汽凝结量下降到原来的十分之一；少量的凝结热可以被再生直接利用的蒸汽带回再循环，无需冷却塔、无需空冷器，整体运行热量散失大幅下降，发电效率可以提高45%以上，整体有望达到80%以上；

20

方案其它优势分析

高压锅炉改进

该工艺必须采用高压锅炉来给系统补充热量，锅炉容量是原有装机容量的十分之一以下，但是吸收的热能要达到原有装机的三分之一以上；同时高压蒸汽涉及的范围大大减少，不进入机组，过程几乎没有机械运转部件，免维护；综合成本均合理、可控；

高效实现热—电转换

全流程理论上没有热量散失环节，可能产生的损失就在于各环节的合理泄漏和正常范围的流失，省去了庞大的散热系统，系统能效大幅度提高。

汽轮机组压力要求不高

蒸汽机组不需要增加入口压力来提高效率，热量通过多次循环，最终都会转化为电能输出，因此不需要改变机组工作压力。

21

该项目的市场空间特点

- 国内外市场空白，发展空间大；
- 单个项目金额大，系统实施简单；
- 符合国家能源政策，容易获得融资和补贴；
- 设备技术成熟，系统可靠性高、技术风险小；
- 节约能耗效果明显，社会经济效益突出。

22

项目应用实施要点

技术改造、工艺调整可以分阶段、分步改进，首先可以增加射流凝汽器，它可以直接应用于现有的火电系统，在线改造，能增加热电转换效率5%；

其次，如果分别具有高低压汽轮机组的企业，可以应用现有的压力蒸汽来驱动乏汽，返回再热器，减少凝汽压力和凝汽散热；

可以另外增加小容量高压锅炉专门启动蒸汽再利用，将原有锅炉变为再热功能为主的锅炉，实现阶段性、分步技改。

对凝汽器汽路分阶段改造，项目进展可以在现有项目基础上逐步改进或并联运行，不影响原有系统运转；

23

项目实施步骤

第一阶段：原理样机制作

采购一台凝汽式汽轮发电机试验台，费用支出约55万；然后应用本方案提到的专利技术，对该“微型热电厂”进行技术改造；

试验台具有全部热电厂设备，并具有全面的测试系统，改造以后，可以得到全面详实的测试数据。通过测试数据的对比分析，就可以理论上证实可行性。

改动的零件数量不多，外包委托加工完成，容易保证进度、效率，保证资金的使用效率，控制风险；改造过程中的人工、特殊零部件加工费用合计15万元；完成后进行专家成果评审，宣传，花费预计100万。总投资约200万内，需要天使投资，资金自筹。

24

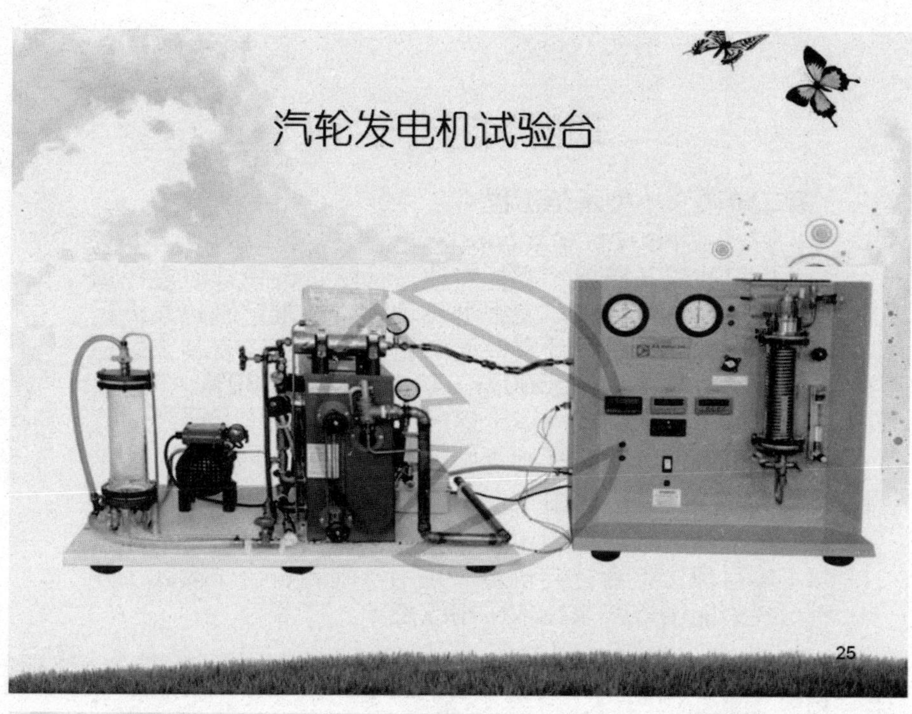
汽轮发电机试验台
25

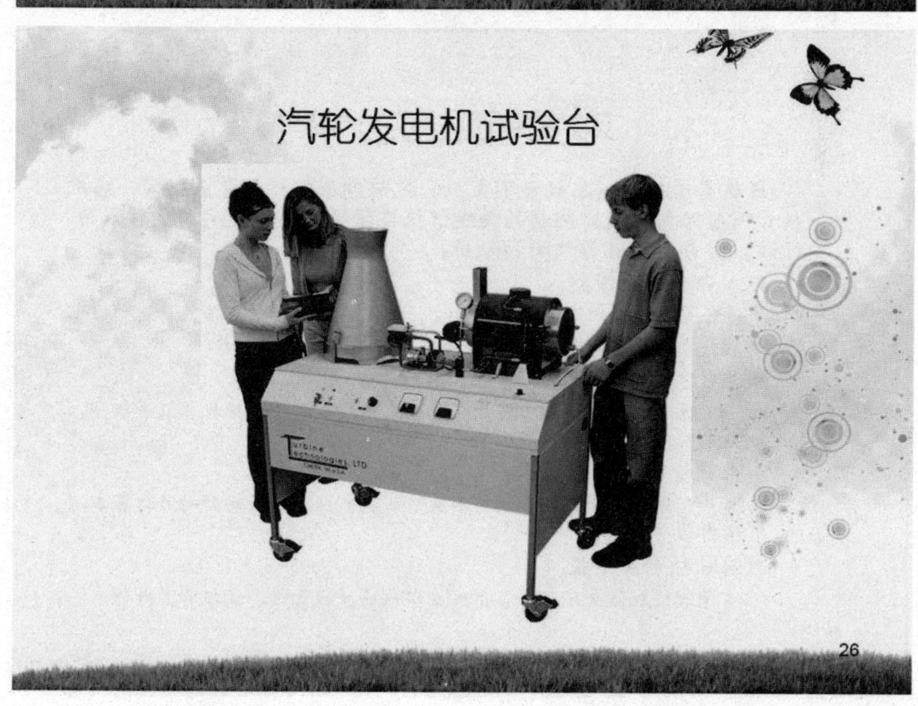
汽轮发电机试验台
Turbine Technologies, LTD
26

项目实施步骤

第二阶段：小型示范工程

针对一个6万千瓦左右的凝汽式汽轮发电机组，在原理样机成果基础上，委托专业设计院进行设计，委托国内外知名制冷机厂家根据设计容量要求定制热泵机组；根据设计院设计文件面向社会进行施工安装工程招标；改造费用约5000万，热电转换效率80%；项目完成后，组织专家评审。这一阶段，是在项目已经验证过可行性的阶段实施，已经不需要用自有资金。

第三阶段：推广应用

在示范工程成功后，发电企业根据自身投资、节能增效目标，整合社会资源，采用不同融资合作模式，开展节能增效热泵技术应用改造。

27

财务预测分析

目前启动项目，总投资不大，一旦前期原理样机完成研发，后期投资回报容易实现。问题的关键仅仅在于项目是否能实现的技术可行性，财务投资容易预测和分析。

- 投入资金回收预期
  - 三个月内通过样机完成技术鉴定，确认市场地位和价值，技术股权溢价转让初步获利回本，1年左右逐步开始实现综合收益
- 直接技术转让回报
  - 一次性或阶段分步技术转让、产品生产和专利使用授权、政府扶植、社会资金参与实现技术专利溢价增值
- 未来投资回报预期
  - 授权厂家生产产品的专利技术提成获利，技术参股后所持股权资本运营升值
- 政府扶植资金申报
  - 有原理样机做基础，具备条件申报政府扶持资金、实现资源升值

第二节　数据中心节能减排

IDC机房节能综合利用项目介绍

IDC行业的能耗问题

- 目前，我国各类数据中心（IDC)总量约43万个，可容纳服务器约500万台。其中经营性数据中心机房921个，面积约88万平米，机柜数约17.7万个，可容纳服务器约200万台。
- 未来5年，我国对数据中心流量处理能力的需求将增长7-10倍，机房面积再翻一番才能满足需求。
- **2011年我国数据中心总耗电量达到700亿千瓦时，占全社会用电量的1.5%，相当于2011年天津市全年用电量。**

2

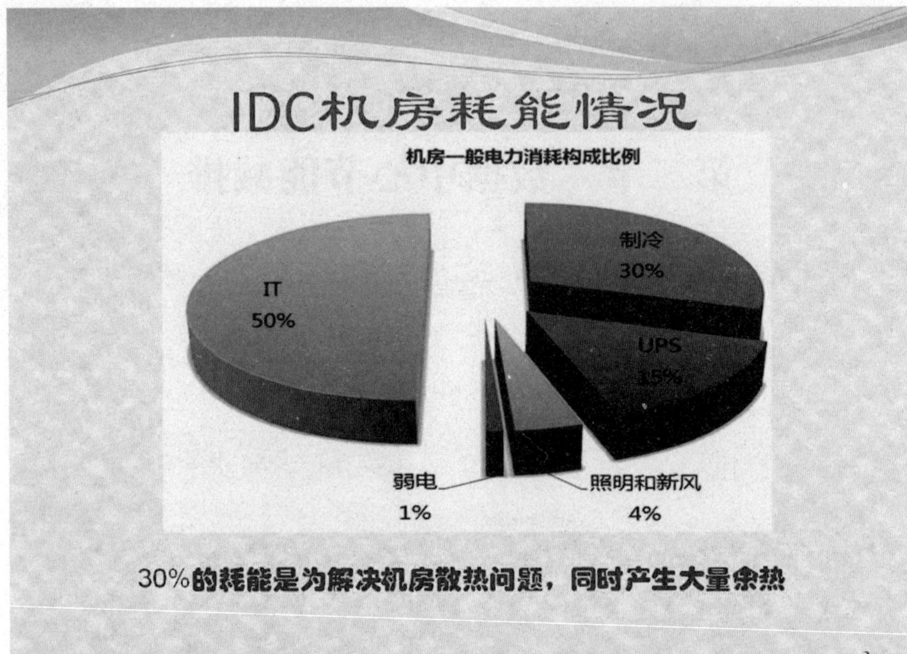

最先进的国外IDC节能水平（PUE值）

"PUE"=数据中心整体输入电力/IT负载所需电力

微软都柏林数据中心
PUE值：1.25
惠普英国温耶德数据中心
PUE值：1.16
谷歌比利时数据中心
PUE值：1.16
Facebook数据中心
PUE值：1.15
雅虎"鸡舍"式数据中心
PUE值：1.08

4

目前国内IDC机房节能潜力巨大

我国目前PUE在2~3之间，而国际上这些低能耗数据中心共同的特点：

- 特殊的地理位置，可采用自然冷却，如海风、冷水、呼吸式建筑
- 采用故障容错系统，这样设备故障不会造成影响，专用系统
- 非标准服务器，可以接受更恶劣简朴的环境

PUE值小于1.1，对于建设于普通地点的普通数据中心是难以实现的

各种机房节能方案的性能对比	PUE
典型数据中心	2
无冷水机组，采用100%的水侧的经济节能方案	1.67
UPS运行在旁路，采用415V系统	1.45
采用空气侧的经济节能方案，不用UPS	1.29

5

目前IDC节能常用技术手段

- 氟泵：在外界环境温度很低的情况下，压缩机旁路，用泵直接循环制冷剂，利用制冷剂自身热容量，在不进行气液相变的情况下传递热量制冷。“氟泵”功耗远低于压缩机，减少电能消耗；

- 热管空调：采用无源热管热泵实现冷热传导，相对直接利用自然冷风、冷水在空间上隔离。前提条件是有自然冷源。电能消耗主要在风扇、水泵等，能大大减少电能消耗；

- 乙二醇：也是一种利用“不冻”液体的循环流动，实现热量交换，前提仍旧需要自然冷源，例如冬季使用；

共同特点是：需要自然冷源，使用受到时间地点限制；另外热能不能回收利用，散失到环境，没有减排效果。

6

目前IDC能源节能手段的缺点

- 地理条件限制：根据地理条件建设的机房，通常都远离闹市区，交通生活不便；
- 企业管理难度大：虽然可以远程管理，但是具体运营过程中，对员工生产、生活配套服务产生很大问题，涉及员工家庭、子女教育等综合因素，难以解决；
- 市场销售不佳：市场反应不积极，常常有稍微偏远一点的地点建设的机房，投入使用后少人问津，闹市区建设的机房，未及投产已预售一空；
- 无减排效果：依靠自然冷源散热的制冷方式，没有考虑减少环境热排放的问题，后续很可能依据国家政策调整，需要进一步改造。

7

IDC的可利用能源的特点

- 数量巨大：数千乃至数万千瓦的能量消耗，最后都变成热能，需要从机房“搬走”；
- 稳定输出：IDC机房一旦启用，能量消耗24小时、长年累月持续消耗能源，产热稳定；
- 热输出品位低：热量一般通过自然冷风、冷水、大型空调冷却水等带走，温度20多度，品位低；

几十年的历史和国内外同行的现状表明，目前对该能量的利用率很低，机房节能主要考虑如何用更低的成本将热量“搬走”来实现节能，还没有人考虑回收利用该热量，即消耗少量能量，回收转换该热量，使之能得到充分利用。

热泵技术在IDC的节能应用

- 热泵也就是像泵那样，可以把不能直接利用的低位热能(如空气、土壤、水中所含的热能、太阳能、工业废热等)转换为可以利用的高品位热能，从而达到节约部分高位能（如煤、燃气、油、电能等）的目的。

- 虽然需要消耗一定量的高品位能，但所供给用户的热量却是消耗的高位热能与“泵”取的数倍低位热能的总和。因此，热泵是一种高效节能减排装置。

IDC常规电制冷空调系统

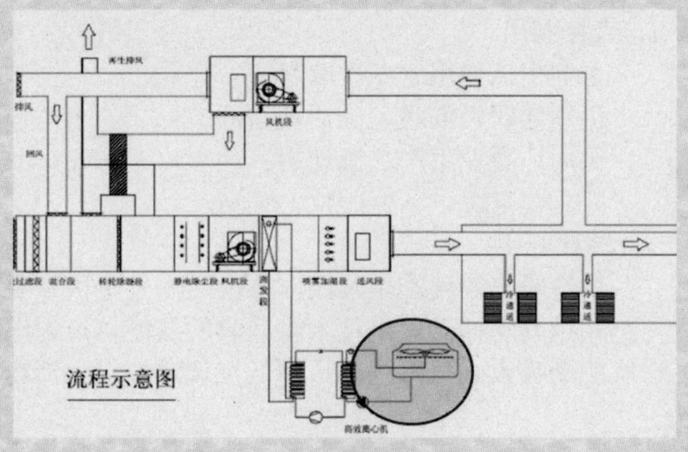

10

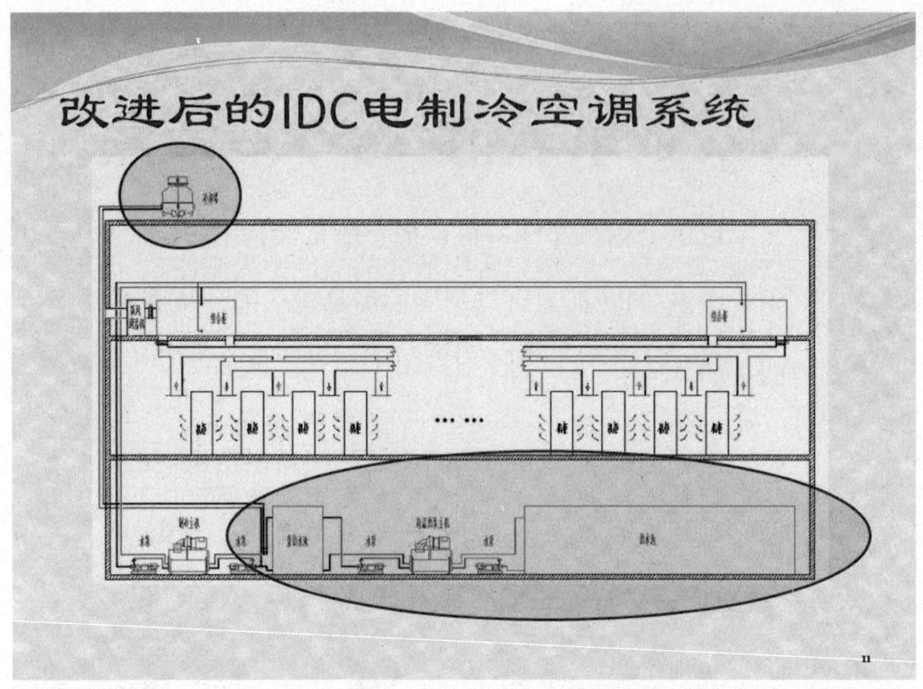

IDC回收热能热水的利用

- 1、直接利用
  - ✓ 企业生活使用、冬季取暖；
  - ✓ 供周边居民取暖、生活使用；
  - ✓ 供周边企业生产热源使用；
- 2、转化利用
  - ✓ 提高输出温度产生蒸汽，推动蒸汽发电机发电；
  - ✓ 利用其它低温发电技术将回收的热能转换为电能；
  - ✓ 驱动吸收式热泵制冷，降低空调系统电力消耗

12

IDC热泵技术节能风险及问题

- 相关产品和技术都非常成熟，但是电力消耗增加：采用压缩机热泵回收热量，需要消耗更多电能，虽然后续能通过热能再利用创收，冲销大量电费，但是电能的消耗量还是增加了，和目前国家节能减排考核模式不适应；另外电力供应能力是否足够、是否需要增容和能不能增容都影响系统实施；

- 回收资源直接利用率：回收的资源首先是热水，如何消化利用大量的热水实现减排收益？如何尽快实现温水发电？也影响项目实施；

13

高效制冷发电方案

- 本方案提出一个利用液态空气作为工作介质，吸收空调末端回水的热量，实现吸热、气化、升温，液体变气体，体积膨胀近千倍，可以得到高压常温的空气。

- 利用该高压空气推动气轮机发电，实现低温热量做功发电！

- 再利用流体力学的空气放大器原理设计气体混合引流器，减少液态空气气化量、高效率利用液态空气，进一步大幅提高发电效率。

14

高效制冷发电方案

- 整个发电系统输入只有回水热量，输出电力和少量气化的空气，可以实现低温热能高效转化为电能，实现资源循环利用；
- 液态气体临界温度-140° C以下，吸收常温热量后，处以超临界温度状态，工作压力可以很高，排放余压、余热影响很小，发电效率可以达到70%或更高；
- “低温热源”发电，还相当于输出“冷量”，可以实现对数据中心的制冷，是废热利用。
- 这种技术还将用于工作、生产很多场合下的余热回收、余热利用发电、错峰用电、调峰储能、其它清洁能源储能等用途；

15

高效制冷发电方案

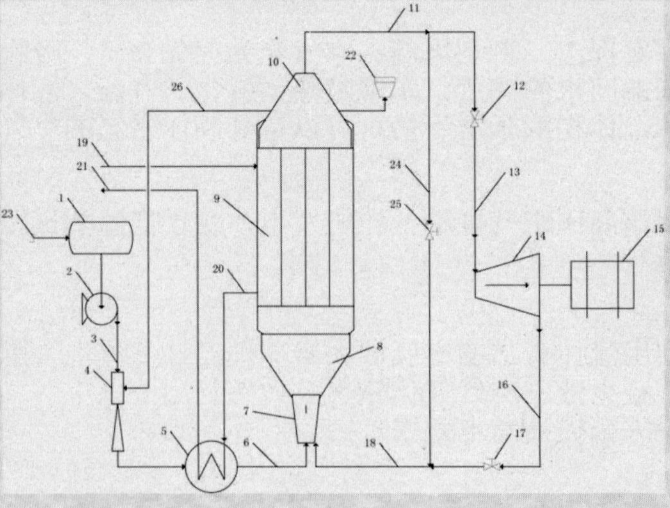

16

高效制冷发电方案

1、超低温储液罐；2、高压超低温液体泵；3、高压超低温管路；4、射流引流器；5、低温换热器；6、低温高压气管路；7、气体混合引流器；8、气体扩张段；9、中温换热器；10、气体收缩段；11、常温工作气体管路；12、气轮机输入阀；13、工作气路；14、气轮机；15、发电机；16、乏气气路；17、气轮机输出阀；18、回气管路；19、制冷回水输入管路；20、中低温换热器连接管路；21、制冷回水输出管路；22、余气排放口；23、液态空气加注口；24、检修短路管路；25、检修短路气阀；26、引流回气管路；

17

新技术的综合节能指标

1、省去传统制冷机组电耗，降低备用发电机发电量和装机容量，IDC电耗大幅度降低；

2、气轮机可靠性高，发电可靠性高；可以自发电自用，耗电进一步减少，供电能力要求降低；

3、制冷效果好，可以实现机房低温运行，对设备有利；

4、备份多种模式，可以直接制冷；

5、节约冷却塔水耗；

6、排气洁净、低温、无水，通过机房加湿后，可以做新风，进一步提高吸收热量的能力；

7、减少了热排放，低碳、减排、循环利用能源

18

经济性分析计算

以一个原设计总用电量5000Kw为例

传统系统投资运行数据如下：

- 空调系统耗电1500Kw，造价约450万；制冷量需求约为1500冷吨；
- 后备发电机系统容量5000Kw，造价约1000万；
- 每小时系统耗电5000度，按照0.5元计算，每天用电12万度，电费60000元；
- 每天耗水约100吨；约合500元；
- 每年运行直接费用：2208万元。

19

经济性分析计算

以一个原设计总用电量5000Kw为例

新装系统投资运行数据如下：

- 节省了空调主机系统，节省的经费与新增的液态空气制冷发电系统相当；
- 实际耗电下降为3500Kw，冷量需求约为1000冷吨；系统发电能力按照70%计算，可发电2500Kw；发电自用，则实际耗电1000Kw；
- 后备发电机系统容量1500Kw，造价约350万；一次性节省650万；
- 每小时系统耗电1000度，按照0.5元计算，每天用电2.4万度，电费12000元；原系统每天用电12万度，电费6万元；
- 每天消耗液态空气300吨，市场价100元/吨，合计3万元；
- 每年运行直接费用：每天差额3万元，每年约1000万元。

20

节能环保分析计算

以一个原设计总用电量5000Kw为例

每年节约用电3500万度；按照我国1kWh发电耗328g（国家发改委公布数据）标准煤，燃烧一吨标准煤产生二氧化碳为2930kg，二氧化硫8.5kg，氮氧化物7.4kg，每颗大树每年吸收二氧化碳18.3kg，每棵树占地8㎡计算，与自然冷却方案相比，其环保效益如下：

- ✓ 节省标准煤4700吨，
- ✓ 节省水3.6万吨，
- ✓ 减排二氧化碳12000吨，
- ✓ 减排二氧化硫36吨，
- ✓ 减排氮氧化物31吨，
- ✓ 相当于种了68万棵树
- ✓ 增加绿化覆盖面积8200亩。

21

该项目的市场空间特点

- ✓ 国内外市场空白，发展空间大；
- ✓ 单个项目金额大，系统实施简单；
- ✓ 从小项目到大项目均可以应用；
- ✓ 符合国家能源政策，容易获得融资和补贴；
- ✓ 设备技术成熟，系统可靠性高、技术风险小；
- ✓ 节约能耗效果明显，社会经济效益突出。

22

项目运作的基本思路

- 采用专利保护创新点、提高产品技术竞争门槛；
- 与品牌企业合作，确保产品和服务的质量；
- 寻求节能领域的资源优势企业合作，确立先发优势；
- 抓住电信行业优质用户，找准模式，以点带面；
- 先进的发展模式，借助资本的力量快速做大做强。

23

项目起步发展模式

- 首先针对电信运营商的IDC机房节能改造应用为主要市场；
- 以合同能源管理的模式，确定资源提供方、设备服务提供商、资金来源、运营管理等各方；
- 各方采用多方合作，效益分成的方式获得收益；
- 前期资金设备从小到大，逐步投入，以市场为导向；
- 系统保持兼容性、灵活性，做好示范工程；
- 申请政府各项支持、优惠政策。

24

项目实施步骤

第一阶段：原理样机制作

采购一台50千瓦左右的气轮发电机组，定制一台每小时气化200公斤液态空气能力的水浴气化器，费用支出约100万；然后应用本方案技术，我方提出方案要求，寻求有经验、积极配合、有相应能力的合作研发团队外包委托开发或者合作开发，保证进度、效率，保证资金的使用效率，控制风险；完成后进行专家成果评审。总投资约300万

25

项目实施步骤

第二阶段：小型示范工程

针对一个5000千瓦左右的数据中心，在原理样机成果基础上，委托专业设计院进行设计，委托国内外知名厂家根据设计容量要求定制汽轮发电机组和气化器系统；根据设计院设计文件面向社会进行施工安装工程招标；改造费用约1000万，节电目标80%，节水目标是0水耗；项目完成后，组织专家评审。

第三阶段：推广应用

在示范工程成功后，在政府扶持下，数据机房企业根据自身投资、节能增效目标，整合社会资源，采用不同融资合作模式，开展节能增效热泵技术应用改造。

26

财务预测分析

目前启动项目，总投资不大，一旦前期样机完成研发，专利技术可以实现10倍以上增值，投资回报容易实现。问题的关键仅仅在于项目是否能实现的技术可行性，财务投资容易预测和分析。

- 投入资金回收预期
  - 半年内通过样机完成技术鉴定，确认市场地位和价值，1年内技术股权溢价转让初步获利，3年左右逐步开始实现综合收益
- 直接技术转让回报
  - 一次性或阶段分步技术转让、产品生产和专利使用授权、政府扶植、社会资金参与实现技术专利溢价增值
- 未来投资回报预期
  - 工程技术授权的专利技术提成获利，技术参股后所持股权资本运营升值
- 政府扶植资金申报
  - 有原理样机做基础，具备条件申报政府扶持资金、实现资源升值

融资金额及使用计划

作为一个天使投资合作项目，考虑到未来项目进一步发展的需要，以及项目第一阶段务实的资金需求，也综合业界惯例，做出如下计划：

- 项目股权出让
  - 出让30%，融资300万，达到100万项目就具备启动条件。
- 资金用途
  - 研发直接费155万：购买液态空气气化系统15万，汽轮发电机组购买费100万，特殊零部件加工改造费40万。
  - 研发人工间接费45万：技术工人工资，研发场地租金，商务员工工资等。
  - 项目鉴定认证费用50万：鉴定会，论文发布，专利申报，推广宣传联络。
  - 备用金50万：各种不可预见费用支出，预留用于确保项目顺利实施。

第三节　厨具锅炉节能增效

厨房灶具锅炉节能技术

利用热泵技术实现高能效热源节能减排

2013年8月-2015年5月

目录

该项目的创新价值点

- ✓ **思路：**改变人们需要热能就用能源物质转换的惯性思维，需要能量首先看看周围有什么介质里面含有热能可以借用、利用；
- ✓ **方式：**耗费少量能源从其它介质中“搬运”、“借用”换取更多热能；
- ✓ **减排：**回收再利用环境中的已有热能，减少能源消耗；
- ✓ **技术：**发挥各种“热泵”技术的能量“放大”、“提升”作用；
- ✓ **结果：大比例节能、高耗能环节应用，节能减排效果显著！**

3

一、灶具能耗现状

- **1、消耗能源产生热量**

  加热的过程中，通常都是采用燃料燃烧、电能转化等方式获得热量，都是通过能量转换新产生的热能。不是借用、利用其它系统的热能。

- **2、能效比低**

  能量转化利用的效率，最多也就是100%，有些如采用燃煤、燃气的情况，热效率也就不到50%。能源利用效能比不可能突破1，大多数都在0.5以下。

- **3、工作环境能耗大**

  厨房中的工作空间由于产生大量热量，通常温度较高，需要通风散热或者利用空调系统调节温度，各种方法需要消耗更多的能源。随着能源价格的上涨，额外的能源消耗将给餐饮行业带来很大的经济压力。

二、热泵灶具

采用“热泵”原理制作蒸、煮、熬、炖的灶具，一改千百年来习惯的能量直接利用获取热量的方式，高效率的从空气或其它介质中“搬来”热量供灶具使用，能效比从100%以内，突破为200%~600%，以后随着技术进步还可能不断提高。

另外，因为空气源热泵灶具本身还产生冷气，冷热在厨房内就能中和一部分，为实现“凉爽厨房”做出贡献，减少环境空调制冷消耗。

大型厨房、食品加工场所采用水介质来调蓄热能，蒸煮食品的水源热泵灶具从热水介质中获取热量工作；冷藏车间、冷库、制冰系统或者空调系统等各种厨房热回收系统又把收集到的热量送回水介质中供再次利用；这样整体环境内能源综合利用，节约大量能源消耗，大幅减少能源消耗和碳排放。

二、热泵灶具

- **1、热泵保温灶具（ 70摄氏度）**

  空气源热水器达到70度，已经开始普遍应用。

- **2、热泵炖煮灶具（110摄氏度）**

  在上述70度基础上，提高热泵工作输出温度，直接高效率产生100度以上的温度。目前已经投入试用。

- **3、热泵煎炸灶具（180摄氏度）**

  热泵输出温度不断提高，并采用油介质，实现高温热量传输，目前主要技术设备、冷媒改进已经完成，技术难题均克服，具备量产的条件。

- **4、热泵炒制灶具（230摄氏度以上）**

  随着热泵技术不断改进提高，最终可以实现替代全系列灶具。

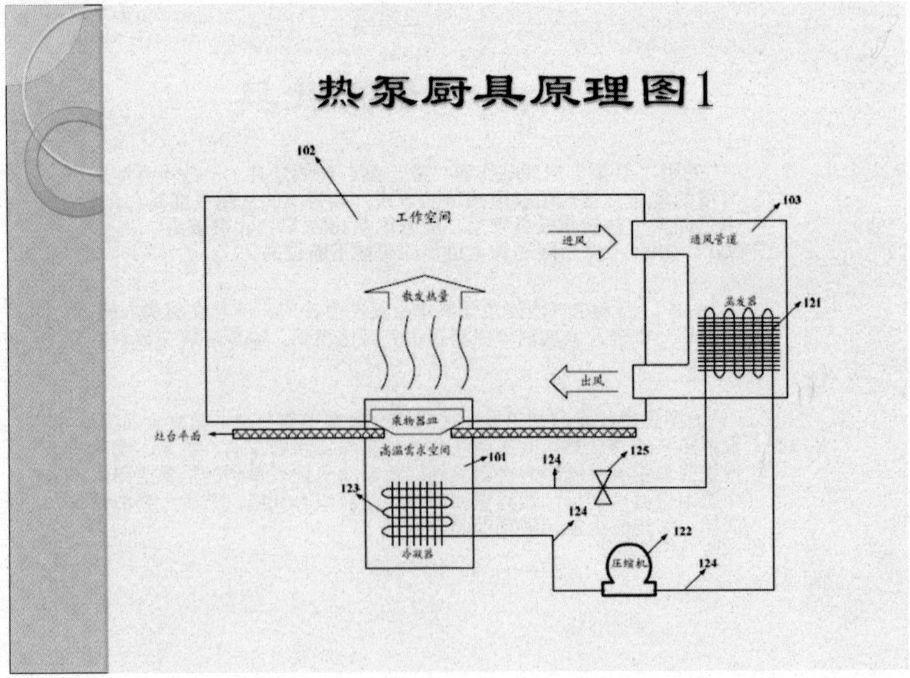

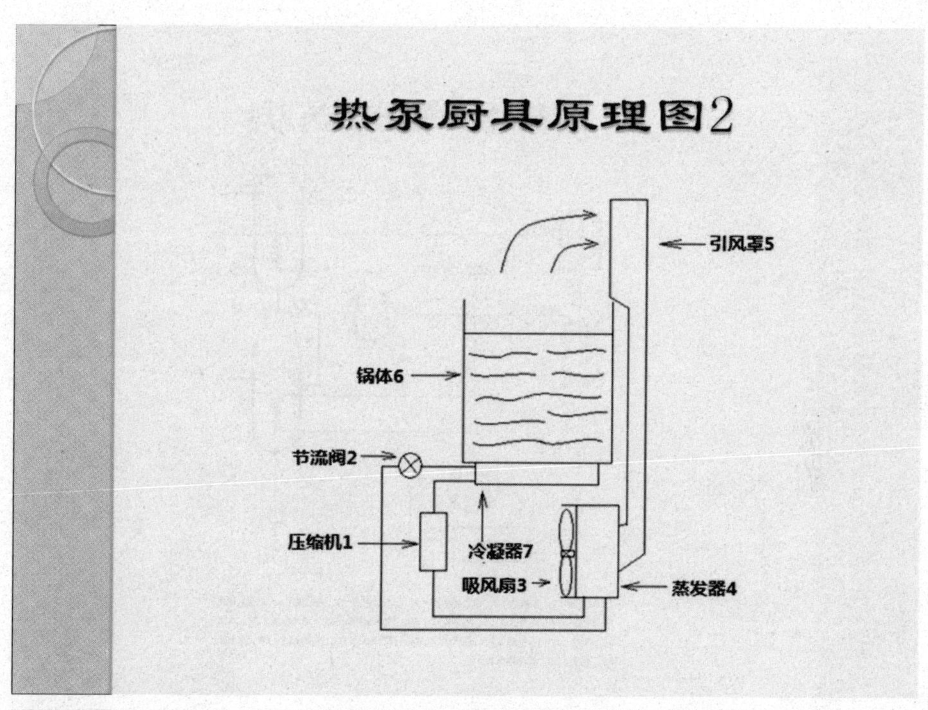
热泵厨具原理图2
引风罩5
锅体6
节流阀2
压缩机1
冷凝器7
吸风扇3
蒸发器4

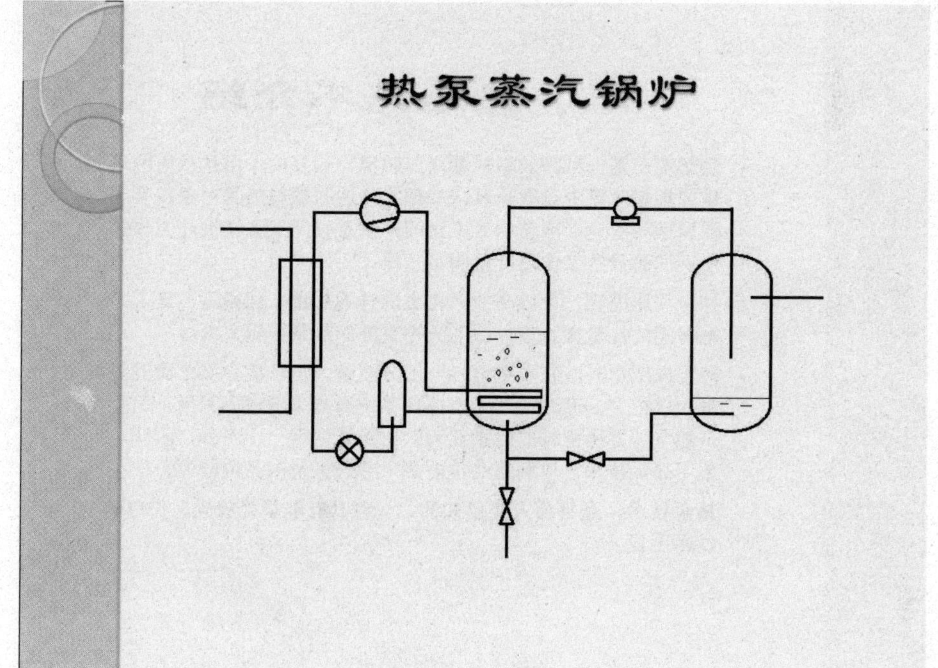
热泵蒸汽锅炉

热泵汽水锅炉

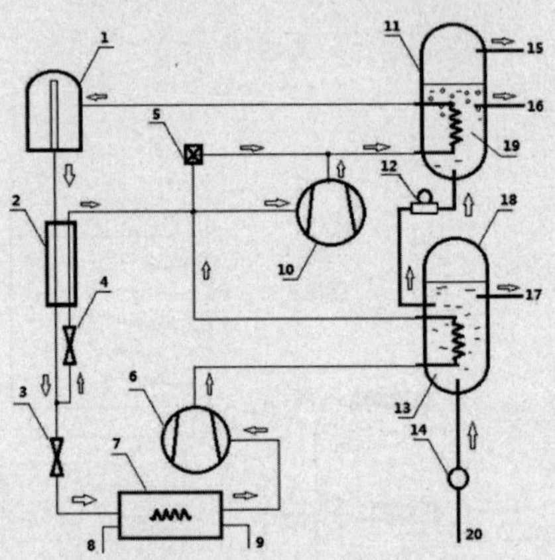

1、储液罐；2、回热器；3、低压膨胀阀；4、压温膨胀阀；5、电磁阀；6、低温压缩机
7、蒸发器；8、热源液入；9、热源液出；10、高温压缩机；11、蒸汽水罐；12、水泵；
13、热水；14、补水泵；15、蒸汽出口；16、开水出口；17、热水出口；18、热水罐；
19、开水；20、软化补水入。

三、热泵技术介绍

- 热泵实质是一种高效率热量搬运装置，热泵的作用是从周围环境或指定对象中吸取热量，并把它传递给被加热的对象，其工作原理与空调、冰箱制冷机相同，都是按照逆卡诺循环工作的，所不同的只是工作温度范围不一样。
- 如空调压缩机，可以高效率将室内外的热量来回搬运，夏天，把房间的热量搬到室外；冬天把室外的热量搬到室内。
- 热泵在工作时，它本身消耗一部分能量，把环境介质贮藏的能量加以挖掘，通过传热工质循环系统提高温度进行利用，而整个热泵装置所消耗的能量仅为输出热量中得一小部分，因此，采用热泵技术可以利用品位能源，节约大量高品位能源。
- **热泵技术，是目前人类已知的、一种具有能量“放大”作用的技术手段。**

三、热泵技术介绍（效率）

理想气体卡诺循环和卡诺逆向循环中的效率只与两热源的温度有关。两个温度T1和T2之间工作的各种工质的卡诺循环的效率都由下式给定：

$$\omega = \frac{T_2}{T_1 - T_2}$$

这是在T1和T2两温度间工作的各种热泵制冷、制热系数的最大值。换算成摄氏温度，则是如下公式：

$$\omega = \frac{\text{目标温度}+273}{\text{温差}}$$

这样计算，对于从20℃空气热源中取热，到达100℃的热泵装置能效比的理论最大值是: 373/80 = 4.66，目前实行2~3倍能效比是完全能实现，并且已经在原理样机中的得到验证。另外很多情况下，在工作温度逐步上升过程中，低温差段的效率还会更高。

三、热泵技术介绍

按照工作原理划分，目前各种热泵效率：

- 1、机械热泵
  能效比COP值在3~11.2之间
- 2、热管式热泵
  能效比COP值在10~40以上
- 3、半导体热泵
  能效比COP值>1.2~1.8
- 4、吸收式热泵
  能效比COP值>1.2~1.5

三、热泵技术介绍

过去近二十年技术应用，按照能量来源划分，主要有：

- 1、空气源热泵
- 2、水源热泵
- 3、地源热泵
- 4、混合热泵
- 5、其它（污水源、废热）

压缩式热泵技术原理

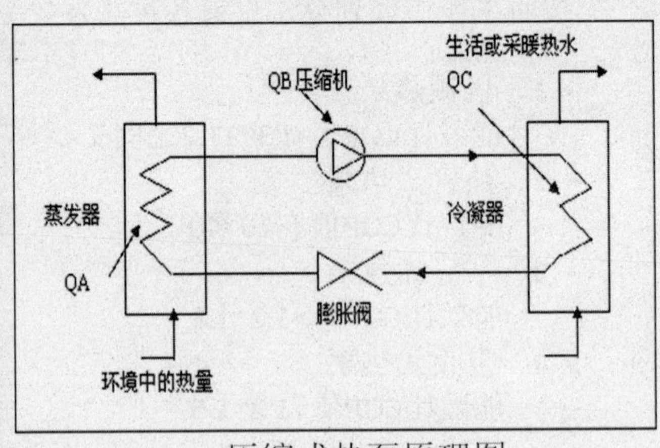

压缩式热泵原理图

四、节能减排综合作用

- 1、节能

  搬运能量比能量在守恒定律下实现转换，产生热量的效率高很多，最高可以达到11.2倍甚至更高，即1210%，得到同样热量的能量消耗理论上是原来的10分之一，和原来0.5能效比而言，节能显著！

- 2、减排

  能量消耗可以下降到原来的三分之一以下，对环境热排放则减少到四分之一或更低，实现人类几百年来梦寐以求的“冷厨房”概念，是几千年来厨具行业的一次变革！

- 3、环境友好

  灶具本身还产生冷气、冷量，用于空调、冷藏、冷冻、制冰综合利用，冷热在厨房内就能中和一部分，为实现“凉爽厨房”做出贡献，能源消耗。

热泵厨具的节能效率

能量来源	热源温度	加热目标温度	能效比	节能率
厨房环境空气	20° C	20° C	>10	90%
厨房环境空气	20° C	60° C	8	87.5%
厨房环境空气	20° C	100° C	4	75%
回收废热水源	60° C	20° C	>10	90%
回收废热水源	60° C	80° C	>10	90%
回收废热水源	60° C	100° C	8	87.5%

厨具产品投资回收和盈利估算

- 热泵厨具的技术优势决定了该技术方案必将成为厨具市场更新换代的必然趋势，热泵厨具的研发成果，必将为企业带来不可估量的经济产能。

- 举例：热泵厨具特殊的节能效果，一般会在一年内通过节能方式将成本收回，锅炉等其它供热方式一般使用寿命只有五年，而热泵机组的使用寿命可长达十五年。

- 热泵厨具产品是一次变革，按照每台套1万元计算，推广到全省、全国的餐饮企业，会有数十亿、数百亿以上的市场份额。按照10%的净利润，也能有数亿元利润空间。

18

五、投资回报综合估算

- **1、产品成本**

  厨具成本增加大约100%，即原来3000~5000元的厨具，新产品价格大概增加5000元。针对某些本来综合控制功能较多的高端产品，成本增加的比例因加热部分本身比例不大，新产品成本增幅相比较低！

- **2、投资回收**

  厨具耗能通常都在5~10千瓦以上，每天工作4小时耗电就达到40度，如果节能50%，一年节省电能价值近万元，加上释放“冷量”节省的空调耗电，投资回收期会更短。使用频率越高、时间越长，投资回报期越短！

- **3、销售模式**

  目前国家大力支持节能减排，合同能源管理公司就负责采用创新模式推广节能产品应用，用户可以“免费使用”节能设备，只需要将节约的能源价值转付给合同能源管理公司，一段时间后，设备归自己所有，厂家、用户、能源管理公司、国家均受益。

  银行也能给企业提供小额消费按揭贷款，生产厂家提供担保，设备安装后，银行验收放款，餐饮企业用节省的相应的电费就足够缴纳银行按揭贷款，还完贷款后设备归餐饮企业所有。操作简单可行。

六、节能减排综合效能

北京市大约60000家餐饮企业，每一家企业能耗在30~700千瓦，如果推广采用热泵技术灶具，按每家企业使用1~2台热泵厨具计算，节能至少10千瓦，全市餐饮企业能耗降低60万千瓦。省去一座中型发电厂，按每天平均工作2小时计算，每年节电：4亿度，相当于：

- **节约标准煤：176952吨**
- **减少碳排放：518400吨**
- **相当于植树9669500株**
- **相当于绿化116150亩**

全国有大约270万个餐饮企业，如果每个餐饮企业使用一个热泵灶具，节能10千瓦，相当于减少电力需求2700万千瓦，相当于我国再建设了8个葛洲坝工程。

七、节能厨房设备

目前采用这一热泵技术生产的产品，按照100度工作厨具4倍左右能效比、保温类75度工作温度6倍保守估算，和现有的普通产品的能耗对比情况如下：

- **煮面炉：8Kw下降到3Kw,节能62%**
- **售餐车：6Kw下降到1Kw,节能83%**
- **洗碗机：65Kw下降到15Kw，节能77%**
- **蒸饭车：15Kw 下降到3Kw，节能80%**
- **开水炉：13Kw 下降到4Kw，节能69%**

采用伪沸腾技术、蒸汽热回收循环利用技术、厨房综合废热回收利用方案以后，还会进一步大大提高热泵效率，使得节能率还能进一步增加！

厨房中还有一些煎、炒、烹、炸的高温厨具，它们也能通过热回收方式充分利用其产生的热量，回收回来多数是热水。这些热能很容易被热泵厨具应用，实现厨房的能源综合管理，科学利用。

八、部分相关专利介绍

- 伪沸腾技术专利

本实用新型通过温度控制器和电控器控制加热器，使锅体内温度始终处于沸点以下，避免锅体中蒸煮的液体沸腾汽化吸收热量，通过空气泵向锅体内输送空气模仿沸腾状态，使食物在锅体中翻腾运动，增加与液体的传热促进其受热，防食物发生粘连，在降低能耗的情况下使得其加热食物的效果和普通沸腾灶具相当。

- 蒸汽回收专利

本实用新型将空气热量和汽化潜热回收利用，从而实现了有效利用蒸汽中含有的大量凝结热热量，减少了热量直接排放到空气中造成的浪费，并且有效改善了厨房或者房间中的操作环境，避免了厨房或房间中由于大量热放蒸汽排放造成温度过高、湿度过大的问题。

九、合作新创立企业机构设置

- 专利事务部

负责联络专业律师服务机构，做好专利申报、预警、防卫阻击、购买转让、维权、国际专利申报、政府专利申请补贴申报；

- 技术研发部

结合厨具市场需求，继续开发全系列蒸、煮、炖、保温、制冰、开水等系列厨具样品，实现实验室定性研发实践；同时根据资金情况，提出新的技术创新点、委托科研机构进行技术攻关、实现定量精确技术参数研究，不断提高产品节能减排技术指标；

- 资本运营部

做好资金筹集、资本运营工作，面向社会资本、政府扶持、市场转换合作几个方面为企业发展准备足够的资金，并按计划步骤实现企业自身和合作参股企业上市、定向增发的远期近期目标；负责公司后期各独立上市业务的资本运作。

- 产品推广部

寻找有诚意、有规模、有信用的国内外知名厨具厂家合作，进行技术转让、专利授权，协调合作厂家和公司项目孵化团队实现专利技术产品转化，利用合作单位的生产能力、产品化技术团队、市场推广的成熟渠道、知名品牌的影响力，尽快实现市场占有，获得良好的经济效益和社会效益。

23

十、新创立企业资金用途

- 专利事务部

  资金用于新专利申报（每件约1万）、相关争议专利回购（每件约5万）、国外专利申报（每件60万）；后期国家会给与企业补贴；少量办公、工资费用；

- 技术研发部

  根据热泵厨具适合的温度范围，选择一系列厨具研发目标，按照每个样品10万元材料、人工等费用，外包委托开发，保证进度、效率，保证资金的使用效率，控制风险；

- 资本运营部

  通过猎头公司、朋友推荐，逐步培养、建立企业的资本经营、政府关系团队，为企业今后发展奠定基础。主要支出是办公、人员工资、招聘培训等费用。

- 产品推广部

  在于知名企业合作过程中办公、人员、差旅费用，资金许可的情况下，在需要参股的时候，适当投入现金，增加我方的话语权、提高合作伙伴的信心，增加技术合作的含金量和未来回报。

24

第十一、财务预测分析

目前启动项目，总投资不大，一旦前期样机完成研发，专利技术可以实现10倍以上增值，投资回报容易实现。问题的关键仅仅在于项目是否能实现的技术可行性，财务投资容易预测和分析。

- 投入资金回收预期
  - 1年内通过样机完成技术鉴定，确认市场地位和价值，技术股权溢价转让初步获利回本，2年左右逐步开始实现综合收益
- 直接技术转让回报
  - 一次性或阶段分步技术转让、产品生产和专利使用授权、政府扶植、社会资金参与实现技术专利溢价增值
- 未来投资回报预期
  - 授权厂家生产产品的专利技术提成获利，技术参股后所持股权资本运营升值
- 政府扶植资金申报
  - 有原理样机做基础，具备条件申报政府扶持资金、实现资源升值

第十二、融资金额及使用计划

作为一个天使投资合作项目，考虑到未来项目进一步发展的需要，以及项目第一阶段务实的资金需求，也综合业界惯例，对于该项目转化可以做出如下计划：

- 项目股权出让
  - 出让20%，融资200万，达到50万项目就具备启动条件。
- 资金用途
  - 研发直接费按每台样机4~10万：生产10种以上不同品种用途的厨具、小型原理验证锅炉，其中包含技术研发人工、材料、特殊零部件加工改造费。合计费用100万；
  - 研发人工间接费35万：技术工人工资，研发场地租金，商务员工工资等。
  - 项目鉴定认证费用30万：鉴定会，论文发布，专利申报，推广宣传联络。
  - 备用金35万：各种不可预见费用支出，预留用于确保项目顺利实施。

十三、研发的煮面灶理论验证样机

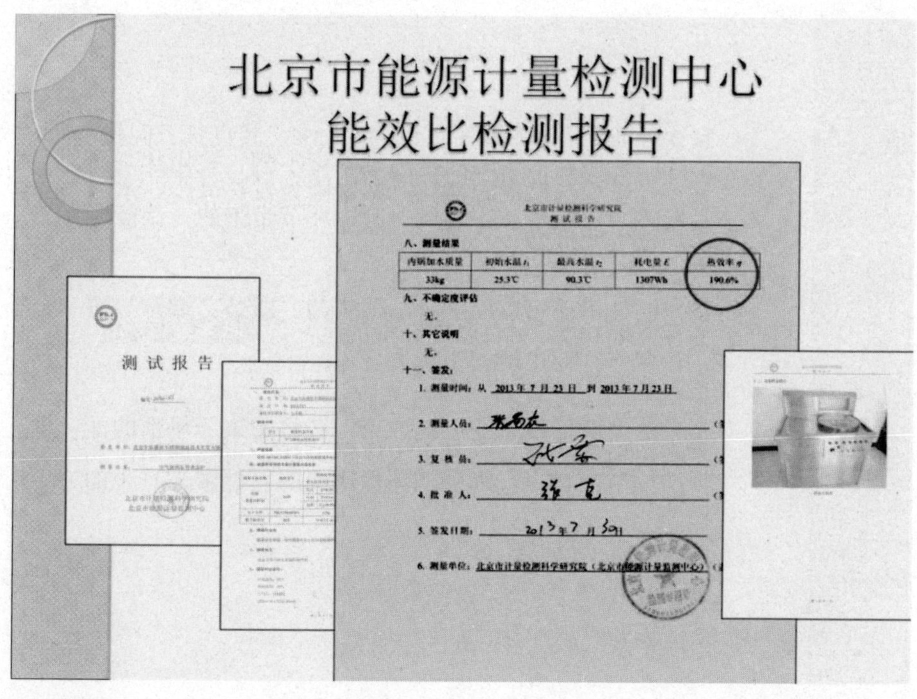

- 节能能效检测报告的结论是：平均能效比1.9，也就是节能48%！根据理论值计算，后续提高节能率还有很大的发展提高空间。最新进展是长时间保持沸腾，可以实现能效比2.0以上。具备制作各种电锅炉的条件了！

- 视频、图片、检测报告可以在下面地址下载：http://pan.baidu.com/share/link?shareid=3568440897&uk=2970640941

- 这个事实回答了热泵压缩机能否烧开水？烧开水的时候有没有较好的能效比？实际上2012年以来，很多学术界同行已经在探讨在较高能效比下实现较高的温度输出，有些文献达到160摄氏度，我们自己采用油做输出介质，温度已经达到180摄氏度以上。

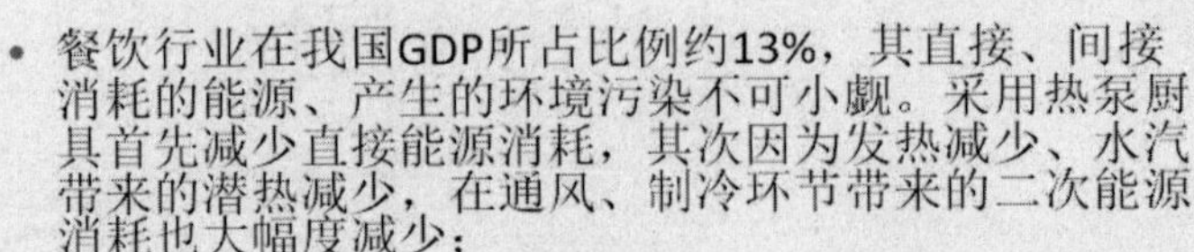

- 餐饮行业在我国GDP所占比例约13%，其直接、间接消耗的能源、产生的环境污染不可小觑。采用热泵厨具首先减少直接能源消耗，其次因为发热减少、水汽带来的潜热减少，在通风、制冷环节带来的二次能源消耗也大幅度减少；
- 类似的技术还可以用于食品、医药、服装、烟草等等各种需要100℃左右温度环境的生产、制造工业环境，让这些行业也能发生重大变革；
- 热泵这个成熟技术的广泛应用，必将带来一场新的能源利用模式变革，它具有大比例节能、可以应用于高耗能环节的特点，为节能环保产业的发展带来真正的机遇！

第四节　燃料液态空气动力车

项目概述

随着人类社会的高速发展，大量动力机械得以广泛应用，并已经成为人类社会不可或缺的一部分。技术较为成熟的内燃机在汽车及各作业设备应用较为普遍，通过将燃料的化学能转换成机械能实现动力的输出。然而，现有内燃机燃料燃烧产生的热能相当一部分的热量通过冷却系统散发掉，大部分被排放到环境中，使得内燃机效率仅达到20%_30%。

有鉴于此，亟待另辟蹊径提供一种动力技术，在有效提升内燃机效率的基础上，降低能源消耗和排放污染。

本项目的技术提供一种采用燃料和液态气体的混合动力装置，以基于液态气体和燃料作为形成驱动力的基础源，该系统可以充分利用燃料燃烧过程中释放的热能，实现液态气体的预膨胀，以及在气缸体内膨胀过程的热量提供，进而可最大限度的提高燃料利用效率，克服了传统内燃机的热损失问题。在获得同样动力性能的前提下大大减少燃料使用量，大幅度降低污染。节能增效！

第一、市场空间分析

- 动力机械目前的现状
  - 内燃机效率低25%左右、污染大、能源资源紧张、使用成本高
- 动力机械现状形成的原因
  - 蒸汽机时代开始的误区、长期惯性思维在高温工作、早期技术条件限制没有其它可选方案
- 动力机械变革的机遇
  - 多年的观念停滞应该有变革、技术材料进步硬件条件具备、经济条件具备、社会资源压力增加
- 动力机械变革的方向
  - 基本理念变革、材料工艺变革、信息化带来的变革、
- 动力机械变革的巨大空间
  - 改造市场空间大、新产品市场很大、国际市场巨大

第二、项目概念功能

- 项目的创意原理
  - 物理膨胀机原理不变，势能变动能不变
  - 调整工作温段，从升温高温膨胀，改为超低温到常温膨胀
  - 化学物理变化，从化学反应放热膨胀改为物理相变气化膨胀
  - 成本支出调整，从购买能源物质变为购买工作介质
- 项目的社会经济效益
  - 购买能源变购买介质，节能减排降耗增效明显
  - 原理不变，产业不需调整，社会现有产业资源充分利用，能快速形成绿色产能，实现社会经济效益
  - 环境资源循环利用、能量取之不尽，大大降低能源压力
  - 市场空间巨大、未来经济效益显著

第三、项目目标客户

- 项目的前期目标
  - 完成燃料液态空气混合动力原理样车研制、确定核心技术、完成理论研究成果
- 项目中远期目标
  - 与汽车厂、研究院完成在产车型生产套件、生产方案
  - 与改装厂、产品研究机构完成在用车型改装套件、改装方案
  - 各项技术指标定量理论深入研究
  - 1~3年完成产业变革的启动和基础样机、套件样机、理论工作
- 项目目标客户
  - 改装方案合作，客户是汽车厂家、发动机厂家，技术授权、专利提成
  - 市场在用车辆改装套件，直接客户是零部件厂授权生产，最终客户是修造厂、改装厂
  - 产品对象民用、军用；国内、国外；车辆、非运输动力

第四、产品应用场景

- 在用车辆改装
  - 与改装厂、产品研究机构完成在用车型改装套件、授权厂家生产
  - 通过改装厂、授权车辆改装连锁机构大量市场推广
  - 行业推广批量应用，公交、机场、军队、物流企业等
- 全新混合动力车生产
  - 与汽车厂、研究院在现有生产项目中应用
  - 与研究院合作，在新项目、新车型中嵌入
  - 特种车辆生产制造合作，如机场用车、公交用车、铁路、军队
- 应用效益分析
  - 液态空气安全、使用方便、加注站发展无障碍、可以家庭化自备
  - 车辆动力无差异、各种天气气候条件无影响、适应性强
  - 燃料成本改为介质成本，根据混合比例使用成本下降一半或更低
  - 混合动力部分应用物理变化，完全无污染、环境真正零排放

第五、核心竞争力

- 混合技术优势
  - 项目发起人具有机械、电子、自控、空气动力、热工、管理、经济、教育等多学科混合实践经验优势
- 研发经验丰富
  - 项目发起人有近百个项目实际操作经验、近30年科研工作经历
- 科研模式务实
  - 采用科研外包、网络协作、专业团队合作等多种高效可控研发模式，低成本、高效率、有竞争机制，采用专利保护模式维护知识产权
- 项目思路清晰
  - 项目能量链清晰、阶段目标清晰、团队成长线路清晰
- 创新操作性强
  - 项目采用创新理念，尽可能借鉴利用成熟产品技术组合，可操作性强，实施技术风险低

第六、市场容量分析

- 改造市场市场存量大势
  - 本项目可以对几乎所有现在市场在用的车辆动力进行改造，目前中国汽车保有量一亿辆以上，改造市场空间巨大。以每套改装套件3万元计算，有千亿以上的市场。
- 产能延续和新品介入
  - 本项目对现有汽车行业没有大的改变，机器设备、工装夹具、团队管理、服务保障都没有变动，可以快速实现应用，大量用于新型号车型。仅仅中国每年就是千万辆以上的产能，技术授权、新品应用技术转化费用可观。
- 社会效益享受政府支持
  - 本项目应用可以让动力机械大幅度节能减排，符合政府大力扶持和鼓励发展的产业方向，可以享受各级政府的扶持、补贴、资源补偿，综合受益。

第七、盈利模式

- 样车技术转让、短期开始获利
  - 本项目先期研发的原理样机，得到汽车厂家、研究机构认可后，可以转让部分技术股权，换取一定收益。该受益应该足已覆盖前期资金投入，实现早期获利；
- 项目宣传鉴定、技术进步溢价
  - 通过项目宣传、持续技术进步、深化专利保护等手段，实现技术增值，吸引各方投资资金介入，实现升值溢价。投资人可以持股等待或转让股权获利退出。
- 争取政府扶持，综合增值获利
  - 本项目可以享受各级政府的扶持、补贴、资源补偿，综合在科技地产、科技金融、无形资产升值等方面直接间接受益。
- 产品企业参股，资本运营获利
  - 除通过技术转让、技术提成等方式直接获利之外，在技术授权、转让过程中参股部分企业，调动资源扶植企业实现并购、上市，通过股权溢价、升值实现资本经营获利。

第八、同行对手分析

目前新能源车几乎一边倒的是电动车，油电混合动力车，还有少数厂家在研究压缩空气动力车，而整体业内对这两类车都不看好，以北京汽车为例，目前仍投入巨额资金建设传统发动机生产基地。

- 与电池动力车对比
  - 电动车属于储能释放，发展空间有限
  - 产业需要重新建立，包括设计生产设备、服务体系、行业人才
  - 电力能源供应难以满足，不论是发电能力、输电能力
  - 化学反应的原理造成电池生产、回收环保问题难以彻底解决
  - 大电流工作，从充电、蓄电、用电等各个环境安全性问题突出
- 与压缩空气动力车对比
  - 属于储能释放，能量利用效率低，储存密度低，没有前途
  - 空气动力机械启动早，但涉及热力学、空气动力等多学科，进展慢
  - 全新的核心发动机进展缓慢，功能不完善，产业难以形成
  - 压缩储能效率低成本高、高压存储安全风险大

第九、实施可行性和基础

液态空气动力和混合动力车，在环保、节能、减排、成本、产能实现等各方面因素综合评价，几乎是一个近乎完美的“终极”解决方案！

- 新动力系统能量利用效率高，充分利用所有燃料燃烧产生的热能，在环境温度较高的情况下，还能吸收利用一部分周围空气的热能，自然界能源参与循环利用，燃料能量利用率接近甚至超过100%
- 生产工作介质液态空气的过程属于环境能源系统应用工程，可以输出副产品“热水”，材料也是取自空气，使用后还原空气，纯粹物理变化，真正零污染！
- 利用多学科现有成熟技术成果做基础，实施可行性高。所需要的空气液化、储存、气化均有数十年应用历史，产业成熟、安全性经过历史考验。
- 可以沿用汽车工业现有生产、销售、服务体系，产能提升快。由于工作原理不变，现有的工业体系资源沿用，没有浪费！
- 项目经济效益显著，可行性高，投资回报实现快！

PoweredTemplates.com

第十、项目实施计划

- 项目实施步骤确定
  - 先改造一台原理样机（样车），奠定项目发展的基础，然后争取风险投资和国家支持，争取和大型汽车企业合作，进行进一步产品化研发；
- 样机改造方案确定
  - 样机改造利用现有的成品设备做基础，寻求国内一流发动机研发企业技术人员参与合作，寻找相关产品厂家采用委托加工方式合作；
- 关键部件技术落实
  - 核心的液态空气储箱、高压气体喷嘴、气化器、超低温泵等关键部件合作对象均已落实，项目启动就可以开始洽谈；
- 合作伙伴团队确定
  - 项目已经获得多个新能源车投资人的初步支持，基本原理也获得一些技术专家的认可和支持，可以采用委托制作方式开展样机研发；
- 核心专利申报完成
  - 相关系统专利、关键技术专利均已申报。

PoweredTemplates.com

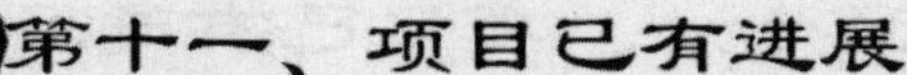

第十一、项目已有进展

- **大型发动机试车台完成**

-采用康明斯185发动机为主配合变速箱、测功机等完成一套试车台，为后续试验做好了准备。同时也准备好一套空温气化器，可以利用液态空气吸收环境热量提供20MPa的常温高压气体。

第十一、项目已有进展

- **实现单缸柴油机气动控制工作**
  - 对一台常柴R180发动机进行改造，增加喷油压力检测和更换喷油器为喷气器，实现高压启动驱动；证明控制方式对于高压缩比和400毫升以上单缸排量发动机可以有效控制；

第十一、项目已有进展

- 实现单缸汽油机气动控制工作
  - 对多台单缸四冲程发动机进行改造，更换火花塞为喷气塞，对点火信号变换采集，实现有效控制、工作；长时间温度工作，喷气塞内部原来估计的润滑、冷却、耐磨等问题均顺利解决。

第十二、团队人力资源

液态空气动力和混合动力车，需要技术人才，包括机械、电子、热力、气动、自控、专利、管理、培训等多个方面，前期有充分的准备，具备必要的人才条件：

- 项目发起人大学就读机械专业，留校工作从事自动控制，特长计算机软硬件研究，1993年即完成对小轿车全车计算机控制改造；有30年技术工作经验，20多年企业管理实践经验，具有全面控制项目的技术、管理综合能力；
- 研发模式先进、务实高效；采用专业技术工作外包协作，可以充分利用社会技术力量、调动积极性，30年经验和实践证明；
- 合作伙伴已经有发动机研发企业和技术人员、专利事务合作、机械加工合作等多个团队，均是国内知名发动机、汽车厂家、一流院校研究院所背景；
- 综合管理资源充分，多年企业实践积累大量管理经验，人才培养、团队激励、资金筹措、产业领域人脉等方面均有核心优势。

第十三、财务预测分析

目前启动项目，总投资不大，一旦前期样机完成研发，专利技术可以实现10倍以上增值，投资回报容易实现。问题的关键仅仅在于项目是否能实现的技术可行性，财务投资容易预测和分析。

- 投入资金回收预期
  - 1年内通过样机完成技术鉴定，确认市场地位和价值，技术股权溢价转让初步获利，3年左右逐步开始实现综合收益
- 直接技术转让回报
  - 一次性或阶段分步技术转让、产品生产和专利使用授权、政府扶植、社会资金参与实现技术专利溢价增值
- 未来投资回报预期
  - 改装套件、新车生产的专利技术提成获利，技术参股后所持股权资本运营升值
- 政府扶植资金申报
  - 有原理样机做基础，具备条件申报政府扶持资金、实现资源升值

第十四、融资金额及使用计划

作为一个天使投资合作项目，考虑到未来项目进一步发展的需要，以及项目第一阶段务实的资金需求，也综合业界惯例，做出如下计划：

- 项目股权出让
  - 出让20%，融资200万，达到50万项目就具备启动条件。
- 资金用途
  - 研发直接费55万：购买供改装的原车费，改装零部件购买费，特殊零部件加工改造费。
  - 研发人工间接费45万：技术工人工资，研发场地租金，商务员工工资等。
  - 项目鉴定认证费用50万：鉴定会，论文发布，专利申报，推广宣传联络。
  - 备用金50万：各种不可预见费用支出，预留用于确保项目顺利实施。

结束语

这个《燃料液态空气动力》项目，是从“瓦特蒸汽机”以来动力机械行业又一次革命性的尝试，虽然我们在基础材料、加工技术等很多实业技术领域落后别人几十年，但是创新、学习，中国人思想理论前进没有门槛、没有壁垒、没有基因差异，没有理由落后！

我们用创新的思想、用成熟的技术、用现有的材料和加工能力、用我们勤奋努力付出实现我们的应用创新，继续我们国家曾经有过的发展的奇迹，努力去创造一个“跨越式、后发式”进步，为实现寻找持久、长远的能源解决方案，为人类提供生产、发展所需的低碳、可再生动力而努力！让我们短暂的人生活的更有意义！

第五节　液态空气介质环境热发电

新项目方案特点

- 在火电厂几十年来一成不变的基本“朗肯循环”的工艺流程中，选用的介质是水，其特点是环保、容易获取、循环使用，沸点高、临界温度高、汽化热高；冷凝散热比例大；目前火电厂能利用的热源有限，必须高于100° C，几乎都是新增能源消耗。
- 针对现在火电、核电发电环节中工作温度过高，热电转换效率较低的问题，选择液氮、液态空气为介质，降低工作温度，实现利用环境已有热能、回收再利用的余热等低温热源发电。再进一步改进工作流程，减少工质的冷凝、再蒸发量，大大提高发电效率。

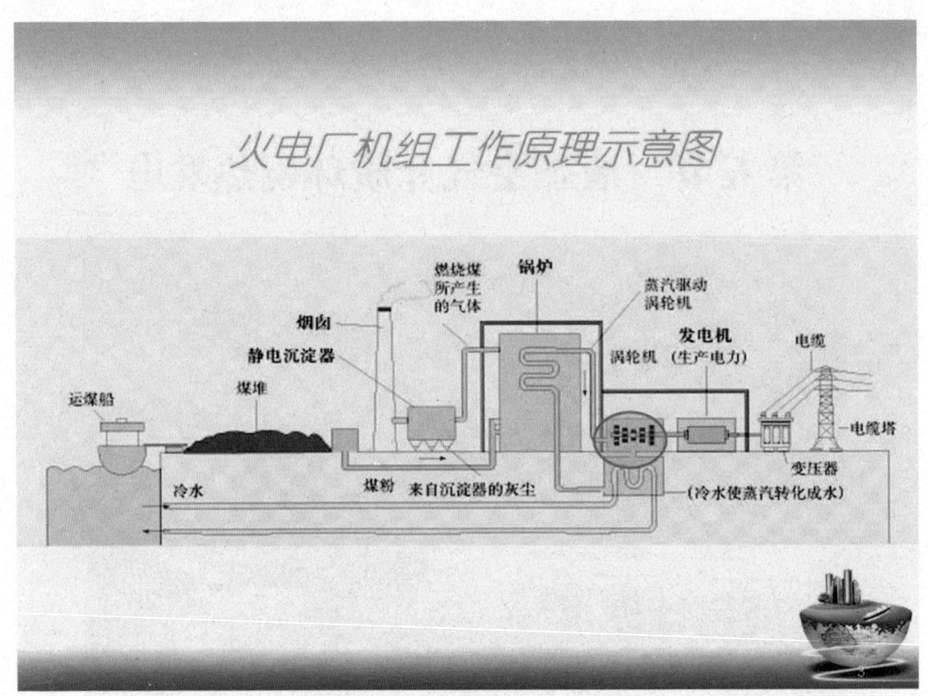
火电厂机组工作原理示意图
燃烧煤所产生的气体
锅炉
蒸汽驱动涡轮机
烟囱
静电沉淀器
发电机
涡轮机 （生产电力）
电缆
煤堆
运煤船
电缆塔
变压器
冷水
煤粉
来自沉淀器的灰尘
（冷水使蒸汽转化成水）

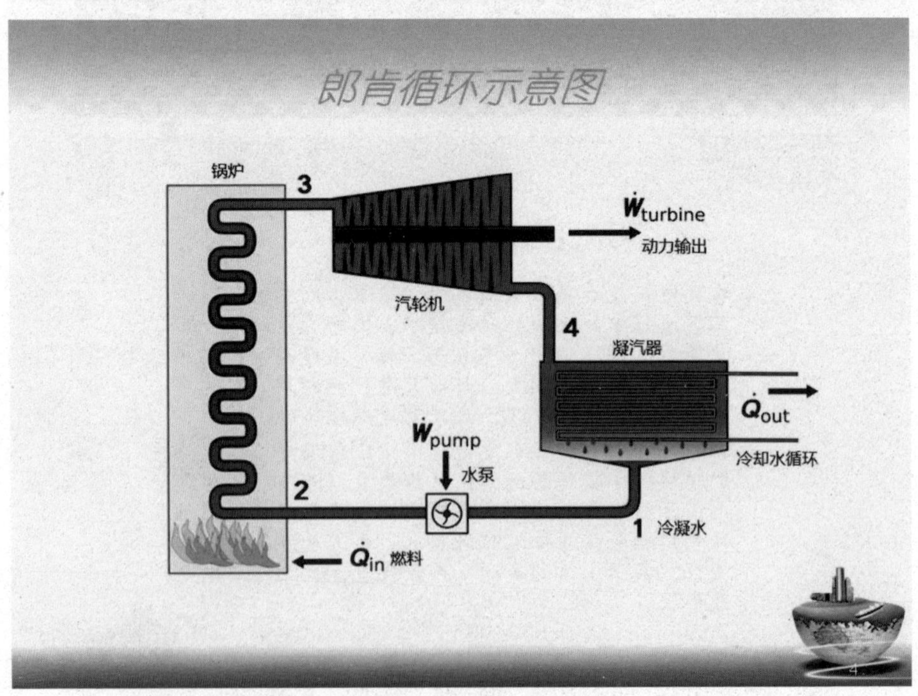
郎肯循环示意图
锅炉
3
$\dot{W}_{turbine}$
动力输出
汽轮机
4
凝汽器
$\dot{Q}_{out}$
$\dot{W}_{pump}$
水泵
冷却水循环
2
1 冷凝水
$\dot{Q}_{in}$ 燃料

原理分析

❖ 如上图“朗肯循环”的工艺流程中，核心思想是工质受热升温、汽化膨胀、压力增大，热能转化为势能；势能在膨胀机内释放势能转化为动能，热量释放，温度、压力降低。冷凝环节放热凝结，体积缩小到1/1000左右，由高压工质泵高效率压入下一个环节实现循环。

❖ 这里可以看出，理论上没有限定必须是高温工作，没有限定必须是水做工作介质！只要工作温段和工作介质配合，就应该在不同温度段落都能应用朗肯循环！

国外行业进展

该原理在国外早已获得认可，并主要用于低温储能领域：

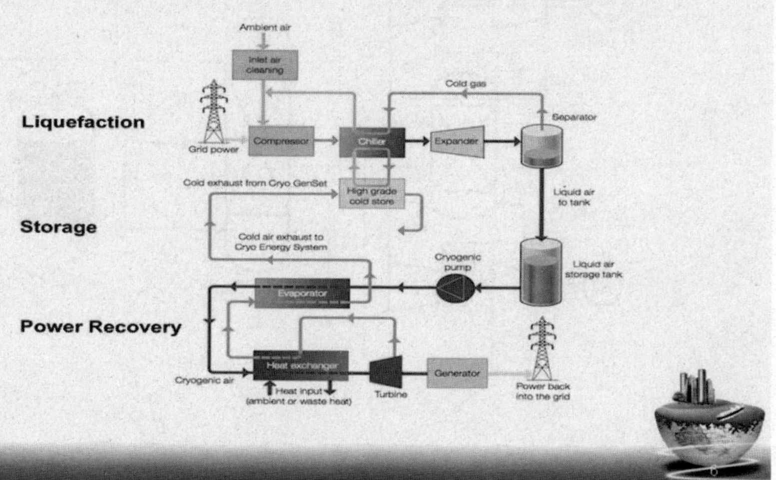

国内行业进展

该原理在最早1996年就有《低温能源发电的装置》专利出现，还有CN94105093、CN00125473A等专利，其中明确提到利用液态氮气利用低温热量转换电力的方法。国内同行近年来已经研究采用多级膨胀放能的方法，充分利用低温热能。

英国HighView公司的液态空气储能发电系统是目前世界上唯一中试的2.5MW级的液态空气储能发电系统。国内中科院叶完成了10MW超临界压缩空气储能系统的设计，1.5MW级超临界压缩空气储能系统完成了168小时运行试验，指标达到或超过课题考核指标要求。

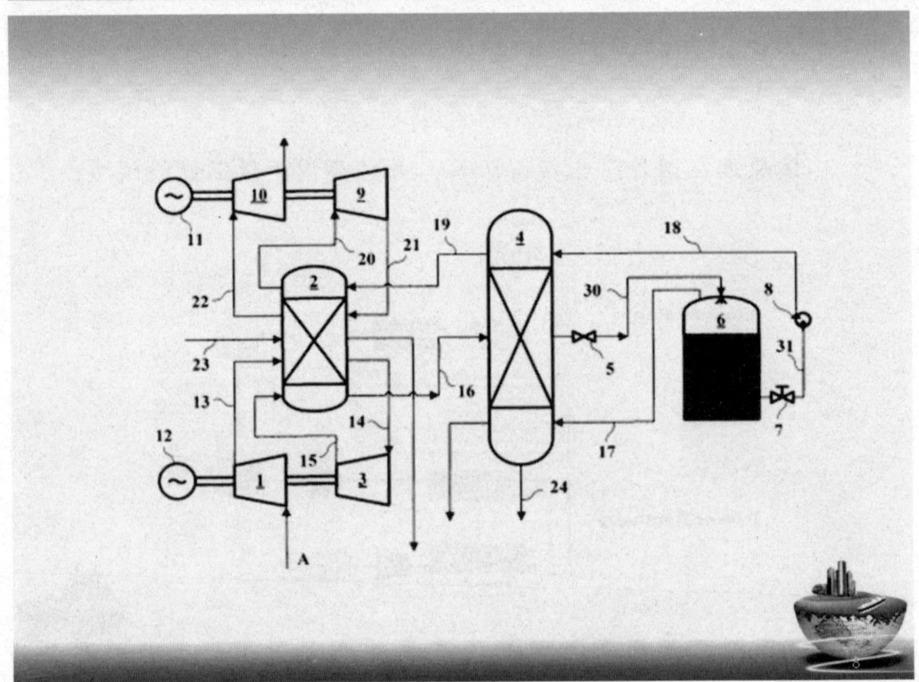

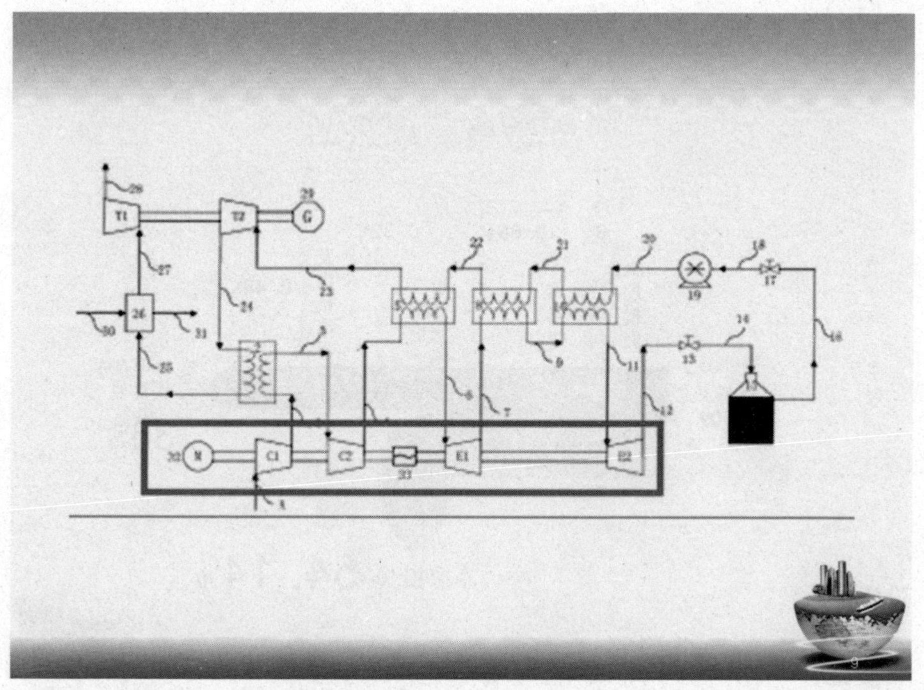

推广应用难点分析

为什么这项技术几十年来得到认可但没有推广应用？普遍认为存在以下问题：

热量转换电能效率太低，只有30~40%

为什么几乎没有人用于环境热能发电，而不约而同用于储能再释放过程？其中主要原因就是只有利用电网中毫无作用的“垃圾电”制造液态空气、液态氮气，然后回收30~40%的电能，才有可能较为经济！且远低于蓄水储能发电，几乎没有应用价值。

如果完全依靠环境热能发电，效率低于50%的情况下，连制造介质的电力、动力都难以满足，冷凝环节难以低成本实现，无法完成作业循环！

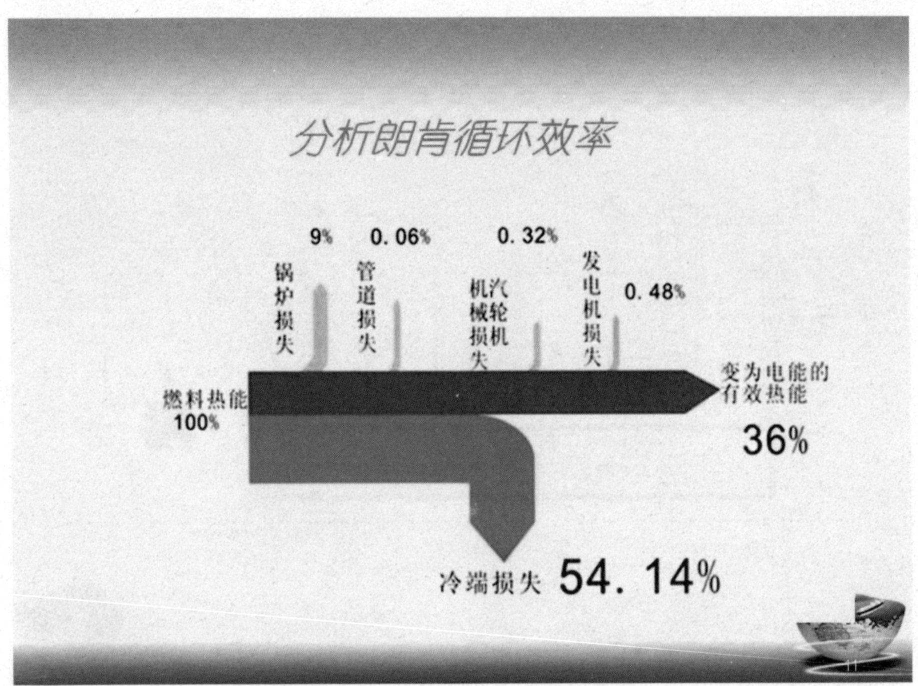

提高郎肯循环热电转换效率一个思路

火电厂基本工作流程几十年来没有变化，而近年来机械加工、材料科学、自动控制技术、流体力学等都有长足的发展进步，特别是流体力学、热力学的某些应用技术更加成熟，如射流、热泵应用，应该给这样一个关键能源产业的关键工艺流程带来一些变革；

利用流体力学的射流技术、科恩达效应，将大部分乏汽（气）直接增压利用，大部分介质不需要通过“冷凝—再汽化”这一循环，避免冷端损失，全过程不消耗动力、不浪费热量，必然可以提高热—电转换效率，减少热排放，大幅度提高热电转换效率，理论值从现在35%提高到90%以上或更高。

背景技术

- **射流技术：**高速高压的流体，能带动周围介质一并运动；即高压冷凝水射流可以吸收带动部分乏气直接再进入水浴气化换热器；而以某种形式喷射的气流，可以带动比该气流量大10~100倍的气体一起运动；高压气化气体可以带动大量乏气进入下一工作循环；
- **流体热力学：**流动的气体可以在运动中升温补熵，同一空间不同阶段的压力可以不同；气化气体可以在流动过程中逐渐补熵升温、增压；

13

射流技术

- **射流　jet**
- 从管口、孔口、狭缝射出，或靠机械推动，并同周围流体掺混的一股流体流动。经常遇到的大雷诺数射流一般是无固壁约束的自由湍流。这种湍性射流通过边界上活跃的湍流混合将周围流体卷吸进来而不断扩大，并流向下游。射流在水泵、蒸汽泵、通风机、化工设备和喷气式飞机等许多技术领域得到广泛应用。

流体的动压、静压、全压

静压

由于空气分子不规则运动而撞击于管壁上产生的压力称为静压。气体量一定的情况下，简单的理解静压和温度有关；

动压

指空气流动时产生的压力，只要风管内空气流动就具有一定的动压，其值永远是正的。简单的理解动压和气流速度有关；

全压

全压是静压和动压的代数和，气体所具有的总能量。简单理解就是流体最终的总压力。

射流泵原理图

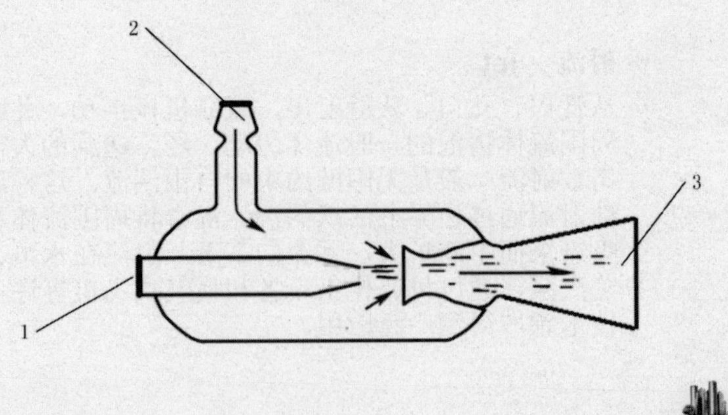

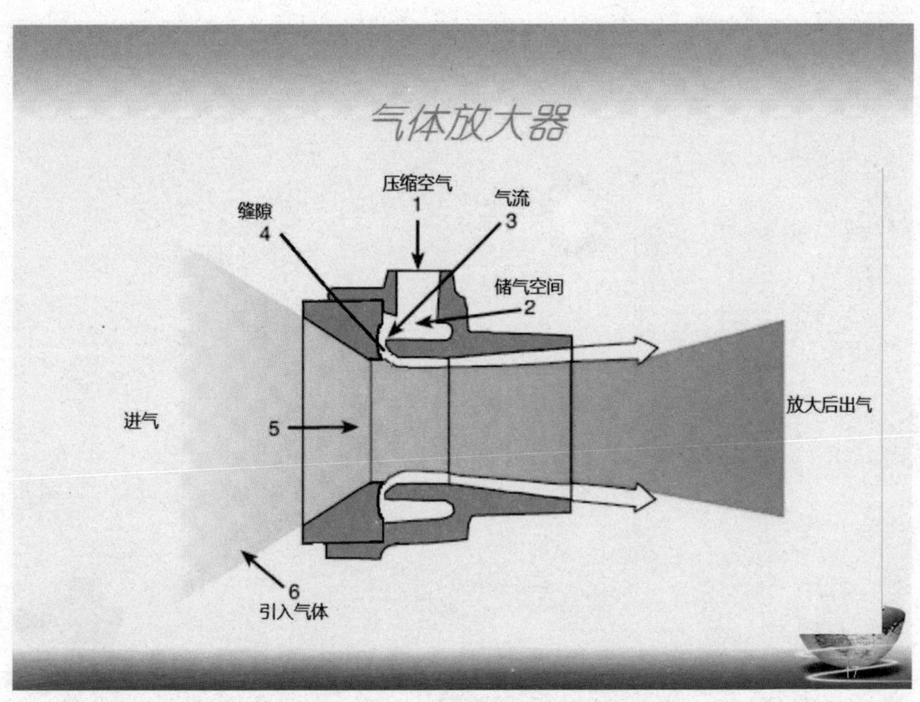
气体放大器
压缩空气
1
缝隙
4
气流
3
储气空间
2
进气
5
放大后出气
6
引入气体
17

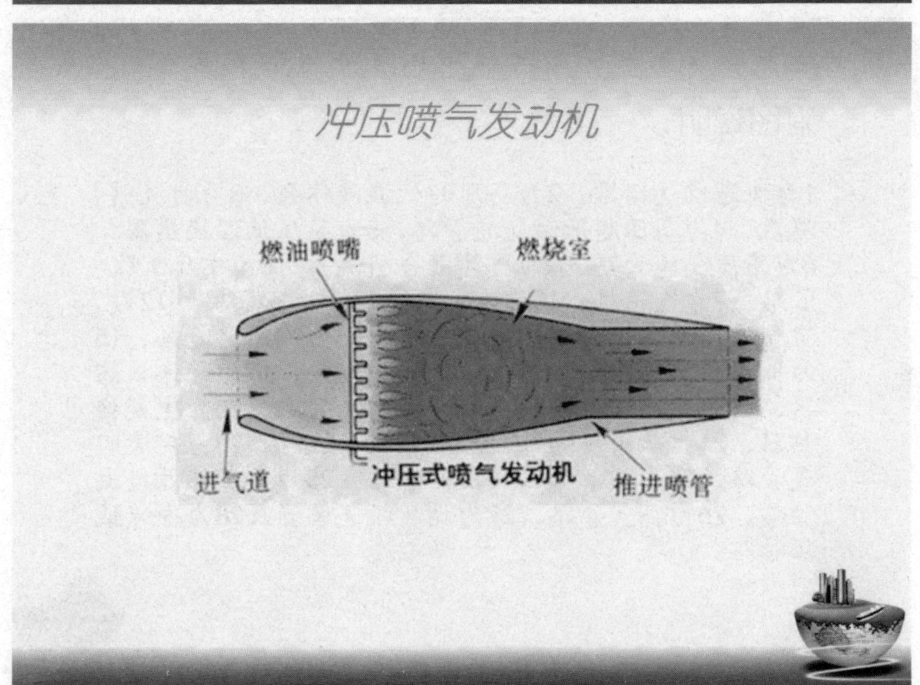
冲压喷气发动机
燃油喷嘴
燃烧室
进气道
冲压式喷气发动机
推进喷管

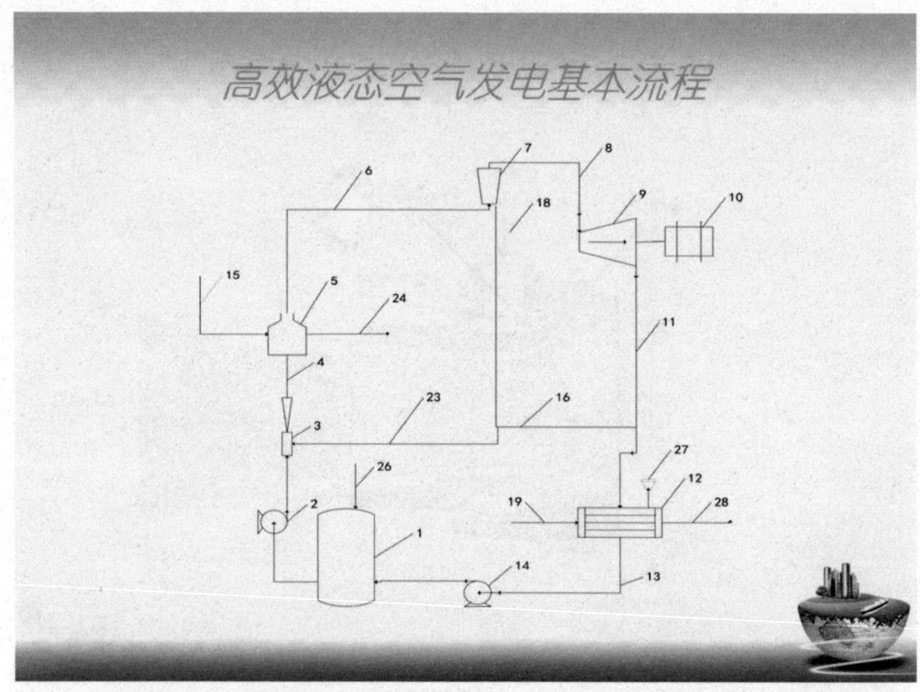

附图说明:

1为液态空气储罐、2为高压超低温液体泵、3为射流引流器、4为高压超低温气液管路、5为高压低温换热器、6为高压气体管路、7为气体混合引流器、8为中压工作管路、9为气轮机、10为发电机、11为乏气管路、12为空气液化器、13为液态空气管路、14为液态空气泵、15为低温热源输入管路、16为气体扩张段、17为气体换热器、18为气体收缩段、19为冷媒高压管路、20为冷凝换热器、21为热泵压缩机、22为膨胀节流阀、23为射流回气管路、24为热源输入（出）管路、25为常温热源排出管路、26为补气管路、27为调压排气装置及28为冷媒低压管路。

方案经济性分析

1、基本方案：

大部分气化气体直接通过射流器、气体混合引流器直接再利用，空气液化器凝气量减少为原来的十分之一或更少，凝气器散热量下降到原来的十分之一或更低；冷却水循环动力、冷却塔、空冷器的整体运行能耗均大幅下降，发电效率可以提高45%以上，整体达到80%左右；

高效环境热全热利用流程

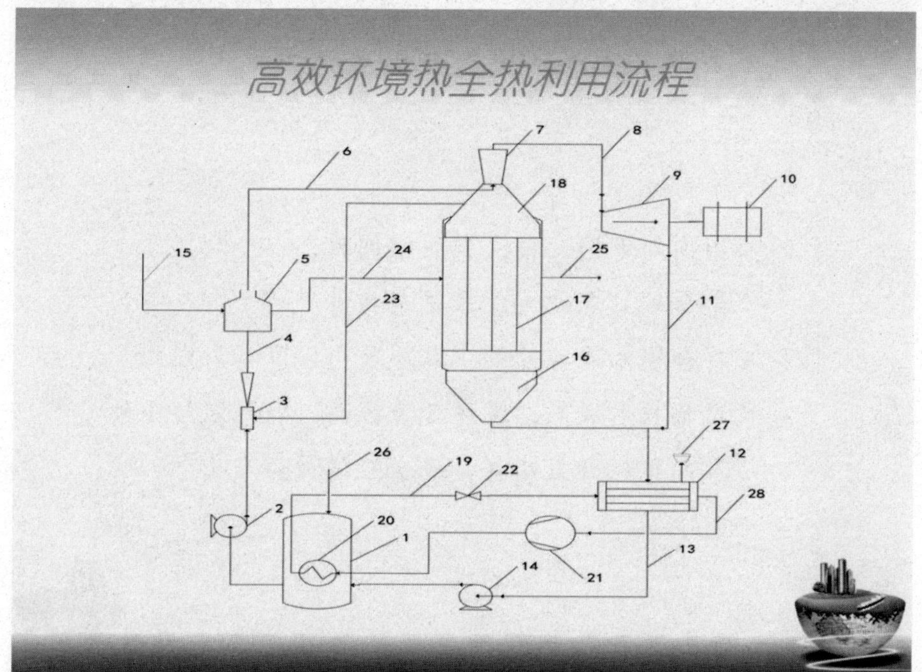

方案经济性分析

2、全热回收方案：

从节能减排角度出发，尽可能利用热能，彻底取消冷却水循环，采用热泵技术，实现保留的少量冷凝水冷凝热回收再利用。全系统没有散热环节，实现理论的100%。但是由于热泵系统的能效比只有3~6倍，因此回收再利用冷凝热热能时会损耗一部分机械能或电能，全系统整体效率能达到90%以上，但系统输出总功率将下降1~2%

23

该项目的市场空间特点

- 国内外市场空白，发展空间大；
- 单个项目金额大，系统实施简单；
- 符合国家能源政策，容易获得融资和补贴；
- 设备技术成熟，系统可靠性高、技术风险小；
- 节约能耗效果明显，社会经济效益突出。

24

项目应用实施要点

1、首先将购置加工成本较低的高压水浴气化换热器、射流泵、气体混合引流器组合，验证全系统循环过程，必要时改进调整，降低研发风险，避免损失；

2、核心创新点得到实验确认后，采购气轮机发电机组，构成全部应用系统，确保系统热电转换效率达到80%以上；

3、利用热泵系统，回收再利用空气液化器的凝结热，实现理论上的全热利用，热点转换效率进一步提高3~5%。

25

项目实施步骤

第一阶段：前期高效增压补熵系统实验

参考汽轮发电机组的常用指标，每发一度电需用汽15~25公斤计算，以未来推动100KW发电机组计算，总循环气量每小时约2000公斤；根据我们新工艺设计达到1/10以下的凝气量，每小时用液态空气量约200公斤，每公斤液态空气耗电0.28度，液化装置功率（内耗）将达到60千瓦；系统理论净输出40千瓦电力。

每小时吸收环境热能34400Kcal，热量折合标准煤5.7公斤，按国家发改委标准，折合发电标准煤13.12公斤。

26

项目实施步骤

第二阶段：原理样机研发实现

定做一套每小时汽化量200公斤液态空气，输出压力10MPa以上的水浴气化器，定做射流引流器、气体混合引流器，采购必要的管线、阀门、测量设备，合计预算30万元，进行高效增压补熵系统实验；

如前述系统达到设计预期，进而采购一台100千瓦气轮机发电机组约20万；定制一套小型撬装空气液化装置约100万；订购20千瓦以下的成品离心式压缩机进行技术改造，单台压缩机费用5万；其它辅助配件器材15万。寻求有经验、积极配合、有相应能力的合作研发团队外包委托开发或者合作开发，保证进度、效率，保证资金的使用效率，控制风险；完成专家成果评审。总投资约300万。

27

项目实施步骤

第三阶段：小型示范工程

计划设计一个10MW全新机组，在原理样机成果基础上，委托专业设计院进行设计，委托国内外知名制冷机厂家根据设计容量要求定制热泵机组；根据设计院设计文件面向社会进行施工安装工程招标；热电转换效率80%；项目完成后，组织专家评审。

第四阶段：推广应用

在示范工程成功后，各相关企业根据自身投资、节能增效目标，整合社会资源，采用不同融资合作模式，开展节能增效发电技术应用推广。

28

储能行业应用前景

- 能技术主要分为储电与储热，它的好处主要是移峰填谷意义重大，在发电厂角度能使发电更平顺和利用低峰发电能力，充分发挥发电机组作用，可以做到大幅度节能。目前储能方式主要分为三类：机械储能、电磁储能、电化学储能。
- 本项目已经超越储能-再释放的概念，在“储能”以后，还主要“撬动”环境热能参与“释放能量”过程，是储能手段的“终极”解决方案！
- 只要加大本项目中的液态空气储罐容量，错峰进行空气液化，就可以实现错峰储能的目的。项目规模可大可小，制备的液态空气可以管路输送或运输，非常方便，便于推广应用。

29

国外同行项目进展

- 英国HighView公司已经针对类似技术做了原理验证实验，其技术思路与本方案类似，在系统效率和热能综合利用方面本项目更为系统和合理：

30

财务预测分析

目前启动项目，总投资不大，一旦前期样机完成研发，专利技术可以实现10倍以上增值，投资回报容易实现。问题的关键仅仅在于项目是否能实现的技术可行性，财务投资容易预测和分析。

❖ 投入资金回收预期
- 半年内通过样机完成技术鉴定，确认市场地位和价值，1年内技术股权溢价转让初步获利，3年左右逐步开始实现综合收益

❖ 直接技术转让回报
- 一次性或阶段分步技术转让、产品生产和专利使用授权、政府扶植、社会资金参与实现技术专利溢价增值

• 未来投资回报预期
- 工程技术授权的专利技术提成获利，技术参股后所持股权资本运营升值

❖ 政府扶植资金申报
- 有原理样机做基础，具备条件申报政府扶持资金、实现资源升值

融资金额及使用计划

作为一个天使投资合作项目，考虑到未来项目进一步发展的需要，以及项目第一阶段务实的资金需求，也综合业界惯例，做出如下计划：

❖ 项目股权出让
- 出让30%，融资300万，达到100万项目就具备启动条件。

❖ 资金用途
- 研发直接费175万：购买100Kw发电机组20万；高压水浴气化换热器及其它定制30万；小型撬装空气液化装置100万；热泵机组5万，特殊零部件加工改造费约15万。
- 研发人工间接费50万：技术工人工资，研发场地租金，商务员工工资等。
- 项目鉴定认证费用50万：鉴定会，论文发布，专利申报，推广宣传联络。
- 备用金：30万，一定程度保障零部件返工、方案调整的意外支出。

第六节 高效节能空气压缩系统

前言

全国工业领域风机、水泵和空压机年耗电为l. 43万亿度，全国空压机耗电总量占15%计算，其年耗电量为2140亿度。全国每年空压机电能消耗巨大、压缩空气浪费严重！

在能源价格不断上涨，产品利润不断下降的今天，从经济角度和环保角度考虑，企业对于自身压缩空气的节能是尤其值得重视的。压缩空气系统节能对策已成为最紧急的课题。

2

电机产品耗能占全国总电能的比例

压缩空气作为工业生产的四种基本流体介质（水、压缩空气、蒸汽、天然气）之一，能耗约占工厂设备（动力设备、制造设备、空调设备、电热设备、照明设备、给排水设备）总用电量的9%-35%。

系统	能耗比例
• 压缩空气系统	9.4%
• 水泵系统	20.9%
• 风机系统	10.4%
• 空调系统	6.4%

信息来源：国家发改委《"十一五"十大重点节能工程实施意见》

3

空压机的工作效率

美国能源署统计

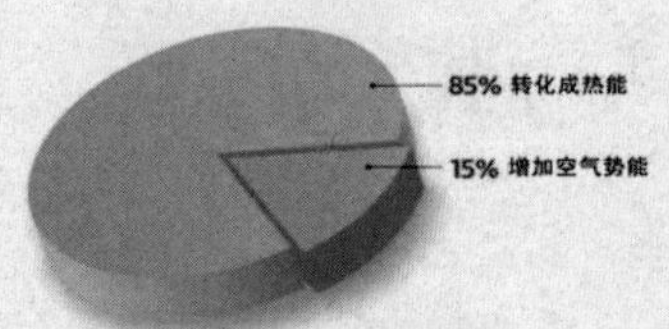

空压机在运行时，真正用于增加空气势能所消耗的电能，在总耗电量中只占很小的一部分，约15%左右。

约85%的耗电转化为热量，通过风冷或者水冷的方式排放到空气中去。

4

压缩空气系统的成本、电耗现状

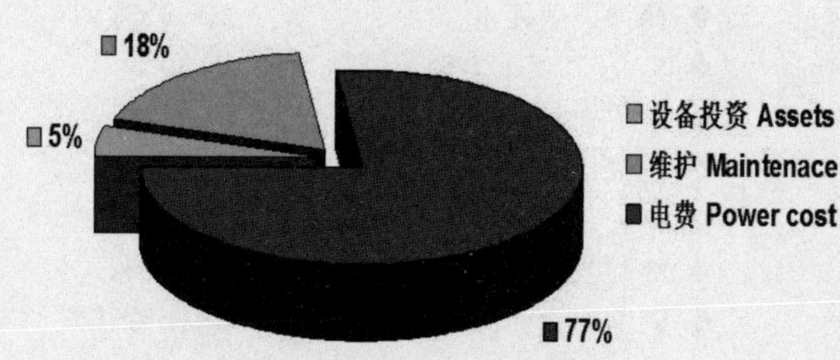

5

空压机的余热

◆ 以160KW空压机为例，用于压缩空气的消耗的电能

160×15% = 24KW

◆ 转化余热浪费的电能

160×85% = 136KW

空压机的余热浪费巨大，余热利用越来越被人们所重视。目前，尽管有一些厂家开发的利用空压机余热回收的产品也能利用部分热能，但是最关键的问题是不一定能遇到充分利用回收的热水的应用场合！

6

空压机系统节能手段

- ❖ 提高空压机效率 10~20%
- ❖ 变频调速技术 10~35%
- ❖ 单点/多点压力调节控制 5~15%
- ❖ 集中控制系统 5~15%
- ❖ 流量控制技术 5~10%
- ❖ 干燥工艺改进 5~10%
- ❖ 热回收利用 20~40%
- ❖ 管网优化 5~15%
- ❖ 泄漏监控 5~15%
- ❖ 废气回收 10~20%

……

7

一种全新的高效节能压缩空气系统

本项目提出一种全新的节能压缩空气装置，利用流体力学的科恩达效应原理，在传统装置液态空气气化装置基础上设置射流引流器、气体混合引流器，利用少量液态空气气化产生少量高压压缩空气，再用少量高压压缩空气形成**10~100**倍的高流量压缩空气，耗能极少、系统装置简单、可靠性高、体积大大减小、供气量大、无噪声、无热排放、设备采购成本和使用成本也大幅降低。

8

背景技术

- **射流技术**：高速高压的流体，能带动周围介质一并运动；即高压冷凝水射流可以吸收带动部分乏气直接再进入水浴气化换热器；而以某种形式喷射的气流，可以带动比该气流量大10~100倍的气体一起运动；高压气化气体可以带动大量乏气进入下一工作循环；
- **流体热力学**：流动的气体可以在运动中升温补熵，同一空间不同阶段的压力可以不同；气化气体可以在流动过程中逐渐补熵升温、增压；

9

射流技术

❖ 射流　jet

❖ 从管口、孔口、狭缝射出，或靠机械推动，并同周围流体掺混的一股流体流动。经常遇到的大雷诺数射流一般是无固壁约束的自由湍流。这种湍性射流通过边界上活跃的湍流混合将周围流体卷吸进来而不断扩大，并流向下游。射流在水泵、蒸汽泵、通风机、化工设备和喷气式飞机等许多技术领域得到广泛应用。

10

流体的动压、静压、全压

静压

由于空气分子不规则运动而撞击于管壁上产生的压力称为静压。气体量一定的情况下，简单的理解静压和温度有关；

动压

指空气流动时产生的压力，只要风管内空气流动就具有一定的动压，其值永远是正的。简单的理解动压和气流速度有关；

全压

全压是静压和动压的代数和，气体所具有的总能量。简单理解就是流体最终的总压力。

11

射流泵原理图

当液体或气体从喷口1进入，形成射流时，会带动周围的气体随它一起运动，部分气体随它一起从出口3排出时，射流泵内部物质减少形成负压，新的空气从吸入口2补充实现泵吸作用（或可理解为抽真空作用）。出口3得到的气液，是入口1和入口2气、液物质的总和，因此具有“放大”作用。

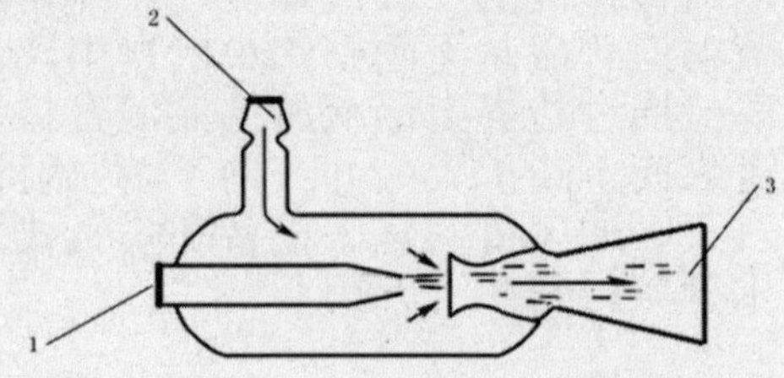

12

气体放大器

当高压气体从压缩空气入口进入，在缝隙4形成气流时，会产生附壁效应，因两侧气压差异导致气流转向，并带动周围的气体随它一起运动，出口的气体，是进气5和压缩空气1的总和，而且具有较强的“放大”作用。

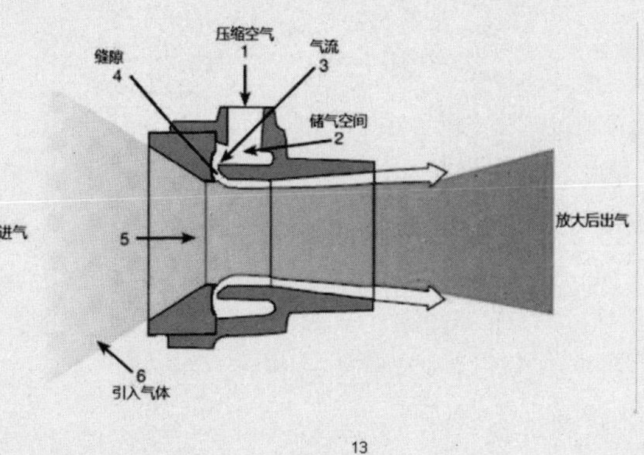

13

冲压喷气发动机

冲压发动机在进气道气流足够强的时候燃烧产生的膨胀只能从推进喷管排出形成强大气流。类似原理可以借用，即在形成一定速度气流后，雾化喷入液态空气，它遇到常温空气后立即汽化，体积膨胀700倍，在动压足够的情况下，也只能向后喷出，形成比进气道进入的气体压力更强劲、更大的气流。

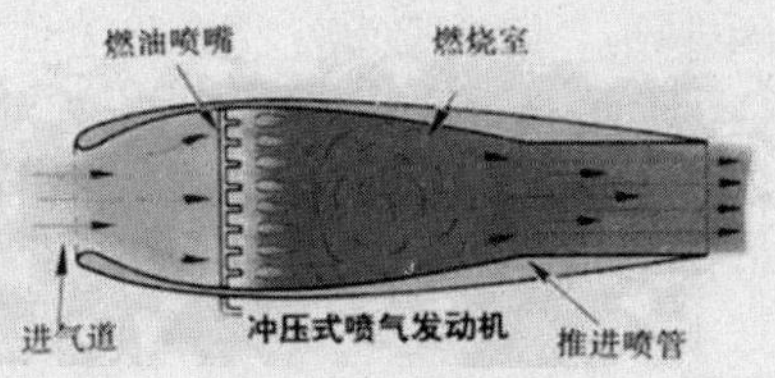

14

高效节能空气压缩系统

下图是利用上述若干技术设计的一种新型的空气压缩系统，它以液态空气为动力和介质，几乎不消耗新的高品位能源，利用环境热能，即可完成自身膨胀和环境空气压缩功能。

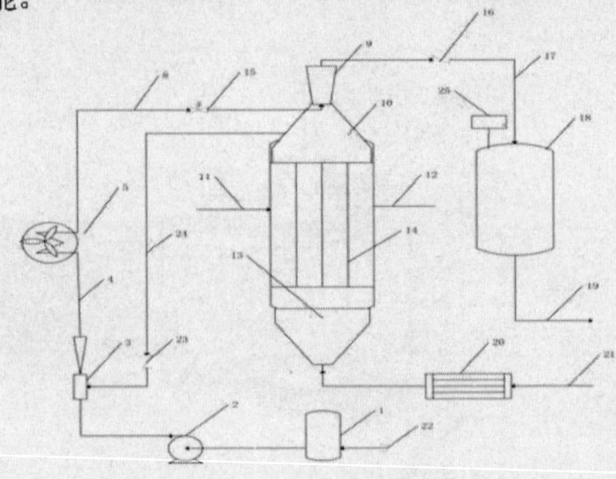

15

附图说明：

1、液态空气储罐；2、高压超低温液体泵；3、射流引流器；4、超低温气液管路；5、高压气化器；6、热源液1输出管路；7、热源液1输入管路；8、高压常温输气管；9、气体混合引流器；10、气体收缩段；11、热源液2输入管路；12、热源液2输出管路；13、气体膨胀段；14、气体换热器；15、泄压单向阀；16、单向阀；17、管路；18、工作压力储气罐；19、工作气流管路；20、空气过滤干燥装置；21、空气入口；22、液态空气加注口；23、单向阀；24、射流回气管路；25、安全泄压装置；26、回气歧管。

16

工作原理

液态空气储罐里的低温液态空气通过高压超低温液体泵，以5~30MPa的压力输入射流引流器，同时通过射流回气管吸入高温的空气混合，形成超低温高压气液混合物；

所得的超低温高压气液混合物经过超低温高压气液管路进入气源高压气化器吸收热量后气化形成高压常温气体；所得的高压常温气体达到设定压力后，通过高压输气管上的泄压单向阀输入气体混合引流器，通过科恩达效应使得过滤干燥的空气经过气体换热补熵装置升温补熵后形成高流量气体进入储气罐待用；

部分经过升温补熵的空气输入射流回气管，与低温液态空气混合，再形成超低温高压气液混合物，使得制备过程连续进行。

17

方案经济性分析

参照国标JB/T 6430-2002，产生1MPa压缩空气的能耗指标大约是8.0KW立方每分钟（机组越大，效率越高）。25立方每分钟的空压机能耗约200Kw；每小时使用费（每度电0.6元）120元，产气1500立方；

采用本方案，产生相同压力气量，折算标准空气约1500立方左右，空气的分子量按30计算，液态空气放大使用比例暂定为1:10，大约需要消耗的液态空气是：

1500/ 22.4 * 0.03 / 10 = 0.2 吨

系统只需要一个不到1千瓦的每分钟流量3.3Kg的高压超低温液体泵，系统总耗电小于1KWh。

按照液态空气每公斤耗电0.28度计算生产成本，批发价200元/吨，同样产气1500立方成本是40元；

18

方案优势分析

❖建设成本不到1/2，占地不到1/2；

❖运行成本下降到1/3，耗电量下降到近乎零；

❖设备技术成熟，免维护，可靠性高；

❖无噪音、不排热、传输管损小；

❖节约能耗效果明显，社会经济效益突出。

19

该项目的市场空间特点

❖国内外市场空白，发展空间大；

❖单个项目金额大，系统实施简单；

❖符合国家能源政策，容易获得融资和补贴；

❖设备技术成熟，系统可靠性高、技术风险小；

❖节约能耗效果明显，社会经济效益突出。

按照每年行业耗电2140亿度电计算，只要节约10%，就能节约200亿度点，折合约656万吨标准煤

20

项目实施步骤

第一阶段：原理样机研发实现

定做一套每小时汽化量20公斤液态空气，输出压力10MPa以上的水浴气化器，定做射流引流器、气体混合引流器，采购必要的管线、阀门、测量设备，合计预算35万元；

加工其它辅助配件器材15万。

寻求有经验、积极配合、有相应能力的合作研发团队外包委托开发或者合作开发，保证进度、效率，保证资金的使用效率，控制风险；完成专家成果评审。总投资约200万。

21

项目实施步骤

第二阶段：小型示范工程

计划设计一个300Kw空压机改造项目，在原理样机成果基础上，委托专业设计院进行设计，落实一个合作应用单位；根据设计院设计文件面向社会进行施工安装工程招标；节能增效目标：降低运行成本60%，系统电耗降低到1%；项目完成后，组织专家评审。

第三阶段：推广应用

在示范工程成功后，整合社会资源，采用不同融资合作模式，开展节能增效发电技术应用推广。

22

财务预测分析

目前启动项目，总投资不大，一旦前期样机完成研发，专利技术可以实现10倍以上增值，投资回报容易实现。问题的关键仅仅在于项目是否能实现的技术可行性，财务投资容易预测和分析。

❖ 投入资金回收预期

半年内通过样机完成技术鉴定，确认市场地位和价值，1年内技术股权溢价转让初步获利，3年左右逐步开始实现综合收益

❖ 直接技术转让回报

一次性或阶段分步技术转让、产品生产和专利使用授权、政府扶植、社会资金参与实现技术专利溢价增值

❖ 未来投资回报预期

工程技术授权的专利技术提成获利，技术参股后所持股权资本运营升值

❖ 政府扶植资金申报

有原理样机做基础，具备条件申报政府扶持资金、实现资源升值

23

融资金额及使用计划

作为一个天使投资合作项目，考虑到未来项目进一步发展的需要，以及项目第一阶段务实的资金需求，也综合业界惯例，做出如下计划：

❖ 项目股权出让

- 出让20%，融资200万，达到50万项目就具备启动条件。

❖ 资金用途

- 研发直接费50万：购买高压水浴气化换热器及其它定制35万；特殊零部件加工改造费约15万。
- 研发人工间接费50万：技术工人工资，研发场地租金，商务员工工资等。
- 项目鉴定认证费用50万：鉴定会，论文发布，专利申报，推广宣传联络。
- 备用金：50万，一定程度保障零部件返工、方案调整的意外支出。

24

第七篇 液态空气篇

水和空气，是自然界最丰富、和人类最亲密的两种介质，某种意义上说，使用水和空气作为工作介质，且没有改变它们属性的工作模式，就是最绿色环保的。水人们比较熟悉，但绝大多数人都没有接触过液态空气，有神秘感；对超低温世界也有神秘感、恐惧感。因此我们把液态空气有关的一些资料，收集、整理，实验的情况提供给大家，共同来认识、了解液态空气，为液态空气的推广应用做准备。

第一节　性质

空气是由 78.01% 的氮、20.9% 的氧以及氩、氖、氙、氪等稀有气体组成的混合物。液态空气就是将空气经过液化而成的。大量的液态空气看上去为淡青色液体。密度约 0.9。沸点－192℃（101.3 千帕，760 毫米汞柱）。

目前，市面上由于液态空气用户较少，所以很少有人销售，能容易买到的常常是从液态空气提纯后的液氮。液态氮是惰性的，无色，无嗅，无腐蚀性，不可燃，温度极低。氮构成了大气的大部分（体积比 78.03%，重量比 75.5%）。氮是不活泼的，不支持燃烧；但是它不是维持生命的必要元素。液态氮为无色、无味，不易燃烧，不会爆炸，沸点是－196℃，临界温度－147℃；临界压力 3.39Mpa。

第二节　制作

有多种方法可以生产液态空气，例如将空气适度压缩，同时制冷冷却至低温，再使之膨胀就能迅速进一步降温，马上会有部分空气液化，没有液化的气体再进入压缩发热，散热后进入膨胀过程，不断循环。主要的原理就是设法将空气的热量“抽走”、“散掉”，不论哪种方式，都必须有“冷却”环节。在约－142℃以上，即超过氮、氧的临界温度以上，单纯压缩，即便 1 万个大气压，也不可能将空气液化！

第三节　成份

液态空气在液化过程中，二氧化碳、水蒸气早已变为固体被清除，微量稀有气体正常沸点低的亦一样变成固体，不能存在其中，所以液态空气是由氮 78%，氧 21%，氩 1% 等沸点相差不大的几种液态气体混合组成。

由于液态空气中约含有 1/5 液氧（−183℃），沸点的不同，于是蒸发出的比例不同，所以液态空气组分比例经常变，沸点也就在变，不固定。

第四节　用途

目前，人们液化空气的主要目的在于制取液氮、液氧及提取稀有气体。制取的基本原理是利用液态空气组分沸点的不同（氮：77K 氧 90. 2K）而在分镏塔中进行分离而得到。

1、可当冷剂产生制冷效果；

2、工业上主要可分馏出氮气、氧气、惰性气体；

3、人工降雨；

4、医学冷冻制冷、标本保存、冷冻胚胎等；

氮可以用来制氨，氨是重要的化学原料。氮化学性质不活泼，液氮可作低温源，尤其高温超导体发现以后的今天，显得更为重要。除此之外，液氮在医学上也有很重要的应用。

氧可以广泛地应用在高温冶炼、高温焊接、高温切割及医疗方面。氩是惰性气体，可以充入白炽灯泡和其他电光源。

第五节　安全

液态空气从20世纪60年代以后就已经实现工业化应用，产业成熟。类似的物质液氮应用极为普遍，从工厂、医院到乡村养殖场、配种站，几乎没有听到有什么安全事故的报道。对于没有存放在密封空间的“无色液体”，没有大量的热量瞬间供应，绝对不会发生“爆炸”。

第六节　储存

可用保温容器、保温钢筒贮存和运输。目前，LNG车已成功大量使用超低温保温液态气体储藏罐，成熟、稳定、安全。

对于超低温的液态空气，只要不要让它得到热量，它就是稳定的无色液体。需要的储存环境就是保温、绝热。通常的保温暖瓶、保温杯都是很好的保温储存装置。储存液态空气不需要压力，因为压力再大，也只能维持最高约 −142℃的温度，远不如随时将汽化的空气排放，带走热量，自然维持沸点以下 −192℃的液态状态。

几乎所有的储存液态空气的装置都采用排气方法维持温度，而不用其他消耗能源制冷的模式。

理论上如果把液态空气存放在密封空间，即便是保温设备，也要注意排气，因为总是有少量热量传入，不断有液体汽化，密封会导致压力不断升高！但是实际使用过程中，笔者的液氮罐，蒸发率远远低于 0.4%。也就是说，自增压储罐压力表几乎看不到变化，根本听不到安全阀的排气声，不采用增压手段，压力几乎维持不变。

第七节　成本

生产液态空气，目前非常成熟，大约每公斤液态空气消耗 0.28 度电，约合 1 角钱，英国有报道大约是 6 便士。天然气液化的成本大约 3 ~ 4 角钱每公斤，液氮的生产成本大约是 0.68KwH/kg。

生产液态气体的厂家不多，但是也属于产能过剩的状态。目前空气液化装置发展较好的市场存在于天然气液化（−174℃），有不少厂家可以订制生产撬装式气体液化装置，笔者联系的厂家，每小时液化 500 公斤的系统报价 50 万元，运行成本也能达到输出液氮时 0.68KwH/kg。

现在热泵技术的水平已经很高，只是普遍将冷却热直接排放到环境中，没有再利用。如果将来空气液化产能非常大，完全有必要把空气液化过程释放的热量和过程中新消耗的机械能一起，通过冷却水的热回收实现再利用，生产热水、蒸汽，完全有希望让液态空气生产成本进一步大幅度下降，从目前每吨 100 ~ 200 元，下降到数十元，成本将主要来源于人工、储运环节。

中国目前工业领域里液氮批发价格约 500 元 / 吨，零售价格一般因为储运、加注环节预冷损失很大，折算下来较高约 1000 ~ 3000 元 / 吨。笔者购买的用于实验的液氮 3 元 / 公斤。每次加注前，管路的预冷消耗很大，加注越多，成本越低。对于频繁使用的加注系统，消耗量将大大减少。

第八节　能量

每公斤空气从 20℃变成 −192℃，包括凝结热在内总共需要释放约 0.23 度电等值的能量。它不像汽油、液化天然气一样具有容易释放的所谓燃烧热。不应算作能源物质，没有常规意义上的能量。只能属于一个工作介质。其比热容约为 1.4。

能量和动力是两个概念，一定能量的释放时间决定功率、动力。液态空气吸收热量变成自己的势能，如果在高压状态下瞬间释放，就能产生巨大的动力。就像水做介质，家里炒菜锅烧开水不会爆炸，高压锅就会有爆炸的危险，火电厂的高压蒸汽就更加危险一样。

第九节　压力

液态空气膨胀过程中吸收环境热汽化、膨胀技术非常成熟，各种空温气化器、水浴气化器、电热气化器等各式各样的产品很常见，输出压力从低压到 30MPa 以上规格齐全，技术成熟，使用安全、可靠。

人类使用、控制高压气体、液体的技术、设备已经非常成熟，应用也很普遍。虽然人们使用的高压锅的安全压力只有 2 个大气压，但是我们使用的汽车轮胎就是 20 个大气压（2MPa）以上；汽车发动机缸体内的工作压力在 10 ~ 80 个大气压（1 ~ 8MPa）；自来水的压力要求是 8 个大气压（0.8MPa）；灭火器压力 25 个大气压左右（2.5MPa）；氧气、氮气钢瓶一般使用压力是 150 ~ 300 个大气压

（15 ~ 30MPa）；常见最高的压力在柴油机的喷油油路中，达到 1800 个大气压（180MPa）以上。

笔者采购的目前能买到的最小规格的空温气化器，每小时可以气化 500 公斤液态气体的气化装置总价不到 2 万元人民币，工作时功耗（主要是泵）5.5 千瓦，汽化热量来源于环境空气，输出压力最高 20MPa，撬装型，重量约 700kg，占地约宽 1.1m、最高 2m、长度 2m。

第十节　输送

超低温状态下，部分塑料制品、金属制品会变脆，多数物质会明显收缩。不锈钢等金属材料、四氟乙烯、硅胶等材料性能良好。输送过程的管路、接口、超低温泵、传感、计量均很成熟。品种、规格齐全。

通过实地考察和交流了解到，实际使用中一般都不考虑输送过程采用特别保温措施，理由是气体太便宜，浪费一点没关系。只有对于特种气体，比如氢气、氩气，特别是几乎不能国产的氦气，才需要用较高水平的高性能保温管路输送。

第十一节　环保

整个生产液态空气的过程都是物理过程，没有化学反应，几乎没有环境污染风险。即便在制冷环境，冷媒也是封闭使用，泄漏的风险很小，还有采用液氮做冷媒的生产工艺可供选用。

生产、储存、运输、使用全过程几乎不会造成上下游污染，如果考虑放出的热量回收再利用，则连“热污染”都没有。

空气液化的过程中，连水、二氧化碳都变成固体，各种物质几乎都以固体形式存在，不是飘在表面，就是沉在底部，很容易过滤。这是对空气的“绝对”净化！大量使用液态空气，将对环境、雾霾是一种彻底的净化和过滤。

第十二节　伤害

冷的物质不会“辐射冷”，只有直接、大量、长时间接触才会受伤害，最重要的是保护好眼睛等非常脆弱的器官不要直接接触液态空气。实际上，微小的“液态空气”液滴，很难飞到人的皮肤上，在飞行过程中，和常温空气接触，早都变成气体了。

如果大量接触超低温的液态空气，造成的冻伤，类似于“烫伤”。但由于不像热量除了接触之外还会辐射、红外传导，冷冻的伤害只有传导、接触，没有辐射模式，哪怕离开 1 毫米，都不会伤害你，风险、危害要小很多。

第十三节　对比

一提液态空气、高压空气，大家马上说压缩空气，好像液态空气是压缩得到的。其实不是每种物质都是简单压缩可以液化的。常温下，二氧化碳确实可以压缩为液体。但是空气的临界温度是 −147℃左右，临界温度以上，单纯靠压力不能液化。

液态空气吸热汽化、气化得到的高压空气和压缩空气有本质的区别。主要有：

1、能耗不同。生产液态空气是消耗能量并能获取更多热量的过程，液态空气可以是某种意义“副产品”；压缩空气则是消耗动力，低效率方式增加空气的势能，约 80% 能量以热量形式浪费；

2、储存密度不同，液态方式只要保温，常压存储，液体密度大；压缩空气根据存储压力不同，同等重量下体积是液态气体的几倍到几十倍，体积庞大；

3、能量来源不同。液态空气使用时，临时吸收热量沸腾膨胀升压后立即使用，撬动环境热能、第三方热能参与；压缩空气则是依靠自身携带的势能转化为动力；

4、安全性不同。液态空气的超低温表示是几乎没有热量的物质了，即便泄漏，如果没有瞬间大量能量供应，它不可能“爆炸”，相对各种能源物质、载体（如电池）都要安全；压缩空气存储在高压气瓶，一旦有机会集中释放，就是“爆炸”，相对非常危险。

第十四节　未来

液态空气作为一个类似于水的液体，吸收环境热能就能实现膨胀、做功，有可能成为一种使用量比汽油、煤油、柴油还要量大的一种最环保的工作介质，需要少量的能量帮助，就能撬动环境中热量“循环”、“流动”起来，在循环过程中人们得到动力，有可能让人类摆脱能源危机、环境污染，实现真正的绿色生活！

后　记

目前关于工业革命的提法很多，正所谓“仁者见仁智者见智”，没关系，随着时间的推移，社会的发展，“让子弹飞一会”，很多东西就水落石出了。

不过作为一个有一些逻辑思考能力，一个中学课程学得比较扎实的人，看到中国社会上很多匪夷所思的现象，听到很多不靠谱的“主流”理念，特别是给社会、国家、环境带来很大影响，造成巨大后果的理论，实在是难以理解和接受。为了维护科学技术的尊严，维护创新观点的严肃性，自认为是科技工作者的我，还是要借这本书的末尾，把对一些社会热点技术概念的疑点一一列出来，如果读者有耐心看到这个地方，这点猛料、奇谈怪论也刚好让你换换脑子，兴奋一下。这些“邪说”某种意义上对本书的主题也能起到一定的反证作用，拿出来供大家批判！

1、云计算

云计算这两年已经不太热了，慢慢降温了。原来遍布全国的云计算中心建设告一段落，有些地方已经开始限制、调控了。但是对整个产业兴衰过程的回顾，有利于我们在新的问题上少走弯路、少犯错误。

在 20 世纪七八十年代，当时的计算机还没有“个人计算机”这个概念，可以说所有的计算机系统都是“云计算”，计算能力、存储空间都依赖于远端的“巨型计算机”，几乎所有操作计算机的人，都是通过“终端”方式连接到中心计算机。将计算处理工作编制成一个

“任务”，交由远程计算机处理，将结果在终端上显示出来。

在那个年代，世界上能生产高性能、高可靠性的“巨型商用计算机”的企业少之又少，基本上全部被“蓝色巨人”垄断，一个企业，在全世界巨型商用计算机及其配套设备市场占据70%以上份额，如果算上美国其他厂商，其市场占有率超过90%。后来随着“个人计算机”问世，和个人计算机操作系统问世，世界计算机系统的格局迅速发生了变化，在这个过程中，“蓝色巨人”犯下致命的错误，就是看不起个人计算机对“云计算”计算机的威胁。当时的PC和“巨型计算机”无论在任何方面比较，都完全不是一个数量级，他们曾自负地认为，个人计算机永远不会侵犯到“云计算”的市场。可事实却给了他们深刻的教训，人们宁愿让自己的PC运算1天，也不太愿意把自己的“任务”交给巨型计算机处理1分钟。这个问题不仅仅是技术问题，而更多是人性、感性、安全感、参与性等说不清、道不明的原因。

近些年一些不知道哪里背景的“咨询专家”，利用他们地位和条件，鼓吹“云计算”概念，试图让计算机系统倒退到几十年前核心处理系统和远程终端连接的模式。这样，核心的设备除了少数“瘦死的骆驼”，几乎又没有几家企业能够提供，至少中国短时间不可能有。行业将倒退到以前他们一统天下的时代，这个梦想能实现吗？用户、市场能顺从他们吗？是不是这个将会成为他们犯下的又一个错误呢？时间已经证明，人性、市场其实是不以某个或某些小集团意志为转移的。

但是IT业由于具有成本高、市场小、竞争激烈等特点，众多企业早已经步履维艰，为了得到新的发展空间，谁都不愿意说出这个众所周知的事实。对这一个“云”概念，当时大家都趋之若鹜，随声附和，共同编制这一件“皇帝的新衣”，说到底，就是希望能搭车找口饭吃而已。这种“云”现象不是第一例，也不会是最后一例，后续的“智慧城市”、“物联网”都接踵而来，甚至又已经逐渐远去。

2、动漫产业

2015中国的电影产业，票房收入预计可以超过350亿，还要大力发展。不过弱弱地问一下，能发展到三千亿、三万亿吗？就这300亿，养活一个产业多少人，换句话说也就是多少人分着300亿的“大蛋糕”，能有几个富翁？对经济发展有重大作用吗？让人家那些小地产商们，抿着嘴看着这些“大腕们”在“吹牛皮、出洋相”。

电影产业尚且如此，几乎算是附属品的动漫产业还能大过电影产业？不过前些年全国搞了150多个动漫产业园，是影视帝国美国的50倍，让人觉得这些事情根本就是疯子都想象不出来，更做不出来的事，但是中国还是实现了！佩服！厉害！我估计某国鬼子都要笑翻了，不过当面还在鼓励我们继续、继续啊！要转型！要发展文化、软件、动漫、旅游……总之，关闭经济发动机、助推器，来个人海战术，大家一起努力推着中国经济这列火车飞奔吧！

如果想用信息消费、知识消费、文化消费代替房产消费、汽车消费，甚至是餐饮消费，你说可能吗？如果哪天你的手机费每个月上万了，你也要十几年才能把买一套房子的钱花掉，你相信这一天会到来吗？你会每年花几万通讯费？几万有线电视费？几万元电影票钱？你的文化消费有可能赶上你的房产、汽车、餐饮消费？如果不能，谁能代替那些产业的龙头地位？

这些类似的产业确实属于劳动力密集型，刺激产业发展能带动就业，但是深层次再分析下去，由于GDP总量太小、预期不大，这么多劳动者从业其中，能有好的收入吗？能充分发挥劳动力价值吗？后续问题迟早要爆发，不能简单地把矛盾转嫁给未来，如果有条件，应该勇敢面对，彻底解决！

3、物联网

早在 1991 年，我们和某邮电局局长聊天，他说他们一套后备电源系统价值 40 万，后来上面又安排下来一套“电源监控系统”，也是价值 40 万，作用就是检测电源系统电池充放电状态的。这个局长有点抱怨，这几十万，请上几个人，每隔半小时检测一下电池，一年也花不了几千（那时候一个人工资也就每月 100 ~ 200 元），这几十万够几十年的工资了。

其实要让所有物体都联络起来，让人们实现对周边环境、物体的状态把握、过程控制，其实在技术上早都没有什么障碍，可以实现的方法越来越多、越来越简单。问题是真有那么必要吗？

任大炮曾经说过一段话：我们刚开始盖房子的时候，不知道那些富人买房子的需求，结果是，我们这些穷人在给富人们设计、盖房子，盖起来的房子人家买了，汽车是加长的，开不进地库，太长了转不过弯；我们设计的车位，两个车位刚好停人家一辆车。这段话对我特别有启发！

做 IT 的，特别是设计师，可以说基本上都是穷人，很少有别墅、专职司机、多个保姆。难以理解那些豪华、奢侈、美好的幸福生活的场景，我们觉得窗帘能自动控制、室温能提前设定、冰箱能自动管理食品品质、电饭锅能到时候煮饭、洗衣机能根据衣服智能洗烘并把结果发短信给自己……就貌似自己能想象到的美好、舒适的生活了，其实忽略了很重要的内容，就是到了一定的阶段，根本不需要自己去管理冰箱、空调、洗衣机了；都成了保姆、助手，甚至是管家领导的服务班子该管的事情了。

豪华轿车和普通轿车的差异，更多的是第二排设计，真正豪华轿车的驾驶员最需要的是等待老板时熬夜、消遣的设备；最重要的是后排主人座位的感觉和操控性、安全性。最近沃尔沃新出了一款三人座位的轿车，这才是真正的豪车的发展变化！

看看美国的超市，现在还在用条码，并没有全部升级为RFID码，甚至还保留人工画的记号、手工称量计重收费的方式。我们国家现在要实现对每一颗蔬菜的溯源、标识、运输途中全过程控制，那么全面超越世界上最发达的国家，有必要吗？有这个浪费有限资源的实力吗？我们还是发展中国家吗？我们还有没有没有脱贫的人口呢？我们现在在一些表面功夫、文章上已经远远超过发达国家了。是不是应该多学习一下发达国家现在还在高效率使用的成熟老系统、旧系统的做法，多看，别被忽悠！说俗了，不要“笨狗扎个狼狗式”，自不量力，让人看了笑话，自己将来后悔不迭啊。

和云计算概念类似，物联网也是IT业的一个救命稻草，他们必须炒作一切有可能的概念，为了生存去骗自己、骗别人、骗国家，像鸵鸟一样，幻想明天会有奇迹出现，到最后，最大的受害者首先是自己、其次是产业和国家。

4、大数据

都说大数据应用能让人知道如何治疗绝症、如何预防飞机失事、预防恐怖事件、预报地震灾害……无所不能啊。但事实是目前的人工智能，实际上还是人的智能部分转化为固定功能的软件，计算机是数字计算机，真正智能的“神经元计算机”还远没有到实用阶段，我们处理问题都要基于算法，所谓大数据的各种算法还远没有成熟，没有一个专家在讲述大数据的时候能拿出一些具体可用的理论，也没有那么简单的理论，都是在云里雾里宏观上“探讨”。

现在的大数据来源于什么？来源于仪器仪表、网络采集……仪表会出错、仪表有精度，网络有水军、有大V，他们的话语权相当大，他们产生的数据，也能让大数据系统分析出正确结果？帮助政府拿出正确的政策法规？假数据也能发现真道理，这个世界还让人怎么活？看来传说中的那个大数据结论：“中国发改委涨油价，世界上就有飞机坠毁”，这个理论是千真万确的啊！

到底大数据在哪里，其实忽略了一个大数据源，那就是我们自己的身体，每个人的人脑、人体、人生，就是一个巨大的数据库，这个数据库，每时每刻都在产生复杂的一系列结果，产生思想结果、产生生老病死、产生人生变迁，而且世界上有数十亿个这个的数据源，每一个都有可能影响世界，这些大数据系统们能有谁采集到这些呢？只能采集到一些这几十亿“大数据库”输出的极少量“皮毛”结果，源头根本不透明，你凭什么说能掌握规律呢？最多也只能是老学科“统计学”的部分应用成果而已。本 . 拉登做决定，来自于他的大脑，中情局虽然知道一些语音、视频、邮件等等，那离他做决策的数据，差十万八千里，而且是否病死？会不会吃饭噎死？走路摔死？都会影响 9.11 事件，谁能用大数据分析？未来就能分析？

米国很厉害，世界第一，他们怎么就没有办法预测枪击案？预测叙利亚未来？提前告诉日本有大地震？预测城市暴乱？预测横扫国家的龙卷风？有中国专家说他们技术比米国还先进还厉害，米国比我们差远了。我也信，不过我就不信他比米国还能窃听到更多的世界政要的“大数据”、恐怖分子的“大数据”，各国民众的隐私机密“大数据”，他那个没有一手、海量、真实准确基础数据的“大数据”，即便采用他的“最尖端技术”，为什么能做出超越米国的运算结果？

5、电动车

电动车现在几乎是新能源车的代名词，各地到处都在上新能源车项目，也就是电动车项目，到处都在建设各式各样的电池厂，各种电池技术一个比一个容量大、寿命长、成本低。投入动辄数亿、数十亿，实在是让人心惊肉跳。但是也有人比较冷静的评价，就是短时间内充电站、充电桩会限制和影响电动车的发展。国家现在也慢慢减少对电动车的补贴，让市场来决定他的未来。咱们不谈电池、不谈安全、不谈产业，谈谈最根本的电力供应。

以北京为例，一辆电动车 15 千瓦充电功率需求（这还是最慢充电！快速充电将成倍翻番），约等于 4 户人家的设计用电量，每 4 万辆车就需要一个 60 万千瓦装机容量的火电站配套，如果北京有了 40 万辆电动车，就要增加 10 个大中型火电站的电力。电能不像汽油，可以用车拉来随处建加油站，必须用电缆输送、配套变电站等才能建设充电站或充电桩，这样庞大的电力输送需求，北京的动力电网就要几乎重新建设一遍，能实现吗？如果到了理想状态，北京用了 400 万辆电动车，北京周边要新增 100 座发电站，相当于新增 1600 万户居民用电，而且还要融入现有的居民区中，这完全不是充电桩有没有地方建设的问题，是电能不可能输送的问题，不是难以完成，是绝对不可能完成的任务！这个是个小学算数问题，为什么没有人算？我觉得早都让某些看笑话的人，笑的牙都掉光了！

再从哲学层面分析一下，为什么 T 公司成为米国三个做电动车的企业中唯一一个没有倒闭的？米国人为什么除了 T 公司股票之外，政府、社会、市场都不支持电动车，我们中国人是比米国人有钱？比米国人有技术？比米国人有电力？怎么我们倒成了 T 公司的未来市场了？我们有资格吗？

最好的水果首先满足北美市场、最好的家电专门供应北美市场、最好最先进的汽车首先从北美开卖，怎么到了电动车这么一个“好东西”，T 公司每年区区数万辆的产能，米国一年上千万辆汽车销售，为什么他们消化不了？他们留给我们享受，你不觉得“受宠若惊”吗？那么大的高端市场，消化不了，还到中国来拿了 40% 的订单，怎么都想不通啊！看来米国人的思想觉悟大大提高了！

都说 T 公司电池好，那么波音梦幻 787 飞机都因为电池问题多次冒烟着火，全球停飞，损失惨重，T 公司怎么不帮助波音一下？以前通用汽车每年花在研发上的科研经费超过我们科技部，他怎么造不出像样的电动车？怎么不占领这么巨大的市场？我们真在研发能力上世界第一？我们在市场转化能力上世界第一？我们在电力供应上世界第一？我们购买全球先进技术的能力世界第一？不过我坚信，我们这种一窝蜂开设电动汽车厂的架势，绝对世界第一！

6、3D 打印

这两年，3D 打印技术已经火热到了“带来制造业革命”的地步了！先不考虑其他因素，我们从材料方面分析一下。物质都是由分子、原子构成的，3D 打印，实质上是物质之间的堆砌，如果堆砌出来的物体材料的硬度、刚度能和经过热处理、内部物理化学变化改性后的物质相似，那么首先要变革的不是制造业，而是要淘汰材料科学；如果要应用，首先轮不到民用，先看看军用领域能否派上用途。还有，3D 打印其实不是什么新科学，前身是喷墨打印、平面喷绘。这个老技术，为什么又是在中国火热起来，不是在其源头？

3D 打印是一点点堆砌或者一点点侵蚀构成产品，这个根本属性决定其速度不可能快、强度不可能高、成本不可能低、表面不可能光洁、材料不可能广，是一种模型、样品制作老技术的推广、应用。说他能带来产业、制造业革命，怎么看都是大人哄小孩玩的话而已。

7、雾霾

从古人在造字的时候就已经把雾霾的主要因素做了定义，它主要是空气中所含有的水造成的。有接近成雾的条件，才有雾霾！没有水雾气，那叫空气污染、烟尘污染，不是雾霾！曾经有网友说，国庆北京车很少？怎么还是雾霾？如果不是气候原因，怎么可能全国突然大面积雾霾？是突然全国污染加重？等到雾霾过去，那么又是国家突然大面积治理出效果了？很显然，气候引起的雾气造成雾霾，才是主要因素！

空气中含有水分较高以后，很容易形成雾。雾是什么？是水的小液滴。这样的小液滴，受到空气分子冲击，会无规则运动，就形成雾气，散不开。这些无规则运动的液滴，又造成空气中其他污染物颗粒不容易沉降到地面变成落地的灰尘，形成了雾和可吸入颗粒的稳定混合物，学术名词是一种“气溶胶”，这就是霾！同时，空气中的污染微粒也是水分凝结的凝结核，反过来也更容易形成雾、“气溶胶”，同样也是霾的主要成因。网络上输入“雾霾的主要成分”就很容易查阅到权威资料来证实这一点！

目前大城市的空气中水分来源很多，汽车用汽油作燃料，燃烧完以后会产生二氧化碳和水汽；每个人每天呼吸中也能排放大量水汽；各种空调、制冷系统的冷却塔也是每台每天几百、几千吨蒸发水到大气中；现在专家提出的“煤改气”，光考虑颗粒污染物控制，不考虑天然气燃烧会产生大量水蒸气，对雾霾的贡献率远远大于燃煤锅炉！真是让人哭笑不得！典型的顾此失彼、顾头不顾腚，真是佩服这些“砖家”的创意啊！这样下去，雾霾能改善吗？还是“改善雾霾靠风”比较靠谱。

这些概念无一不是舶来品，来自海外，但海外都没有率先推广，都有一点“星球大战”计划的味道。论技术、论财力、论基础、论历史，都应该他们带头，但为什么没有？为什么我们的专家看不到明显的问题？我有时候也想问问那些整天开会、评标，飞来飞去的专家们，你们还有时间深入实践、深入实验、深入试验吗？你们凭什么代表科技进步？代表创新水平？凭什么拥有话语权？现在有寺庙的和尚都因为要增加修为关闭山门，闭关修行，那些专家们每年“闭关”吗？

如果说有概念给国家、产业带来负面影响，特别是对产业发展、环境保护带来严重负面影响的科技概念，是否应该应该按照重大经济犯罪展开刑事调查？是不是也应该立法，对于科技造假、学术造假的人依法追究责任，追偿给社会造成的巨大损失？

对这些理念的疑问，来自于我个人的世界观和方法论，如果他们错了，我的世界也将崩溃，还请读者们帮我开释。大家共同努力，希望我们的国家能在发展过程中，科技产业战略上少走弯路，减少社会资源浪费，人民生活更加美好！